이민·어학연수
필 독 서

난, English & 넌, Korean

English For Me & Korean For You

80일이면 영문법과 생활영어를 끝낼 수 있다!

박유남 지음

도서출판 서훈

저자 박유남은

- 서울 단국대학교 영어영문학과 졸업
- 서울 시청 근무(지방행정 사무관)
- 1986년 미국으로 가족이민
- 미국 소재 영어학교(D.L.I.) 수료
- 미국 소재 전자기술학교(A.T.C)수료
- 현, 미국 Oregon 거주

<저서>

『미국어 말문트기 60시간이면 끝난다!』
『미국이민 절반의 성공법』
『40시간이면 미국말 쉽게 통할 수 있다!』
『웃다 배우는 미국말』

이 책은 이래서 썼다!

몇 년 전 한국(인천, 부평)에 사는 초등학생(6년 최인용)인 아들과 그 어머니가 겨울 방학을 이용해 영어도 배울 겸 외할머니 댁을 왔다가 그 할머니의 소개로 나와 인연이 되었다.

그들은 두 달의 여유로 나에겐 모자가 같이 영문법을 배우고 동포 2세인 젊은이(고등학생, 한국말과 글 전혀 못 함)에겐 아이가 영어 말을 배웠으면 하는 계획을 세웠다고 했다.

시작을 하고 보니 모자가 공히 생각보다는 영어단어를 많이 알고는 있었는데 그 발음이 영어 말도 한국말도 아닌 아주 이상한 발음이었다. 해서 발음법을 지도해준 일이 있었다.

그런지 한 주 정도 지나 말은 잘 배우고 있는지 물었더니, 시작한지 이틀 만에 이 아이도, 그 학생도 싫어해서 그만 두었다고 했다.

이유는, 한 쪽은 한국말만 다른 쪽은 영어만 하니 대화를 이어나갈 방법이 없었다는 것이었다. 어느 쪽이라도 한 쪽은 영어와 한국말 둘 다 조금은 알아야 대화를 이을 수 있다.

그런데 이 아이는 단어도 제법 알고 있었고 더욱이나 4학년 때부터 영어를 배웠다는데 어째서 대화를 할 수 없다는 건지, 어떻게 영어를 배웠기에 그런지 의아스러웠다.

그래서 한국인들에겐 영어 말을 배울 수 있는 책,

해외 2세들에겐 한국말과 글을 배울 수 있는 책,

한 권의 책으로 둘의 대화를 이을 수 있는 — 그런 책을 만들어야겠다고 생각했다.

더욱이나 나에겐 여기서 태어난 손자들, 둘이 매주 1회씩 한국학교에서 한국말과 글을 열심히 배우고 있으나 마땅한 교재가 없어 어려움을 당하고 있는 실정이다. 이런 한글공부도 나이가 차면 점점 멀어진다. 해서 이런 책들이 아주 시급하다.

앞으로는 서로의 말이 통하지 않으면 개인이든 국가든 발전은 고사하고 지탱 할 수가 없게 되어있다. 내 나라 말만 고집하던 시대는 지났다.

몇 백 년이 흘러도 해외 동포들은 한국인으로 살 것이며, 한국을 모국으로 생각할 것이다.

그러나 말이 통하지 않으면 마음이 통하지 않고, 정도 생기지 않는다.

우리 모두가 서로의 말을 배워 마음을 통하게 하여 동포로서 혈육의 정을 잇고 살았으면 하는 바람으로 이 글을 썼다.

이 책의 구성과 특징

【구성】

이 책은 영문법에 기초를 두고 40회에 걸쳐 같은 문제를

Part Ⅰ은 한글로 영어를(내국인 용)

Part Ⅱ는 영어로 한글을(외국인 용) 배울 수 있게 편집하였다.

Part Ⅲ은 알아두면 좋을 기초 문법을 쉽게 풀이하였다.

Part Ⅳ는 'Mr. Pak's 미식영어 발음법'으로 독자의 발음을 잡아 준다.

Part Ⅴ는 "866 미니 사전"에 이 책에 등장되는 8백여 개의 단어를 정리 하였다.

특히 모든 단어는 미식 영어발음법에 근거한 음절이 구분되고 한글 토가 달려있어 바른 음을 내는데 큰 도움이 되게 하였다.

부록 : 전체 문제에 대한 정답지를 작은 책자로 하여 항시 휴대 가능케 했다. 모든 문제를 한국말과 영어로 동시 녹음한 MP3가 있다. MP3는 웹하드(www.webhard.co.kr)를 방문하여 down을 받을 수 있다.

【특징】

첫째 : 말(영어 & 한국)을 확실히 배우게 한다.

MP3의 녹음이 한국말과 영어로 아주 쉬운 기초부터 되어있어 별도 해석이 필요 없이 그냥 발음만 흉내를 내다보면 말을 배우게 되어있다.

말은 잘 하든 못 하든, 문법이 맞든 틀리든 많이 하는 사람이 빨리 배우게 된다. 또한 발음법을 알면 제대로 읽으려 애를 쓰게 되어있다. 어떤 음을 바로 내려고 하는 것과 그냥 내는 음은 아주 다르다.

둘째 : 80일이면 영문법과 생활영어를 끝 낼 수 있다.

Part 당 630여 문제를 40회(강의/Lesson)로 나누어 Part Ⅰ은 한글로 영어를, Part Ⅱ는 영어로 한글을 학습케 되어있어 하루에 한 회씩 두 Part를 다 마치면 반복 학습이 되어 80회(일)면 완전한 문법을 바탕으로 한 기초적인 생활어가 된다. 또한 내용의 전개가 처음부터 아주 쉬운 것부터 시작함으로 ABC만 알면 누구나 쉽게 공부할 수 있다.

Contents

Part I 한글을 영어로 / 16

제 01 강 : Step 1-1. [Be 동사] ··· 18
제 02 강 : Step 1-2. [Be 동사] ··· 21
제 03 강 : Step 1-3. [Be 동사] ··· 25
제 04 강 : Step 2. [일반 동사/현재형 문장] ··· 28
Step 3. [일반 동사/과거형 문장] ··· 30
제 05 강 : Step 4. [have/has 동사] ··· 32
제 06 강 : Step 5. [명사의 복수 만드는 법] ··· 35
제 07 강 : Step 6. [의문사] ··· 37
제 08 강 : Step 7. [인사 / Greeting] ··· 41
Step 8. [some과 any] ··· 42
제 09 강 : Step 9. [진행형] ··· 44
제 10 강 : Step 10. [미래형(1) - will 용법] ··· 46
Step 11. [미래형(2) - be going to 용법] ··· 47
제 11 강 : Step 12. [명령문] ··· 49
제 12 강 : Step 13. [There is(are) ~ .] ··· 51
제 13 강 : Step 14. [동명사] ··· 53
Step 15. [부정사] ··· 54
Step 16. [have to / has to] ··· 55
제 14 강 : Step 17. [조동사(1)/can] ··· 57
Step 18. [조동사(2)/may] ··· 58
Step 19. [조동사(3)/must] ··· 60
제 15 강 : Step 20. [조동사(4) Shall I(we)] ··· 62
Step 21. [조동사(5)] ··· 63

제 16 강 : Step 22. [a few/ few, a little/ little] 65
Step 23. [it의 용법] 66
제 17 강 : Step 24. [it의 용법] 68
제 18 강 : Step 25. [접속사 that] 71
제 19 강 : Step 26. [비교급] 73
Step 27. [최상급] 74
제 20 강 : Step 28. [수동태] 76
제 21 강 : Step 29. [현재완료형] 78
제 22 강 : Step 30. [간접의문문] 81
Step 31. [ask/want/tell] 82
제 23 강 : Step 32. [명사를 수식하는 현재분사] 85
Step 33. [It ~ to~.] 86
제 24 강 : Step 34. [사역동사(make와 let)] 88
제 25 강 : Step 35. [전치사] 1. above, 2. across, 3. against 90
제 26 강 : Step 36. [전치사] 4. along, 5. among, 6. around, ... 93
제 27 강 : Step 37. [전치사] 7. as, 8. at, 9. behind, ... 95
제 28 강 : Step 38. [전치사] 10. below, 11. beside, ... 97
제 29 강 : Step 39. [전치사] 12. between, 13. by, 14. down ... 99
제 30 강 : Step 40. [전치사] 15-1 ~ 15-4 for 102
제 31 강 : Step 41. [전치사] 16. from, 17. in 104
제 32 강 : Step 42. [전치사] 18. in front of, 20. near 107
제 33 강 : Step 43. [전치사] 22. of, 23. off, 24. on, ... 109
제 34 강 : Step 44. [전치사] 25. opposite, 26. out, 27. out of, 28. over 112
제 35 강 : Step 45. [전치사] 29. through, 30. to, ... 115
제 36 강 : Step 46. [전치사] 31. toward, 32. under, 33. until, 34. up, ... 117
제 37 강 : Step 47. [전치사] 35. with, 36. within, 37. without .. 120
제 38 강 : Step 48. [기타 부정대명사(1)-each & all] 123
제 39 강 : Step 49. [기타 부정대명사(2)-both & either] 125
제 40 강 : Step 50. [관사] 127

Part Ⅱ. English to Korean / 130

Lesson 01 : Step 1-1. [Be 동사] ······ 132
Lesson 02 : Step 1-2. [Be 동사] ······ 135
Lesson 03 : Step 1-3. [Be 동사] ······ 138
Lesson 04 : Step 2. [일반 동사/현재형 문장] ······ 141
Step 3. [일반 동사/과거형 문장] ······ 142
Lesson 05 : Step 4. [have/has 동사] ······ 145
Lesson 06 : Step 5. [명사의 복수 만드는 법] ······ 147
Lesson 07 : Step 6. [의문사] ······ 149
Lesson 08 : Step 7. [인사 / Greeting] ······ 153
Step 8. [some과 any] ······ 154
Lesson 09 : Step 9. [진행형] ······ 156
Lesson 10 : Step 10. [미래형(1)] ······ 158
Step 11. [미래형(2)] ······ 159
Lesson 11 : Step 12. [명령문] ······ 160
Lesson 12 : Step 13. [There is(are) ~.] ······ 162
Lesson 13 : Step 14. [동명사] ······ 164
Step 15. [부정사] ······ 165
Step 16. [have to / has to] ······ 166
Lesson 14 : Step 17. [조동사(1)/can] ······ 167
Step 18. [조동사(2)/may] ······ 168
Step 19. [조동사(3)/must] ······ 169
Lesson 15 : Step 20. [조동사(4) Shall I(we)] ······ 171
Step 21. [조동사(5)] ······ 172
Lesson 16 : Step 22. [a few/ few, a little/ little] ······ 174
Step 23. [it의 용법] ······ 175
Lesson 17 : Step 24. [it의 용법] ······ 176
Lesson 18 : Step 25. [접속사 that] ······ 178
Lesson 19 : Step 26. [비교급] ······ 179
Step 27. [최상급] ······ 180

Lesson 20 : Step 28. [수동태] ········· 181
Lesson 21 : Step 29. [현재완료형] ········· 183
Lesson 22 : Step 30. [간접의문문] ········· 185
Step 31. [ask/want/tell] ········· 185
Lesson 23 : Step 32. [명사를 수식하는 현재분사] ········· 188
Step 33. [It ~ to ~.] ········· 188
Lesson 24 : Step 34. [사역동사(make, let)] ········· 190
Lesson 25 : Step 35. [전치사] above / across / against ········· 192
Lesson 26 : Step 36. [전치사] along / among / around ········· 194
Lesson 27 : Step 37. [전치사] as / at / behind ········· 196
Lesson 28 : Step 38. [전치사] below / beside ········· 198
Lesson 29 : Step 39. [전치사] between / by / down ········· 200
Lesson 30 : Step 40. [전치사] for ········· 202
Lesson 31 : Step 41. [전치사] from / in ········· 204
Lesson 32 : Step 42. [전치사] in front of / near ········· 206
Lesson 33 : Step 43. [전치사] of / off / on ········· 208
Lesson 34 : Step 44. [전치사] opposite / out / out of / over ··· 210
Lesson 35 : Step 45. [전치사] through / to ········· 212
Lesson 36 : Step 46. [전치사] toward / under / until / up ········· 214
Lesson 37 : Step 47. [전치사] with / within / without ········· 216
Lesson 38 : Step 48. [기타 부정대명사(1)-each & all] ········· 218
Lesson 39 : Step 49. [기타 부정대명사(2)-both & either] ········· 220
Lesson 40 : Step 50. [관사] ········· 221

Part Ⅲ 알아 두면 좋을 영문법 / 223

1. 주어 ··· 224
2. 인칭 ··· 224
3. 인칭대명사 ··· 224
4. Be 동사 ··· 224
5. 인칭대명사와 Be 동사와의 관계 ··· 224
6. 지시대명사 ··· 224
7. 지시대명사와 Be 동사와의 관계 ··· 225
8. 인칭대명사의 수 및 격 ··· 225
9. Be 동사가 쓰이는 곳 ··· 226
10. 영어와 한글의 차이 ··· 226
11. 문장의 시제란 ··· 227
12. Do 와 Did 사용법 ··· 227
13. 일반 동사의 변화 ··· 228
14. have와 has의 차이점 ··· 229
15. 부정형 문장에서 have(has) 어떻게 쓰이는가? ··· 229
16. 의문문에서 have(has) 동사는 어떻게 쓰이는가? ··· 229
17. 조동사 ··· 230
18. 8품사 ··· 230
19. 의문사 ··· 233
20. 미래형 용법 ··· 233
21. 동명사 ··· 233
22. 동명사와 부정사에 쓰이는 동사 ··· 233
23. 진행형 ··· 234
24. 동명사와 진행형의 차이 ··· 234
25. please 사용 법 ··· 234
26. Will you와 Could you에 답하는 법 ··· 235
27. Won't you도 가끔 will you와 같은 ··· 235
28. Would you~?와 Could you~?의 차이 ··· 235
29. a few/ few와 a little/ little의 차이 ··· 235

30. 불규칙적인 최상급 변화 예 ········ 236
31. 형용사나 부사에서 비교급, 최상급의 변화 ········ 236
32. less와 more의 구분 ········ 236
33. 현재완료형의 단축 표현 ········ 236
34. 현재완료형과 현재완료 진행형의 차이 ········ 236
35. into와 in의 차이 ········ 237
36. Next의 용법 확인 ········ 237
37. be made from과 be made of ········ 238
38. until, by, before의 특성 ········ 238
39. all ········ 239
40. both & all ········ 239
41. either와 neither ········ 239
42. other, others, another, the other, the others ········ 239
43. 관사 ········ 240
44. 명사의 복수 만드는 법 ········ 242

Part Ⅳ Mr. Park's 미국식 영어 발음법 / 244

Lesson 1 : 기본이론 ………… 246
Section 1 : 단어는 어떻게 읽나? ………… 246
Section 2 : 음절, 강세 ………… 247
Lesson 2 : Vowels(모음) ………… 248
Section 1 : E /e/[애], A /æ/[애^아] ………… 248
Section 2 : I /i/[이], E /iː/ [이이] ………… 248
Section 3 : O /a/[아], U /ʌ/[어^아] ………… 249
Section 4 : A /ei/ [애이], I /ai/[아이] ………… 250
Section 5 : O /ou/ [오우], U /juː/[이우우] ………… 250
Section 6 : AU, AW /ɔ/[오^어] ………… 251
Section 7 : OY, OI /ɔi/[오^어이] ………… 252
Section 8 : U /u/[우], OO /uː/[우우] ………… 252
Section 9 : All Vowels /ə/[어] ………… 253
Lesson 3 : Consonants(자음) ………… 254
Section 1 : 자음읽기 ………… 254
Section 2 : 비슷한 자음의 비교 ………… 254
Section 3 : L 음 ………… 255
Section 4 : R 음 ………… 256
Section 5 : G /g/[그] ………… 257
Section 6 : J /ʤ/[즈] ………… 258
Section 7 : C, CK, K /k/[ㅋ/크] ………… 259
Section 8 : Y 음 ………… 260
Lesson 4 : Digraph(2자 1음 및 기타) ………… 261
Section 1 : NG/ŋ/[o], ŋg/[ㅇ그] ………… 261
Section 2 : NK/ŋk/[ㅇㅋ/ㅇ크] ………… 262
Section 3 : CH, TCH /tʃ/[츠/ㅊ/취] ………… 262
Section 4 : SH /ʃ/[쎠/쒸] ………… 263
Lesson 5 : 기타 발음연구 ………… 264
Article 1 : Intonation (억양) ………… 264

Article 2 : can과 can't의 발음 ………………………………… 265
Article 3 : 겹친 동일 음 묵음처리 ………………………………… 265
Article 4 : 축약 단어의 발음 ………………………………… 266
Article 5 : have to ~ ………………………………… 266
Article 6 : 강세 없는 음절의 약화 또는 묵음 ………………………………… 266
Article 7 : 다른 모음 두 개가 겹쳐 있을 때 ………………………………… 267
Article 8 : 규칙 변화 과거형 동사의 ed 발음 ………………………………… 267
Article 9 : T의 발음 ………………………………… 268

첨부 : Mr. Pak's 미식영어발음부호표 및 해설 ………………………………… 271
<참고(1)> : 영어단어 구분(모음, 자음) ………………………………… 272
<참고(2)> : 부정관사 a와 an의 발음 ………………………………… 273
<참고(3)> : 정관사 the의 발음 ………………………………… 274

Part V 866 미니사전 / 275

별책 : 부록 1(정답지)
부록 2(MP3)

Part I
한글을 영어로

이 책은 기초 영문법에 바탕을 두고 누구나 처음 배운다는 문장, "이거 뭐야?"부터 시작해서 생활용어 전반을 표현 할 수 있는 문장들이 수록 되어있다. 또한 학습의 지루함을 피하기 위해 모든 문장들을 40회(강의)에 나누어 문제지 형식으로 편집하였다.

어학연수, 관광, 이민 등으로 영어권을 방문 시는 이 책이 대단히 도움이 된다. 만일 한국말을 배우려는 사람이 있다면 당신은 Part 1을 그는 Part 2를 서로 읽어주고, 받아쓰기를 하면 아주 쉽게 배우게 된다.

【학습방법】

목표 : MP3로는 말을, 책으로는 글을 배우자.

기간 : 80일(1 일/1 강/Lesson)에 마칠 수 있게 하자.

1. 우선 MP3를 여러 번 듣고 나서 문제지를 시작하자.
2. MP3를 들을 때는 반드시 흉내를 내어 따라 읽되 소리를 내어야 하며
    1) 어디서 띄어 발음하고,
    2) 어디서 발음이 올라가는지,
    3) 단어 내에서 강세 부분은 어디인지를 듣고 알도록 하자.
3. MP3를 들을 때는 부록의 정답은 결코 보지 않아야 한다.

4. Part Ⅰ의 제1강에서 시작하여 ⇒ Part Ⅱ의 제1강 ⇒ Part Ⅰ의 제2강 ⇒ Part 2의 제2강으로 번갈아 학습한다. (*매 회 Part를 바꾼다)

5. computer로 학습하는 길

e-mail로 『도서출판 서훈』에 신청하여 Part Ⅰ을 down 받거나, 아니면 모든 학습 상황을 본인의 컴퓨터에 입력시키고 컴퓨터상으로 학습을 하는 방법이 있다.

* 신청(무료)은 신청자의 주소/성명/전화번호/책의 구입 서점 및 일자 등이 필요함.

문제지 연습요령 : 각 Box 안의 첫 문장을 잘 읽는다.

> 예 : Step 1의 Q 2에서,
>
> (-t)는 t로 끝이 나는 단어의 생략이고, (t-)는 t로 시작하는 단어의 생략이다.
>
> (-t-)는 앞뒤 글자가 생략된 경우다.
>
> 위의 문제에서 해당 단어를 찾아 (　)를 완성시켜라.

Park's 영어 제1강

Step 1-1 Be 동사

이 장은 생활 영어에서 가장 기본적인 용어들을 배운다. 사람들이 처음 배우는 단어는 "엄마", 문장은 "이게 뭐야"라고 한다. 문법은 외우려 하지 말고 이해하는 것으로 족하다.

모국어 배우듯 말 배우고 글 배우자! 문제를 풀다보면 문법은 저절로 알게 된다.

Be 동사 : 알아두면 좋을 문법들(#4, 9)에서 참고하자.

연습요령 : 각 Box의 첫 문장을 잘 읽고 ( )안에 빠진 알파벳 (Alphabets)을 채워 넣자.

Ex 1 이것[은] *this* 무엇 *what* 입니까 *is*?
(What) (is) (this)?

Q 1 그것[은] *it* 무엇입니까?
(Wha-) (i-) (-t)?

Q 2 저것[은] *that* 무엇입니까?
(-hat) (-s) (tha-)?

Ex 2 이것들[은] *these* 무엇입니까 *are*?
(What) (are) (these)?

Q 3 그것들[은] *they* 무엇입니까?
(wha-) (ar-) (the-)?

Q 4 <u>저것들[은]</u> *those* 무엇입니까?
(−ha−) (−re) (tho−e)?

Ex 3 이것은 <u>하나의 펜</u> *a pen* <u>이다</u> *is.*
(This) (is) (a) (pen).

Q 5 그것은 하나의 펜 <u>이다</u> *is.*
(I−) (i−) (a) (pe−).

Q 6 저것은 <u>하나의 책상</u> *a desk* <u>이다</u> *is.*
(−hat) (−s) (a) (−esk).

Ex 4 이것이 하나의 책상 <u>입니까</u> *is?*
(Is) (this) (a) (desk)?

Q 7 그것이 하나의 책상입니까?
(I−) (i−) (a) (des−)?

Q 8 저것이 하나의 책상입니까?
(−s) (−hat) (a) (−es−)?

Ex 5 예, 그렇습니다.
(Yes,) (it) (is).

아니오, 그렇지 않습니다.
(No,) (it) (isn't).

Ex 6 이것은 하나의 책상이 <u>아니다</u> *is not.*
(This) (is) (not) (a) (desk).

* isn't = is not

Q 9 그것은 하나의 책상이 <u>아니다</u> *is not.*
(I−) (i−) (no−) (a) (−sk).

Q 10 저것들은 <u>책상들[이]</u> *desks* <u>아니다</u> *are not.*
(−ose) (−re) (−ot) (−sks).

Ex 7 당신의 *your* 이름[은] *name* 무엇 *what* 입니까 *is?*
(What) (is) (your) (name)?

Q 11 그녀의 *her* 이름은 무엇입니까 *is?*
(−hat) (−s) (−er) (−ame)?

Q 12 그 남자의 *his* 이름은 무엇입니까 *is?*
(Wh−) (−s) (−is) (nam−)?

Ex 8 이것은 그녀의 것 *hers* 이다 *is.*
(This) (is) (hers).

Q 13 저것들은 나의 것 *mine* 이다 *are.*
(Th−) (ar−) (−ine).

Q 14 그것은 당신의 것[이] *yours* 아니다 *is not.*
(I−) (−s) (n−t) (−ours).

Step 1-2 Be 동사

영어 단어는

8개의 품사로 나누고 동사(움직임과 존재를 표현한다.)는 일반 동사와 be 동사로 나눈다.

be 동사란, "-이다, -있다"의 뜻을 가지고 있다.

여기서는 Be 동사를 필요로 한 기초적인 문장을 계속 배운다.

연습요령 : 항상 문제부터 시작하고 끝이 나면 문법 해설은 읽어 보는 것으로 족하고 꼭 암기하려 하지 말자. 문제를 계속 풀다 보면 문법의 흐름을 이해하게 된다.

Ex 9 저것은 그녀의 *her* 가방 *bag* 이다 *is.*
(That) (is) (her) (bag).

Q 15 이것들[은] *these* 그 남자의 *his* 펜들 *pens* 이다 *are.*
(Thes-) (-re) (-is) (pen-).

Q 16 저것들은 나의 *my* 펜들이 아니다 *are not.*
(Thos-) (ar-) (no-) (-y) (-ens).

Ex 10 당신[은] *you* 누구 *who* 입니까 *are?*
(Who) (are) (you)?

Q 17 그녀[는] *she* 누구 입니까 *is?*
(Wh-) (-s) (-he)?

Q 18 나[는] *I* 누구 입니까 *am?*
(−ho) (−m) (I)?

Ex 11 나[는] *I* 제임스 *James* 입니다 *am.*
(I) (am) (James).

Q 19 그녀[는] *she* 제인 *Jane* 입니다 *is.*
(−he) (−s) (Jane).

Q 20 그 남자[는] *he* 맥 *Mack* 입니다 *is.*
(H−) (i−) (Mack).

Ex 12 당신은 잭 *Jack* 입니까 *are?*
(Are) (you) (Jack)?

Q 21 그녀는 제인 *Jane* 입니까 *is?*
(−s) (−he) (−ne)?

Q 22 그 남자는 맥 *Mack* 입니까?
(−s) (h−) (−k)?

Ex 13 나는 잔[이] *John* 아닙니다 *am not.*
(I) (am) (not) (John).

Q 23 그녀는 제인[이] *Jane* 아닙니다 *is not.*
(−he) (−s) (n−) (Jane).

Q 24 그 남자는 맥[이] *Mack* 아닙니다 *is not.*
(H−) (−s) (−t) (−ac−).

Ex 14 어느 것이 *which* 당신의 것 *yours* 입니까 *is?*
(Which) (is) (yours)?

Q 25 어느 것이 그녀의 것 *hers* 입니까 *is*?
(Wh–) (–s) (–ers)?

Q 26 어느 것이 나의 것 *mine* 입니까 *is*?
(–ich) (i–) (–ine)?

Ex 15 어느 것이 당신의 가방 *bag* 입니까 *is*?
(Which) (is) (your) (bag)?

Q 27 어느 것이 나의 *my* 연필 *pencil* 입니까 *is*?
(–ch) (i–) (–y) (–ncil)?

Q 28 어느 것이 그들의 *their* 가방 입니까 *is*?
(–ch) (–s) (th–) (ba–)?

Ex 16 당신은 어디[에] *where* 있습니까 *are*?
(Where) (are) (you)?

Q 29 나[는] *I* 어디에 있습니까 *am*?
(–here) (–m) (I)?

Q 30 그 남자는 어디에 있습니까 *is*?
(Whe–) (i–) (–e)?

Ex 17 나는 여기에 *here* 있습니다 *am*.
(I) (am) (here).

Q 31 그녀는 여기에 있습니다 *is*.
(–e) (–s) (–ere).

Q 32 당신은 여기에 있습니다 *are*.
(–ou) (ar–) (–re).

Ex 18 나는 여기에 <u>있지 않았다</u> *was not.*
(I) (was) (not) (here).

Q 33 당신은 여기에 <u>있지 않았다</u> *were not.*
(Yo−) (we−) (−ot) (−re).

Q 34 그녀는 여기에 <u>있지 않았다</u> *was not.*
(Sh−) (−as) (−ot) (he−).

Step 1-3 Be 동사

이 장은 Be 동사와 의문사가 필요로 하는 간단한 문장들의 계속적인 학습이다.

의문사(?)는 뒤에서 설명이 된다.

연습요령 : 전과 같음

Ex 19 당신은 집 *home* 에 *at* 있었습니까 *were*? 예, 나는 있었습니다.
(Were) (you) (at) (home)? (Yes), (I) (was).

Q 35 그녀는 집에 있었습니까 *was*? 아니오, 그녀는 있지 않았습니다.
(-as) (-he) (a-) (-ome)? (N-), (sh-) (wa-)

Q 36 우리[는] *we* 집에 있었습니까 *were*? 예, 우리는 있었습니다.
(Wer-) (w-) (-t) (-me)? (Ye-), (-e) (-ere).

※ 문장의 첫 자는 대문자로 쓴다. we ⇒ We, was ⇒ Was

Ex 20 나의 *my* 이름[은] *name* 제임스 *James* 이다 *is*.
(My) (name) (is) (James).

Q 37 그녀의 *her* 이름은 제인 *Jane* 이다 *is*.
(-er) (nam-) (-s) (J-).

Q 38 그녀의 이름은 제인 *Jane* 이었다 *was*.
(He-) (-ame) (-as) (J-e).

※ 이름의 첫 자는 대문자로 쓴다. jane ⇒ Jane

Ex 21 당신의 *your* 주소[는] *address* 무엇입니까 *is?*
(What) (is) (your) (address)?

Q 39 당신의 전화번호[는] *phone number* 무엇입니까 *is?*
(Wh-) (i-) (yo-) (-one) (-ber)?

Q 40 당신의 성명[은] *full name* 무엇입니까 *is?*
(-at) (i-) (yo-) (-ull) (-me)?

Q 41 당신의 이름[은] *first name* 무엇입니까 *is?*
(-at) (i-) (-our)(-rst) (-me)?

Q 42 당신의 성[은] *last name* 무엇입니까 *is?*
(Wh-) (-s) (you-) (las-) (-ame)?

Ex 22 Ex 21에 대한 응답 / 580 ⇒ Five-eighty,
SW. Oak st입니다. ⇒ South West, Oak Street

Q 43 Q 39에 대한 응답 ⇒ Five-O-three, three-four-five,
(503) 345 - 6978

Q 44 Q 40에 대한 응답 ⇒ Chul Soo Kim

Q 45 Q 41에 대한 응답 ⇒ Chul-Soo

Q 46 Q 42에 대한 응답 ⇒ Kim

Ex 23 당신은 어떠 *how* 하십니까 *are?*
(How) (are) (you)?

Q 47 그녀는 어떠하십니까 *is?*
(-ow) (-s) (-he)?

Q 48 그들은 어떠하십니까 *are?*
(Ho-) (-re) (-hey)?

Ex 24 나는 <u>좋습</u> *fine* <u>니다</u> *am.*
(I) (am) (fine).

Q 49 그녀는 좋습<u>니다</u> *is.*
(S) (i–) (–ine).

Q 50 그들은 좋습<u>니다</u> *are.*
(The–) (ar–) (fin–).

Ex 25 나는 <u>행복</u> *happy* <u>합니다</u> *am.*
(I) (am) (happy).

Q 51 그녀는 행복<u>합니다</u> *is.*
(S–) (–s) (–appy).

Q 52 나는 <u>아픔</u> *sick* <u>니다</u> *am.*
(I) (–m) (–ick).

Ex 26 나는 행복하지 <u>않습니다</u> *not.*
(I) (am) (not) (happy).

Q 53 그녀는 행복하지 않습니다.
(Sh–) (i–) (no–) (hap–).

Q 54 나는 <u>아프지</u> *sick* 않습니다.
(I) (–m) (no–) (–ck).

Step 2 일반 동사/현재형 문장

다음은 일반 동사(현재형)가 있는 문장들이다.

일반 동사란,

"먹는다, 수영한다, 마신다, 간다, 걷다" 등 움직이는 상태를 나타내는 것으로 동사 중에 be 동사(~이다, ~있다)를 제외한 것들이다.

연습요령 : 전과 같음

Ex 1 나는 당신을 좋아합니다 *like*.
(I) (like) (you).

Q 1 그는 그의 *his* 개[를] *dog* 좋아합니다 *likes*.
(−e) (−ikes) (−is) (−og).

Q 2 나는 그 *the* 개를 좋아 *like* 하지 않습니다 *don't*.
(I) (−on't) (−ike) (th−) (do−).

※ Q 1과 같이 주어가 3인칭(나와 네가 아닌 제 삼자이면서 단수 일 때)이고 동사가 현재형이면 동사의 끝에 −s를 붙인다. 이것을 "3단현 S"라고도 한다.

Ex 2 나는 집에 갑니다 *go*.
(I) (go) (home).

Q 3 그녀는 집에 갑니다 *goes*.
(−he) (−oes) (hom−).

Q 4 나는 집에 가지 않습니다 *don't go.*
(I) (don'−) (−o) (−ome).

Ex 3 그 남자는 우유[를] *milk* 좋아 *like* [하지] 않습니다 *doesn't.*
(He) (doesn't) (like) (milk).

Q 5 그 여자는 우유를 좋아 *like* [하지] 않습니다 *doesn't.*
(S−) (doesn'−) (lik−) (−ilk).

Q 6 나는 그 남자를 *him* 좋아하지 않습니다 *don't.*
(I) (−on't) (−ke) (−im).

* doesn't = does not, don't = do not

Ex 4 제인은 나를 좋아 *like* 합니까 *does?*
(Does) (Jane) (like) (me)?

Q 7 그들[은] *they* 우리[를] *us* 좋아 *like* 합니까 *do?*
(D−) (−ey) (−ke) (−s)?

Q 8 그 남자는 그 녀를 좋아 합니까 *does?*
(−oes) (h−) (lik−) (he−)?

Ex 5 그녀는 그 남자를 좋아하지 않는다 *doesn't.*
(She) (doesn't) (like) (him).

Q 9 그들은 우리[를] *us* 좋아하지 않는다 *don't.*
(The−) (−on't) (lik−) (−s).

Q 10 당신은 사과를 *apples* 좋아하지 않는다 *don't.*
(Yo−) (−n't) (−ke) (−ples).

Step 3 일반 동사/과거형 문장

다음은 일반 동사 중 과거형이 있는 문장들이다.
즉, 현재형은 "좋아한다, 간다, 먹다"
과거형은 "좋아했다, 갔다, 먹었다" 등을 말한다.

연습요령 : 전과 같음

Ex 1 나는 당신을 좋아하였다 *liked.*
(I) (liked) (you).

Q 1 그 남자는 그의 *his* 개를 *dog* 좋아하였다 *liked.*
(H−) (−iked) (hi−) (−og).

Q 2 우리[는] *we* 그들[을] *them* 좋아하였다.
(−e) (−ked) (−hem).

Ex 2 당신은 나를 좋아 *like* 하였습니까 *did?*
(Did) (you) (like) (me)?

Q 3 그 남자는 그의 *his* 개[를] *dog* 좋아 하였나 *did?*
(D−) (−e) (−ike) (−is) (do−)?

Q 4 그들[은] *they* 당신을 좋아 *like* 하였습니까 *did?*
(−id) (−ey) (−ke) (−ou)?

Ex 3 그 남자는 나를 좋아하지 않았다 *did not.*
(He) (did) (not) (like) (me).

Q 5 나는 그녀[를] *her* 좋아하지 않았다 *did not.*
(I) (−id) (−ot) (li−) (he−).

Q 6 나는 집[에] *home* 가지 *go* 않았다.
(I) (-id) (-ot) (-o) (-ome).

Ex 4 나는 집[에] *home* 갔다 *went.*
(I) (went) (home).

Q 7 그녀는 사과를 좋아하였다.
(-e) (-ked) (-es).

Q 8 당신은 우유를 좋아하였다.
(Y-) (-ked) (-ilk).

Ex 5 당신은 어제 일을 하였습니까? 예, 나는 했습니다.
(Did) (you) (work) (yesterday)? (Yes), (I) (did).

Q 9 그들은 어제 일을 하였습니까? 아니오, 그들은 하지 않았습니다 *did not.*
(-id) (th-) (-ork) (-terday)? (-o), (th-) (di-)

Q 10 그는 어제 일을 하였습니까? 아니오, 그는 하지 않았습니다 *did not.*
(Di-) (-e) (-rk) (y-)? (-o), (-e) (di-) (no-).

Step 4 have/has 동사

다음은 have/has 동사가 있는 문장이다.

문장에서 1) 주어가 3인칭이면서 단수이고, 2) 현재형 문장일 때, have와 has중 하나가 필요 하다면 has를 쓰고 그 이외의 현재형 문장엔 have를 쓴다.

* 이 동사는 그 적용범위가 매우 넓다. Part 5의 "866 미니사전"을 참고하자.

연습요령 : 전과 같음

Ex 1 나는 하나의 펜[을] *a pen* 가지고 있다 *have.*
(I) (have) (a) (pen).

Q 1 당신은 하나의 펜을 가지고 있다 *have.*
(-u) (-ave) (a) (-en).

Q 2 그 녀는 하나의 펜을 가지고 있다 *has.*
(-he) (-as) (a) (pe-).

Ex 2 당신은 하나의 펜을 가지고 있습니까 *do ~ have?*
예, 가지고 있습니다 *I do.*
(Do) (you) (have) (a) (pen)? (Yes), (I) (do).

Q 3 나는 하나의 펜을 가지고 있습니까 *do ~ have?*
아니오, 당신은 가지고 있지 않습니다 *you do not.*
(-o) (I) (hav-) (a) (-en)? (-o), (-ou) (-o)

Q 4 그녀는 하나의 펜을 가지고 있습니까 *does ~ have?*
예, 가지고 있습니다 *she does.*
(-es) (-he) (-ve) (a) (-en)? (-es), (-he)

Ex 3 나는 하나의 펜을 가지고 있지 않다 *do not have.*
(I) (do) (not) (have) (a) (pen).

Q 5 그들은 하나의 펜을 가지고 있지 않다 *do not have.*
(-ey) (-o) (n-) (hav-) (a) (-en).

Q 6 그 남자는 하나의 펜을 가지고 있지 않다 *does not have.*
(-e) (-es) (n-) (-e) (a) (-n).

Ex 4 나는 하나의 펜을 가지고 있었다 *had.*
(I) (had) (a) (pen).

Q 7 그녀는 하나의 펜을 가지고 있었다 *had.*
(S-) (-ad) (a) (-n).

Q 8 당신은 하나의 펜을 가지고 있었다 *had.*
(-u) (h-) (a) (-e-).

Ex 5 당신은 하나의 펜을 가지고 있었습니까?
예, 나는 가지고 있었습니다 *did.*
(Did) (you) (have) (a) (pen)? (Yes), (I) (did).

Q 9 그녀는 하나의 펜을 가지고 있었습니까?
아니오, 그녀는 가지고 있지 않았습니다 *didn't.*
(-d) (-e) (ha-) (a) (-n)? (N-), (-he)

Q 10 그는 하나의 펜을 가지고 있었습니까?
아니오, 그는 가지고 있지 않았습니다 *didn't.*
(-d) (h-) (-ve) (a) (-n)? (-o), (-e)

* didn't = did not

Ex 6 나는 하나의 펜을 가지고 있지 않았다 *did not have.*
(I) (did) (not) (have) (a) (pen).

Q 11 그녀는 하나의 펜을 가지고 있지 않았다 *did not have.*
(−e) (did) (n−t) (−ve) (a) (−n).

Q 12 우리는 하나의 펜을 가지고 있지 않았다.
(W−) (−id) (−ot) (−v−) (a) (−e−).

Step 5 명사의 복수 만드는 법

명사는 두 가지로 나눈다.

(1) 셀 수 있는 명사 : 보통명사 / table, book, 집합명사 / family, people

(2) 셀 수 없는 명사 : 고유명사 / Korea, Tom 추상명사 / idea, hope 물질명사/water, cheese

* 고유명사와 추상명사는 복수를 만들지 못한다. 물질명사는 담는 용기로 복수를 표시한다.
* 영어는 한글과 달라 셀 수 있는 명사로 표현 할 때는 반드시 그 숫자를 밝힌다.
  즉, 나는 연필을 가지고 있다. / I have a pen.
  그러나 한글에서는 한 개, 두 개라는 숫자는 표시하지 않는다. 영어는 확실하게 표현한다.

명사에서 복수 만드는 방법

알아두면 좋을 문법의 # 44 참조 할 것

1. 셀 수 있는 명사

Ex 1 나는 어제 새 *new* 책상 두 개[를] *two desks* 샀다 *bought.*
(I) (bought) (two) (new) (desks) (yesterday).

Q 1 나는 양말 두 켤레[를] *two pairs of socks* 그에게 주었다 *gave.*
(I) (-ve) (-m) (two) (-irs) (of) (soc-).

Q 2 나의 친구들의 처들 *wives*은 오렌지 *oranges* 20 개를 먹었다.
(-y) (-ends') (wi-) (a-e) (20) (or-).

Q 3 나의 동네에[는] *in my village* 일곱 개의 집들이 있다.
(Th-) (-re) (7) (hou-) (-n) (-y) (vil-).

Q 4 우리 학교엔 20개의 교실들 *classrooms*이 있다.
(-ere) (ar-) (20) (-ooms) (-n) (-r) (-hool).

Q 5 두 가족[이] *two families* 지난 여름에 낚시[를] *fishing* 갔다.
(-wo) (fami-) (-nt) (-hing) (-st) (sum-).

* 양말 한 쪽/one sock 또는 one of my socks. 양말 한 켤레/a(one) pair of socks.

2. 셀 수 없는 명사

Ex 2 Jane은 우유 세 컵을 마셨다.
(Jane) (drank) (three) (cups) (of) (milk).

Q 6 나의 아버지는 커피 두 컵을 드셨다 *had*.
(-y) (-ad) (had) (tw-) (-ups) (o-) (cof-).

Q 7 James는 다섯 조각의 cake을 먹었다.
(James) (-te) (-ive) (piec-) of (-ke).

Q 8 나는 어제 두 병[의] *two bottles* 식수[를] *drinking water* 샀다.
(I) (-ght) (-wo) (bott-) (-f) (drink-) (wa-) (yes-).

Q 9 우리는 맥주 *beer* 10 캔[을] *cans* 마셨다.
(-e) (-ank) (-en) (-ans) (-f) (-er).

Q 10 나는 그 마켓에서 *at the market* 설탕 한 봉지를 샀다 *bought*.
(I) (bo-) (a) (bag) (-f) (sug-) (at) (the) (-rket).

Step 6 의문사

다음은 의문사가 있는 문장들로
what/무엇, which/어느 것, where/어디, why/왜, how/어떻게, who/누가, whose/누구의, whom/누구를 등을 의문사(묻는 것)라고 한다.

여기서는 일반 동사가 있는 문장에서
(1) 의문사만 있는 경우와
(2) 조동사와 의문사가 같이 있는 경우에 문장 만드는 법을 알아본다.

연습요령 : 전과 같음

Ex 1 당신은 어떻게 *how* 수영을 *swim* 잘 할 수 있습니까 *can*?
(How) (can) (you) (swim) (well)?

Q 1 당신은 여길 어떻게 들어 왔습니까?
(−ow) (di−) (yo−) (ge−) (in) (−ere)?

* 들어가다 get in

Q 2 당신은 얼마나 *how* 많은 *many* 펜들을 가지고 있습니까 *do~have*?
(Ho−) (−any) (−cils) (d−) (yo−) (−ve)?

Ex 2 당신은 어디[에] *where* 사는가 *do ~ live?*
나는 서울 *Seoul* 에 *in* 산다 *live.*
(Where) (do) (you) (live)? (I) (live) (in)

Q 3 그녀는 어디에 사는가? 그녀는 미국 *America* 에 *in* 산다 *lives.*
(Wh-) (does) (-he) (-ive)? (S-) (-ves) (-n) (America).

Q 4 그녀는 어디[에] 살았는가 *where did ~ live?* 그녀는 L.A.에 살았다 *lived.*
(-re) (-id) (-he) (li-)? (-e) (-ved) (in) (L.A.).

Ex 3 당신은 무엇[을] *what* 좋아 *like* 하는가 *do?*
(What) (do) (you) (like)?

Q 5 그녀는 무엇을 좋아 하는가 *does ~ like?*
(-hat) (doe-) (-he) (-ike)?

Q 6 그녀는 무엇을 좋아 하였는가 *did?*
(W-) (di-) (-h-) (-ike)?

Ex 4 그것은 얼마 *how much* 지요 *is?*
(How) (much) (is) (it)?

Q 7 당신은 어디[에] *where* 있었는가 *were?*
(W-) (-ere) (-ou)?

Q 8 당신의 국적[은] *nationality* 무엇 *what* 입니까 *is?*
(W-) (-s) (-r) (-ality)?

Ex 5 당신은 어느 것 *which*을 좋아 합니까 *do?*
(Which) (do) (you) (like)?

Q 9 그녀는 어느 것을 좋아 합니까 *does?*
(Whi-) (doe-) (-h-) (-ke)?

Q 10 그녀는 어느 것을 좋아 하였습니까 *did?*
(−h) (−id) (−he) (l−)?

Ex 6 왜 *why* 당신은 그녀를 좋아 합니까 *do?*
(Why) (do) (you) (like) (her)?

Q 11 왜 그 남자는 그녀를 좋아 합니까 *does?*
(−hy) (−es) (−e) (lik−) (−er)?

Q 12 왜 그 남자는 그녀를 좋아 하였습니까 *did?*
(−hy) (di−) (−e) (l−) (he−)?

Ex 7 당신은 누구 *who* 입니까 *are?*
(Who) (are) (you)?

Q 13 그녀는 누구 입니까 *is?*
(−h−) (−s) (−e)?

Q 14 그들은 누구 였습니까 *were?*
(W−) (−e) (−y)?

Ex 8 누가 당신을 좋아합니까 *likes?*
(Who) (likes) (you)?

Q 15 누가 당신을 좋아하였습니까 *liked?*
(−o) (−d) (−u)?

Q 16 누가 그것을 먹었는가 *ate?*
(W−) (−te) (i−)?

Ex 9 이것은 누구의 것 *whose* 입니까 *is?*
(Whose) (is) (this)?

Q 17 저것들은 누구의 것입니까 *are?*
(−e) (−r−) (−os−)?

Q 18 저것들은 누구의 것 이었습니까 *were*?
(W-) (-er-) (-s-)?

Ex10 이것은 누구의 *whose* 가방 *bag* 입니까 *is*?
(Whose) (bag) (is) (this)?

Q 19 저것들은 누구의 자동차들 *cars* 입니까 *are*?
(-se) (-s) (a-) (tho-)?

Q 20 이것은 누구의 모자 *hat* 였는가 *was*?
(W-) (-at) (w-) (-his)?

* Whom do you like? 같은 경우는 실제로는 Who do you like?로도 쓰고 있다.

Ex11 당신은 누구를 *whom* 좋아 *like* 합니까 *do*?
(Whom) (do) (you) (like)?

Q 21 그녀는 누구를 좋아 합니까 *does*?
(W-) (d-) (-h-) (-ke)?

Q 22 그 남자는 누구를 좋아 하였습니까 *did*?
(-m) (d-) (-e) (l-)?

Step 7 인사/Greeting

다음은 일상에서 통상 주고 받는 인사말들의 유형이다.
어디에 강세를 주는가만 잘 알고 몇 번씩 바르게 읽도록 하자.

Q 1. Hi! / 안녕
Q 2. Good morning! / 안녕하세요! ⇒ 해뜨기부터 낮 12시(noon)까지
Q 3. Good afternoon! / 안녕하세요! ⇒ 오후 인사, 낮 12시-해지기 전
Q 4. Good evening! / 안녕하세요! ⇒ 저녁에 하는 인사
Q 5. How are you? / 안녕하세요? ⇒ 서로 아는 사람간의 인사
Q 6. How are you doing? / 안녕하세요? ⇒ 아는 사람간의 인사
-I'm fine, thank you, and you? / 나는 좋습니다. 고맙습니다. 당신은 요?
Q 7. How do you do? / 안녕하십니까? ⇒ 처음 보는 사람끼리 인사
Q 8. Nice to meet you. / 만나서 반갑습니다.
Glad to meet you. / 만나서 반갑습니다.
Nice to meet you, too. / 나도 만나서 반갑습니다.
Q 9. Good night! / 안녕히 가(십)시오!(밤에)
Q10. Good bye! / 안녕히 가(계)십시오!
Q11. Have a good day! / 좋은 하루 되십시오.

Q12. Have a good night! / 좋은 밤 되십시오.
Q13. Excuse me! / 실례합니다.

Q14. Excuse me? / 무엇이라고요?

Q15. Pardon me? / 무엇이라고요?
Q16. I am sorry. / 미안합니다. * 뒤(sorry)를 올리면, "뭐라고요?"라는 의문문이 된다.

Q17. Hello ? /he.lóu/[해.(을)로'우] int. 여보, 이봐, 어이구, 〖전화〗 여보세요! -라고 부르는 소리
Q18. Hello ! /hél.ou/[해'을.오우] int. 안녕하시오(가벼운 인사)

Step 8 some과 any

둘 다 [조금, 어떤]의 같은 뜻으로
1) some : 긍정문 또는 권유형 의문문에 쓰인다.
2) any : 의문문, 부정문에 쓰인다.

연습요령 : 전과 같음

Ex 1 당신은 사과를 조금 *some* 가지고 있다.

* = You have a few apples.

(You) (have) (some) (apples).

Q 1 당신은 사과를 조금[이라도] *any* 가지고 *have* 있는가 *do*?
(-o) (-o-) (hav-) (-n-) (-s)?

Q 2 당신은 사과를 조금도 가지고 있지 않다 *don't have.*
( ) (-'t) (-ve) (a-) (app-).

Ex 2 그녀는 사과를 조금 *some* 가지고 있다 *has.*
(She) (has) (some) (apples).

Q 3 그녀는 사과를 조금[이라도] *any* 가지고 *have* 있는가 *does?*
(-es) (-h-) (h-) (-n-) (-s)?

Q 4 그녀는 사과를 조금도 가지고 있지 않다 *doesn't have.*
(S-) (-n't) (-e) (-y) (ap-).

Ex 3 당신은 무엇을 가지고 *have* 있는가 *do?*
(What) (do) (you) (have)?

Q 5 당신은 무엇을 가지고 *have* 있었는가 *did?*
(-t) (-d) ( ) (-ve)?

Q 6 나는 아무것[도] *anything* 가지고 *have* 있지 않았다 *didn't.*
(I) (-n't) (ha-) (-ing).

Step 9 진행형

Be 동사 있는 문장에서
뒤의 일반 동사에 ing를 붙여 둘을 같이 쓰면 진행형 문장이 된다.
<Be(동사) + (일반 동사 원형+ing)> ⇒ [~을 하고 있(었)다.]

* be동사의 시제(현재, 과거)에 따라 [현재진행형, 과거진행형]이 된다.
* will과 같이 쓰면 미래진행형이 된다.
* <~will be+동사ing > ⇒ [~을 하고 있을 것이다.]

연습요령 : 전과 같음

Ex 나는 무언가 *something* 먹고 있다 *am eating.*
(I) (am) (eating) (something).

Q 1 그녀는 사과[를] *an apple* 먹고 있다 *is eating.*
(−e) (−s) (−ng) (an) (−e).

Q 2 그들은 점심[을] *lunch* 먹고 있다 *are having.*
(−y) (−r−) (h−) (−un−).

Q 3 당신은 아침[을] *breakfast* 먹고 있었는가 *were ~ having?*
(W−) (y−) (−ing) (bre−)?

Q 4 그녀는 점심[을] *lunch* 먹고 있었는가 *was ~ having?*
(−a−) (−e) (h−) (−ch)?

Q 5 당신은 무엇을 먹고 있는가 *are ~ eating?*
(W−) (−r−) ( ) (−g)?

Q 6 당신은 무엇을 하고 있는가 *are ~ doing?*
(−t) (−e) (y−) (d−)?

Q 7 그녀는 무엇을 하고 있는가 *what's ~ doing?*
(What's) (−e) (−g)?

Q 8 나는 나의 *my* 친구 *friend* 와 *to* 얘기하고 있었다 *was talking.*
(I) (−s) (−l−) (t−) (−y) (f−).

Q 9 당신은 어디[에] *where* 가려고 하고 있습니까 *are ~ trying to go?*
(−re) (−re) (−o−) (tr−) (−o) (go)?

Q10 누가 말씀하고 계시지요 *is speaking?* ＊ 전화 상
(Who) (is) (speaking)?

Q 11 나는 그 때면 *at that time* 잠을 자고 있을 것이다 *will be ~ing.*
( ) (−ll) (−e) (−g) (a−) (t−) (−e).

Q12 Mr. Pak입니다. ＊ 전화 상
(Mr.) (Pak) (−s) (−ing).

Q 13 당신은 어디에서 *where ~ from* 전화하고 있지요 *are ~ calling?*
(W−) (a−) ( ) (−g) (−m)?

Q14 난 그냥 *just* 구경만 하고 있어요 *am ~ browsing.*
(I'm) (−t) (−ing).

Q 15 나는 그것[을] *it* 기대하고 있겠어요 *am looking forward to.*
(I'm) (−ing) (−d) (to) (−t).

Q 16 당신은 주의[를] *attention* 하지 않고 있습니다 *are not paying.*
(You) (−e) (−t) (−g) (att−).

Step 10 미래형(1) — will 용법

미래형 :

1) 원형(현재형)동사 앞에 will을 쓰서 미래를 나타낸다.
2) 모든 조동사의 다음에는 원형(현재형)동사가 온다.
3) 긍정문은 조동사의 앞에, 의문문은 조동사 다음에 주어가 온다.
4) 조동사 있는 문장의 부정문은 "주어 +조동사 +not"가 된다.

* <will + 동사 원형> ⇒ [~을 할 것이다.]

연습요령 : 전과 같음

Ex 나는 여기[서] *here* 잘 것이다 *will sleep.*
(I) (will) (sleep) (here).

Q 1 나는 내일 여기를 떠날 것이다 *will leave.*
( ) (–l) (le–) (–re) (tom–).

Q 2 그 남자는 돌아올 것이다 *will be back.*
(–e) (w–) (be) (b–).

Q 3 그 남자는 돌아오지 않을 것이다 *won't be back.*
(–e) (–'t) (–e) (–k).

Q 4 당신은 내일 여기에 올 것인가 *will ~ come?*
(–l) ( ) (c–) (h–) (–w)?

Q 5 당신은 내일 여기에 있을 것인가 *will ~ be?*
(W–) (–u) (be) (–e) (–or–)?

Q 6 나는 내일 여기에 있지 않을 것이다 *will not be.*
I (w−) (not) (−e) (−re) (to−).

Q 7 당신은 언제 여기에 올 것인가 *will ~ come?*
(W−) (−l) (y−) (c−) (h−)?

Q 8 언제 당신은 마켓에 *to the market* 갈 것인가 *will ~ go?*
(−n) (w−) (−u) (g−) (−o) (the) (−rk−)?

* won't / wount / = will not

Step 11 미래형(2) — be going to 용법

will 대신 be going to를 쓰서 짧은 미래(대략 6개월 정도 이내)를 나타낸다.

* <be+going+to+동사원형> ⇒ [~을 할 예정이다.]

연습요령 : 전과 같음

Ex 나는 집[에] *home* 가려고 한다 *am going to go.*
(I) (am) (going) (to) (go) (home).

Q 1 나는 일 *work* 하러 *to* 가려고 한다.
( ) (−m) (−g) (t−) (−o) (to) (−rk).

Q 2 그 남자는 나에게 *to me* 말 하려고 했다 *was gonna talk.*
(H−) (−as) (−na) (−al−) (−o) (−e).

Q 3 나는 영어를 배우려고 하였다 *was gonna learn.*
( ) (w−) (go−) (−n) (−sh).

Q 4 그녀는 마켓 *the market* 에 *to* 가려고 한다 *−'s gonna go.*
(She's) (gon−) (−o) (t−) (the) (ma−).

Q 5 나는 떠나려 *leave* 하지 않는다 *~'m not gonna.*
(I'm) (n−) (−nna) (−ve).

Q 6 당신은 무엇을 하려고 하는가 *are ~ going to do?*
(−t) (−r−) ( ) (−ng) (−o) (−o)?

Q 7 당신은 무엇을 하려고 하는가 *are ~ gonna do?*
(−t) (a−) ( ) (−na) (d−)?

Q 8 당신은 언제 *when* 여길 떠나려고 하는가?
(−n) (a−) ( ) (−nna) (le−) (−re)?

Q 9 당신은 무언가[를] *anything* 신고 *declare* 하려고 하십니까 *are ~gonna?*
(A−) ( ) (−na) (−are) (−ing)?

Step 12 명령문

상대에게 무언가를 하라고 시키는 문장이다.
이 문장에는 주어가 없고, 동사는 언제나 현재형이다.

* <동사+형용사(부사, 명사, 대명사)!> ⇒ [~하세요!]

연습요령 : 이 장에서는 굳이 문법을 배워야 할 것이 없다. 그냥 따라 읽고 혼자서도 언제나 말을 할 수 있게 반복해서 10번 정도 읽는다. 단 발음만 정확히 하도록 하자.

Q 1 조용하세요! / Be quiet!

Q 2 들어오신 다음 문을 닫아주세요! / Shut the door behind you!

Q 3 열심히 일 하세요! / Work hard!

Q 4 문을 열린 채 두세요! / Keep the door open!

Q 5 전화 받으세요! / Get the phone!

Q 6 차분히 하세요. / Take your time.

Q 7 몸조심 하세요. / Take care of yourself.

Q 8 걱정 마세요. / Don't worry!

Q 9 그냥 잊어버리세요. / Just forget it.

Q10 서두르세요. / Hurry up!

▶ 문장의 앞이나 뒤에 please를 같이 쓰면 부탁(겸손)의 문장이 된다.

Q11 제발 조용해주세요. / Please be quiet.

Q12 앉아주시기 부탁드립니다. / Sit down, please.

Q13 열심히 일 해주세요. / Please work hard.

Q14 그 문을 좀 열어 주시지요. / Open the door, please.

Q15 담배를 끊으세요, 제발요. / Quit smoking cigarettes, please.

▶ Do not(don't)을 명령문 앞에 쓰면 "~을 하지 말라"의 뜻인 부정 명령문이 된다.

Q16 시끄럽게 하지 마세요! / Don't make noise!

Q17 앉지 마세요! / Don't sit down!

Q18 일 하지 마세요! / Don't work !

Q19 그 문을 열지 마세요! / Don't open the door!

Q20 T.V를 끄지 마세요! / Don't turn the T.V. off!

Park's 영어 제12강

Step 13 There is(are) ~

There 용법 :

1) 셀 수 없는 명사이거나, 셀 수 있는 명사로 단수일 때는
⇒ There is ~.

2) 셀 수 있는 명사로 복수가 뒤에 오면 ⇒ There are ~.

* There is a dog. ⇒ dog이 주어가 된다. / 한 마리 개가 있다.
* [~이 있다]로 there는 해석을 하지 않는다.

"There is a dog here./여기에 한 마리 개가 있다."에서 here 대신 there를 쓰면 앞의 There는 해석을 하지 않으나 뒤의 there는 장소를 나타내는 부사로 "거기"의 뜻이 된다.

1. There is ~

Ex 1 테이블 *the table* 위[에] *on* 컵 *cup*이 하나 *a* 있다 *is.*
(There) (is) (a) (cup) (on) (the) (table).

Q 1 그 *the* 병 *bottle* 안[에] *in* 물 *water*이 있다.
(T–) (–s) (–er) (–n) (t–e) (–ttle).

Q 2 차고 *the garage* 안[에] *in* 한 대의 *a* 차가 *car* 있다.
(T–) (–s) (a) (–a–) (–n) (the) (ga–).

Q 3 테이블 위[에] *on* 하나의 컵이 있습니까?
(–s) (th–) (a) (–p) (–n) (t–) (t–)?

Q 4 테이블 위엔 하나의 컵도 없습니다 *isn't.* * isn't = is not
(T–) (–n't) (a) (–u–) (–n) (t–) (–ble).

Q 5 테이블 위에는 무엇이 있는가 *is*? ＊ = What is there, on the table?
(W-) (-s) (-n) (the) (t-)?

2. There are ~

Ex 2 책상 *the desk* 위[에] *on* 많은 *many* 연필들 *pencils*이 있다 *are*.
(There) (are) (many) (pencils) (on) (the) (desk).

Q 6 책상 위에 많은 연필들이 없다 *are not*.
(T-) (a-) (-t) (man-) (-ils) (-n) (t-) (de-).

Q 7 책상 위에 많은 연필들이 있는가 *are*?
(A-) (t-) (man-) (-ls) (-n) (the) (-k)?

Q 8 테이블 위에 두 개의 컵들이 있다 *are*.
(T-) (-re) (-wo) (-ps) (o-) (-e) (t-).

Q 9 공원 *the park* 에[는] *in* 많은 나무들 *trees*이 있다 *are*.
(T-) (-re) (lot-) (-f) (-es) (-n) (th-) (p-).

＊ lots of = a lot of
＊ trees, cups 등에서 "s"는 복수의 표시이다. 단수는 끝의 "s"를 떼면 된다. 명사의 복수 만드는 법은 Part 4에서 공부 하자.

Park's 영어 제13강

Step 14 동명사

동명사 : 동사의 형태이나 명사의 역할을 하는 것.

* <원형동사에 + ing> — [~하는 것]의 뜻

연습요령 : 전과 같음 (단어가 생각나지 않으면 지난 문제에서 찾아 보자)

Ex 그녀는 피아노 *the piano* 연주[를] *playing* 즐긴다 *enjoys.*
(She) (enjoys) (playing) (the) (piano).

Q 1 그녀는 피아노 연주를 즐기지 않는다 *doesn't enjoy.*
(-e) (-n't) (-j-) (-ing) (t-e) (p-).

Q 2 그녀는 피아노 연주를 즐기는가 *does ~enjoy?*
(D-) (s-) (-y) (-ng) (the) (-a-)?

Q 3 나는 오르막길 *uphill* 걷는 것[을] *walking* 좋아한다 *like.*
(I) (-ke) (-king) (-ill).

Q 4 나는 모든 것[을] *everything* 배우기[를] *learning* 좋아한다.
(I) (l-) (-ing) (every-).

Q 5 나는 대중가요 *folk songs* 노래하길 *singing* 좋아한다.
(I) (-ke) (-in-) (f-) (-gs).

Q 6 그것[을] *it* 입어 보시는 게 *trying ~ on* 어때요 *how about~?*
(H-) (-t) (-g) (i-) (o-)?

Q 7 우리[와] *us* 함께 해주셔서 *for joining* 고맙습니다 *thank you.*
(Th-) (-o-) (-or) (jo-) (-s).

Step 15 부정사

부정사 : 주어 + 동사 + 부정사 ~의 순서가 된다.

* <to + 원형동사> ⇒ [~하는 것, ~하기 위하여, 하여]의 뜻

연습요령 : 전과 같음

Ex 당신은 무엇 *what* 하기[를] *to do* 좋아합니까 *do ~like?*
(What) (do) (you) (like) (to) (do)?

Q 1 나는 수영하는 것[을] *to swim* 좋아한다.
( ) (-ke) (t-) (-wi-).

Q 2 그녀는 무엇을 사고 *to buy* 싶어 합니까 *does ~want?*
(W-) (do-) (-e) (w-) (-o) (-y)?

Q 3 나의 처[는] *wife* 이 드레스[를] *dress* 사길 원한다.
(-y) (-if-) (-ts) (t-) (b-) (th-) (dr-).

Q 4 당신은 무엇을 가지길 *to take* 원합니까 *do ~ want?*
(W-) (-o) ( ) (w-) (-o) (-ke)?

Q 5 그녀는 이 책을 가지길 *to take* 원한다 *wants.*
(S-) (-ts) (-o) (t-) (th-) (-oo-).

Q 6 나는 당신과 다시 *again* 만나길 *to see* 바랍니다 *hope.*
(I) (ho-) (t-) (s-) (you) (ag-).

Q 7 나는 예약[을] *a reservation* 하려고 *to make* 전화를 하고 있습니다 *am calling.*
(−'m) (c−) (t−) (m−) (a) (res−).

Q 8 당신에게 방해가 되어 *to bother* 죄송합니다.
(I'm) (s−) (−o) (bot−) (you).

Q 9 나는 체크인[을] *to check in* 하고 싶습니다 *would like.*
* I would = I'd
(I'd) (l−) (t−) (ch−) (in).

Step 16 have to / has to

have to 용법 : (have to = has to)

1) has to는 현재형 문장에서 주어가 3인칭 이고, 단수일 때,
2) have to는 위 1)을 제외한 모든 현재형 문장에 쓰인다.
3) 과거형은 have to, has to를 had to로 바꾼다.
4) to 다음엔 반드시 원형(현재형) 동사가 온다.

* <have/has + to> ⇒ [~해야 한다]의 의무를 말함.

연습요령 : 전과 같음

Ex 왜 당신은 지난주에 여길 떠나야 했는가 *did~have to leave?*
(Why) (did) (you) (have) (to) (leave) (here) (last) (week)?

Q 1 나는 영어를 배워[야] *learn* 합니다 *have to ~.*
( ) (ha−) (−o) (−rn) (En−).

Q 2 나는 영어를 배우[지] *learn* 않아도 된다 ~ *don't have to ~.*
( ) (don't) (−ve) (−o) (l−) (−sh).

Q 3 왜 *why* 나는 영어를 배워[야] *learn* 합니까 *do ~ have to~?*
(W-) (d-) ( ) (ha-) (t-) (-n) (-g-)?

Q 4 언제 그녀는 영어를 배워야 합니까? *does~have to~?*
(W-) (-es) (-h-) (h-) (-o) (-rn) (-sh)?

Q 5 그들은 어제 여길 *here* 떠났어야했다 *had to leave ~.*
(Th-) (-ad) (t-) (le-) (h-) (ye-).

Q 6 그녀는 지금 당장 *right now* 가야합니다 *has to go~.*
( ) (-as) (-o) (-o) (r-) (-w).

Q 7 몇 시[에] *time* 체크아웃[을] 해야 합니까 *have to check out?*
(Wh-) (ti-) (d-) (I) (h-) (t-) (ch-) (out)?

Q 8 나는 가 *going* 봐야 합니다 *have to get.* *going은 동명사.
(I) (-ve) (-o) (g-) (-ing).

* must는 "당연히", have to는 "의무적으로 해야 한다"의 차이이다.

Step 17 조동사(1) - can

한 문장에서 동사 하나 만으로 완전한 문장이 되지 않을 때 이를 도와주는 동사를 조동사라고 한다.

즉, 다른 동사를 도와 "미래, 가능, 허락, 의무"를 나타낼 수 있게 해주는 동사로 can(could), may(might), must(had to), shall(should), will(would), do(did), used to 등이 있다.

* [~을 할 수 있다], [~일 수 있다], [~일지도 모른다], [~을 해도 좋다]

연습요령 : 전과 같음

Q 1 당신은 바다에서 *in the ocean* 수영[을] *swim* 잘 할 수 있습니까 *can ~*?
(Can) (you) (swim) (well) (in) (the) (ocean)?

Q 2 내가 당신을 도와 드릴 *help* 수 있습니까 *can*?
(C–) ( ) (h–) (you)?

Q 3 내가 어떻게 *how* 당신을 도와 드릴 수 있습니까 *can*?
(Ho–) (–n) ( ) (–p) (–u)?

Q 4 내[가] *I* 당신[을] *you* 위해 *for* 무엇[을] *what* 할 수 있을까요 *can ~ do*?
(Wh–) (–a–) ( ) (d–) (f–) (y–)?

Q 5 내가 들어가도 *come in* 좋습니까 *can*?
(–n) (I) (–me) (–n)?

Q 6 당신은 집에 가[도] *go home* 좋습니다 *can.*
(Y−) (−an) (−o) (−me).

Q 7 당신은 집에 가[면] *go home* 안 돼요 *can't.*
(−u) (−n't) (g−) (h−).

Q 8 어떻게 *how* 내[가] *I* 그것[을] *it* 찾을 수 있지요 ~ *can* ~ *find* ~?
(H−w) (−a−) ( ) (fi−) (−t)?

Q 9 나의 약속[을] *my appointment* 다시 *reschedule* 할 수 있습니까 *can?*
(−n) (I) (re−) (−y) (−ment)?

Q10 그는 재학 시절 *while he was in school* 수영[을] *swim* 잘 *well* 할 수 있었다 *could.*
(−e) (−ld) (−wi−) (−ll) (wh−) (he) (w−) (in)

※ May와 Can의 차이
둘은 같이 쓰인다. 그러나 may가 can 보다는 부탁할 때는 더 정중한 표현이다.

Step 18 조동사(2) − may

can과 같이 쓰이나 can보다 경어임.

* [~해도 좋다], [~일지도 모른다]의 뜻

연습요령 : 전과 같음

Q 1 제가 I 당신을 도와 드릴 *help* 까요 *may?*
(May) (I) (help) (you)?

Q 2 제가 어떻게 *how* 당신을 도와 드릴까요 *may?*
(H−w) (−ay) ( ) (−el−) (−o−)?

Q 3 무엇을 *what* 제가 당신에게 도와 드릴까요?
(Wh−) (m−) ( ) (−p) (y−) (with)?

Q 4 내가 들어가도 *come in* 좋습니까 *may*?
(M−) ( ) (−om−) (in)?

Q 5 당신은 집에 가[도] *go home* 좋습니다 *may*.
(−o−) (−a−) (−o) (−om−).

Q 6 당신은 집에 가면 안 돼요 *may not*.
(−u) (ma−) (n−) (−o) (−e).

Q 7 왜 *why* 그녀는 집에 가[도] *go home* 됩니까 *may*?
(Wh−) (ma−) (s−) (g−) (h−)?

Q 8 그녀는 내일 여기 올지[도] 몰라 *might come here*.
(S−) (might) (c−) (−er−) (−row).

Q 9 그녀는 내일 여기 안 올지[도] 몰라 *might not come here*.
(−e) (might) (−ot) (−me) (h−) (t−).

Q10 내가 당신에게 한 가지 의문[을] *a question* 물어봐[도] *ask* 되겠습니까 *may*?
(−ay) ( ) (−s−) (y−) (a) (q−)?

Q11 내가 당신[과] *you* 합류 *join* 해[도] 됩니까 *May I*?
(M−) (I) (−oi−) (−o−)?

Q12 내가 당신의 펜을 빌릴 *borrow* 수 있습니까 *May I*?
(−a−) (I) (−rr−) (−ou−) (−e−)?

Q13 내가 나의 남은 음식[을] *my leftovers* 가지고 가[도] *take* 됩니까 *may*?
(M−) (I) (t−) (m−) (lef−)?

Q14 내가 당신의 주문[을] *your order* 받을 수 *take* 있습니까?
(−y) (I) (−ak−) (−r) (or−)?

Q15 내가 당신의 운전면허[를] *driver's license* 볼 *see* 수 있습니까 *May I*?
(−y) (I) (−ee) (−r) (dr−) (li−)?

※ May I ~? < ~해도 좋은 가?>로 물었을 때 답하는 법.

동의하는 경우	부정하는 경우
Yes, you may.	No, you may not.
Sure.	No you mustn't. (must not의 축약, 강한 금지)
Yes, of course.	
Of course, you may.	
O.K. 등	

Step 19 조동사(3) – must

명령이나 추측을 할 때 쓰인다.

* <~해야 한다>, <~임에 틀림없다>
과거형은 had to ~ [~을 했어야 했다]

연습요령 : 전과 같음

Q 1 당신은 오른쪽[으로] *right* 돌아야 합니다 *must turn.*
(You) (must) (turn) (right).

Q 2 당신은 오른쪽으로 돌지 말아야 합니다 *mustn't turn.*
(−u) (−tn't) (t−) (−ht).

Q 3 당신은 오른쪽으로 돌아야 했습니다 *had to turn.*
(−u) (ha−) (t−) (tu−) (−ght).

Q 4 당신은 오른쪽으로 돌지 않았어야 했습니다 *shouldn't have turned.*

(−u) (−n't) (have) (tu−) (right).

Q 5 당신은 지금 당장 *right now* 떠나야합니다 *must leave.*

(Y−) (mu−) (−ave) (ri−) (no−).

※ 조동사가 있는 문장의 부정문은 조동사 다음에 부정의 not가 온다.

* mustn't=must not

Step 20 조동사(4) – Shall I(we) ~?

의문문에서 상대의 동의를 구하는 식의 표현이다.

* [~을 할까요?]의 뜻

연습요령 : 전과 같음

Q 1 우리 춤 추실까요 *shall~dance?*
(Shall) (we) (dance)?

Q 2 제가 전화 *the phone* 받을까요 *shall~get?*
(Sh–) (I) (–et) (–he) (ph–)?

Q 3 제가 커피 좀 *some coffee* 가져다 *get* 드릴까요 *shall~?*
(–all) ( ) (g–) (y–) (–me) (cof–)?

Q 4 우리, 집[에] *home* 갈까요 *shall ~ go?*
(S–) (–e) (–o) (–me)?

Q 5 우리 저녁으로 *for dinner* 무엇을 먹을까요 *shall~have?*
(Wh–) (–ll) (w–) (ha–) (f–) (din–)?

Q 6 내가 당신과 같이 *with you* 갈까요 *shall~come?*
(–all) (I) (co–) (–th) (–u)?

Q 7 우리 *we* 식사하러 *to eat* 밖으로 나갈 까요 *Shall ~ go out?*
(–all) (w–) (–o) (out) (t–) (ea–)?

Q 8 제가 *I* 언제 *when* 다시 *back* 전화해야 할까요 *should ~ call?*
(−en) (shou−) (I) (ca−) (−ck)?

Q 9 제가 언제 다시 *back* 와야 할까요 *should ~ come?*
(Whe−) (−ould) (I) (−ome) (ba−)?

Q10 제가 몇 시[에] *what time* 거기[에] *there* 가야 될까요 *should ~ be?*
(Wh−) (ti−) (sho−) (I) (b−) (th−)?

Step 21 조동사(5) − Will you ~. / Could you ~. Would you ~,

정중히 무엇인가 묻는 말로 "어떻게 해주시면 좋겠습니다."라고 할 때 쓰인다.

* [~해 주실 수 있습니까?]의 뜻

연습요령 : 전과 같음

Q 1 일어나 *stand up* 주시겠습니까 *Will you ~?*
(Will) (you) (stand) (up)?

Q 2 일어나 *stand up* 주시겠습니까 *Could you ~?*
(Could) (−ou) (st−) (−p)?

Q 3 그 문[을] *the door* 닫아 *close* 주십시오 *please.*
(Please) (cl−) (−he) (do−).

Q 4 그 문을 닫아 주시겠습니까 *will you please?*
(Wi−) (y−) (please) (cl−) (t−) (−or)?

Q 5 그 문을 닫아 주시겠습니까 *could you please?*
(Could) (−o−) (please) (cl−) (−h−) (do−)?

Q 6 그것[에] *it* 대하여 *about* 제게 말씀하여 *tell* 주시겠습니까 *will you ~, please?*
(Will) (y−) (te−) (−e) (ab−) (it), (please)?

Q 7 그것에 대하여 제게 말씀하여 주시겠습니까 *could you~, please?*
(Could) ( ) (te−) (m−) (−out) (−t), (please)?

Q 8 그것[을] *it* 다른 날[로] *another day* 정하여 *make* 주시겠습니까 *could you?*
(Co−) (−o) (m−) (it) (ano−) (−ay)?

Q 9 이걸 *this* 선물용으로 포장 *gift−wrap*해 주시겠습니까 *would you ~, please?*
(Would) (y−) (gif−)−(wr−) (th−), (−se)?

Q10 제 *me* 부탁 하나 *a favor* 들어 주시겠어요 *would ~do?*
(Would) (−o−) (d−) (m−) (a) (−vor)?

Park's 영어 제16강

Step 22 a few / few, a little / little

<조금>의 뜻으로

1) few는 셀 수 있는 명사 앞에 쓰고, little은 셀 수 없는 명사 앞에 쓴다.
2) a few와 a little은 조금은 있다.
3) few와 little은 거의 없다.

1. a few, few

Q 1 나는 서울에 *in Seoul* 친구[가] *friends* 몇몇 있었다 *had a few.*
(I) (had) (a) (few) (friends) (in) (Seoul).

Q 2 나는 서울에 친구[가] *friends* 거의 없다 *have few.*
( ) (have) (f−) (fri−) (i−) (S−).

Q 3 나는 서울에 친구가 전혀 없다 *don't have any.*
( ) (−n't) (−ve) (−ny) (−iends) (−n) (−oul).

2. a little, little

Q 4 병에 *in the bottle* 물이 조금 있다 *is a little.*
(There) (is) (a) (little) (water) (in) (the) (bottle).

Q 5 병에 물이 거의 없다 *is little.*
(Th−) (−s) (lit−) (−ter) (i−) (the) (bo−).

Q 6 병에 물이 없다 *no.*
(Th-) (-s) (-o) (wat-) (i-) (-e) (-tt-).

Step 23 it의 용법

it는 인칭을 무시한 가(假) 주어로, 해석을 하지 않는다. 1) 날씨, 2) 시간, 3) 거리, 4) 명암, 5) 요일, 6) 날짜, 7) 계절 등에 쓰인다.

1. 날씨/weather :

Q 1 오늘 *today* 날씨[가] *the weather* 어떻습니까 *how is?*
(How) (is) (the) (weather) (today)?

Q 2 오늘[은] *today* 햇빛[이] 쨍 *sunny* 하다 *it is.*
(It) (is) (sun-) (to-).

Q 3 오늘은 흐리다 *cloudy.* * it's = it is
(It's) (clo-) (-day).

Q 4 밖[에] *outside.* 비가 오고 있어요 *it's raining~.*
(It's) (rai-) (-side).

Q 5 안개[가] *foggy* 심합 *very* 니다 *it's.* * 심합 = 심하다
(It's) (ve-) (fog-).

Q 6 내일 날씨[가] *the weather* 어떨 것 같아 *will ~ be like ~?*
(What) (wi-) (th-) (wea-) (-e) (li-) (tom-)?

Q 7 내일은 비[가] *rain* 올 것 같다 *might.*
(It) (mig-) (ra-) (to-).

Q 8 오늘[의] *today's* 기온[이] *temperature* 어때요 *what's* ~?

* what's = what is

(What's) (to−'s) (tem−)?

* it's = it is, it was, it has, 문장 내용에 따라 다르게 적용된다.
* It'll = it will

2. 시간/hour :

Q 9 지금[이] *right now* 몇 시 *what time* 지요 *is it?*
(What) (time) (is) (it) (right) (now)?

Q10 지금이 몇 시 입니까?
(Wh−) (time) (do) (−o−) (have) (rig−) (n−)?

Q11 지금이 오전 *a.m.* 9시 입니까 *is it?*
(Is) (−t) (9) (a.m.) (rig−) (−ow)?

Q12 오후 10시 50분입니다.
(It's) (t−) (fifty) (p.m.)

Q13 오전 10분 전 *to* 9시입니다.

* 분과 시는 제외하고 숫자만 읽는다.

(It's) (t−) (to) (ni−) (a.m.)

Q14 오전 9시 10분입니다.
(It's) (te−) (past) (−ne) (a.m.)

Step 24 it의 용법

3. 거리/distance :

Q 1 대강 *about* 5마일이다 *it's.* * It's = It is
(It's) (about) (five) (miles).

Q 2 여기서부터 당신의 사무실 *your office* 까지 *to* 얼마나 먼 가 *how far?*
* = How far is it from here to your office?
(Ho-) (f-) (is) (-r) (-ice) (from) (here)?

Q 3 약 *about* 10마일 떨어져 *away* 있습니다 *It's.*
* 주의 : 복수명사의 s
(It's) (abo-) (t-) (mi-) (aw-).

4. 명암/darkness :

Q 4 밖[은] *outside* 아직 *still* 어둡다 *dark.*
(It) (is) (still) (dark) (outside).

Q 5 밖은 어떻습니까 *how is?*
(How) (-s) (ou-)?

Q 6 밖은 아직[도] *yet* 어둡지 않다. ~ *not dark*
(It's) (-ot) (da-) (out-) (y-).

5. 요일/day :

Q 7 오늘[은] *today* 일요일 *sunday* 이다 *it is.*
(It) (is) (Sunday) (today).

Q 8 오늘이 무슨 *what* 요일 *day* 인가 *is it?*
(Wh-) (-y) (is) (-t) (tod-)?

Q 9 내일은 수요일 *Wednesday*이다.
(To-) (is) (Wed-).

Q10 내일은 수요일이 될 거야 *it'll be.* * it'll = it will
(It'-) (b-) (We-) (to-).

6. 날짜/date :

Q11 오늘이 며칠 *date* 이지요 *is it?*
(What) (date) (is) (it) (today)?

Q12 오늘은 3월 *March* 28일이다 *it is.*
* twenty-eighth = twenty-eight도 씀.
(It's) (Mar-) (twenty-eighth/28th) (to-).

Q13 어제는 3월 27일 이었다 *it was.*
* 과거형은 it's라고 줄여 쓰지 말자.
(It) (w-s) (Ma-) (twenty-seventh/27th) (yes-).

Q14 내일은 3월 29일이다.
* 3월 29일(March twenty-ninth), it's = it is.
(It's) (Ma-) (twenty-ninth/29th) (to-).

Q15 내일은 3월 29일이 될 것이다 *it'll be.* * it'll = it will
(It'-) (b-) (M-) (twenty-ninth/29th) (to-).

7. 계절/season :

Q16 지금[이] *now* 무슨 *what* 계절 *season* 이지요 *is it*?
(What) (season) (is) (it) (now)?

Q17 여름 *summer* 이다.
(It's) (sum−).

Q18 가을 *fall* 철 *season* 입니다 *it's*. * it's = it is
(−'s) (−l) (s−).

Park's 영어 제18강

Step 25 접속사 that

문장과 문장을 연결 해주는 역할을 하는 것이다.

문장에서 that를 쓰는 경우와 쓰지 않고도 쓰는 경우와 같은 해석을 하는 경우가 있다.

(1) 앞 문장과 뒤 문장을 연결할 때 that을 쓴다.

Q 1 나는 그가 수영하고 있던 *was swimming* 것을 *that* 보았다 *saw.*
(I) (saw) (that) (he) (was) (swimming).

Q 2 당신은 그가 수영하고 있던 것을 보았습니까 *did ~ see?*
(D–) (y–) (–ee) (that) (h–) (–s) (sw–)?

Q 3 어디[서] *where* 당신은 그가 수영하고 있던 것을 보았습니까?
(Whe–) (–d) (–ou) (s–) (th–) (h–) (–s) (–g)?

Q 4 나는 그녀가 춤을 추고 있던 *was dancing* 것을 보았다.
(I) (s–) (th–) (–he) (–s) (–g).

(2) 실제 생활에서는 that를 쓰지 않고 해석은 있는 것과 같이 할 때가 많다.

Q 5 나는 Tom이 수영[을] *swim* 잘 *well* 할 수 있다고 *can* 생각한다 *think.*
(I) (think) (Tom) (can) (swim) (well).

Q 6 나는 Tom이 수영을 잘 할 수 있다고 <u>생각하지 않는다</u>

don't think.

(I) (−'t) (−k) (Tom) (c−) (sw−) (−ll).

Q 7 당신은 Tom이 수영을 잘 할 수 있다고 생각합니까?

(D−) (−o−) (th−) (Tom) (c−) (sw−) (well)?

Q 8 왜 당신은 Tom이 수영을 잘 할 수 있다고 생각합니까?

(W−) (−o) (y−) (−ink) (Tom) (c−) (sw−) (well)?

Park's 영어 제19강

Step 26 비교급

형용사 또는 부사의 끝에 -er이나, 앞에 more를 붙여 본래의 뜻을 <-더>의 의미를 갖게 한다.

비교급을 만드는 방법 :

1) 대부분의 단어는 단어의 끝에 er를 붙인다.
2) hot, fat등, 한 음절 단어에서 모음이 하나이고, 하나의 자음으로 발음이 끝이 나면 끝 자음을 한 번 더 쓰고 er을 붙인다.
3) 두 음절 이상 단어는 er을 붙이지 않고 단어의 앞에 more를 붙인다.
4) [더 적다]란 표현은 more대신 less를 쓴다.

연습요령 : 전과 같음

Q 1 Nancy는 나보다 *than me* 키가 더 크다 *taller.*
(Nancy) (is) (taller) (than) (me).

Q 2 Nancy는 나보다 키가 더 크지 않다 *is not taller.*
(Na-) (-s) (n-) (tal-) (th-) (-e).

Q 3 Nancy는 나보다 키가 더 작다 *shorer.*
(Na-) (-s) (-rter) (th-) (m-).

Q 4 이 커피[는] *coffee* 그것보다 더 뜨겁다 *hotter.*
(Th-) (co-) (is) (h-) (th-) (-t).

Q 5 Tom의 차는 나의 차보다 *than mine* 더 *more* 비싸다 *expensive.*
(Tom's) (c-) (-s) (mo-) (exp-) (than) (-ne).

Q 6 Tom의 자동차는 나의 차보다 더 비싸지 않다.
(T-) (-ar) (is) (no-) (mor-) (exp-) (th-) (mine).

Q 7 Tom의 차는 나의 차보다 더 싸다 *cheaper.*
(Tom's) (c-) (i-) (chea-) (th-) (-ne).

* more가 <더 많다, 더 크다, 더 하다> 등 " + " 쪽이고,
less는 <더 적다, 더 작다, 덜 하다> 등 " - " 쪽이다.

많다/many(much)	더 많다/more	가장 많다/most
적다/little	더 적다/less	가장 적다/least
좋다/good	더 좋다/better	아주(가장) 좋다/ best
나쁘다/ bad	더 나쁘다/worse	아주(가장) 나쁘다/worst

Step 27 최상급

형용사 또는 부사의 끝에 <-est>나 앞에 <most>를 붙여 단어 원래의 뜻을 <최상의 것>으로 한다.

최상급을 만드는 방법

1) 형용사 또는 부사의 끝에 <-est>를 붙이고, 그 단어의 앞에는 <the>를 붙인다.
2) 두 음절이상 단어 등은 <est>를 붙이지 않고 단어의 앞에 <the most>를 붙인다.

연습요령 : 전과 같음

Q 1 누가 *who* 너의 학급에서 *in your class* 가장 키가 큰가 *the tallest*?

(Who) (is) (the) (tallest) (in) (your) (class)?

Q 2 James가 나의 학급에서 가장 키가 크다.

(Jam-) (-s) (th-) (tal-) (in) (m-) (class-).

Q 3 당신의 친구들 중에 *of your friends* 누가 가장 나이가 많은가 *the oldest*?

(-o) (-s) (-e) (-est) (of) (-r) (-ds)?

Q 4 어느 그림이 이 방에서 *in the room* 가장 아름다운가 *the most beautiful*?

(Which) (picture) (-s) (-e) (most) (bea-) (i-)

Q 5 세계에서 *in the world* 가장 높은 *the highest* 산[은] *mountain* 무엇인가?

(What) (is) (-he) (-hest) (-tain) (in) (the) (-rld)?

Q 6 세계에서 가장 긴 *the longest* 강[이] *river* 무엇인가?

(-hat) (is) (th-) (-ngest) (-ver) (-n) (the)

Step 28 수동태

문장을 해석 하여 “동작을 받는 것(목적어)”이 주어가 되어 [−되다], [되어 있다]로 표현 되는 문장을 수동태라고 한다.

예 : “바람이 불어 문이 열렸다.”라고 할 때 문은 저절로 열리는 것이 아니고 바람이 열었다. 이러한 문장을 수동태의 문장이라 한다.

수동태를 만드는 방법

1) 일반 긍정문(능동태)에서 <be +일반동사(과거분사) −+by−>의 형식.
2) 과거형은 Be 동사를 과거형으로 바꾼다.
3) 행위자가 by 이외의 전치사로 표시되는 경우와 by가 붙지 않는 경우도 있다.
4) 과거분사가 명사의 앞이나 뒤에서 명사를 꾸며주기도 한다.

* 보기 : (능긍) : 능동태 긍정문, (수긍) : 수동태 긍정문,
(수부) : 수동태 부정문 (명사/과분) : 명사를 수식하는 과거분사

연습요령 : 전과 같음

Ex
능긍

그 남자는 그의 부인[을] *wife* 사랑한다 *loves.*

* 주의 : 동사에 s

(He) (loves) (his) (wife).

Q 1 그녀는 그녀의 남편[에] *husband* 의해 *by* 사랑을 받고 있다 *is loved.*
수긍 (S−) (is) (lov−) (by) (her) (hus−).

Q 2 이 노래[는] *this song* 젊은이들[에] *the young* 의해 *by* 사랑을 받고 있다.
수긍 (Th−) (s−) (i−) (lo−) (b−) (the) (you−).

Q 3 이 노래는 젊은이들에 의해 사랑을 받고 있지 않다 *not loved.*
수부 (Th−) (s−) (is) (no−) (−ved) (by) (th−) (you−).

Q 4 나는 그 소식에 *at the news* 매우 놀랐다 *was very surprised.*
수능 (I) (w−) (ve−) (−ised) (at) (t−) (ne−).

Q 5 그녀는 모든 사람에게 *to every body* 알려져 있다 *is known.*
수능 (Sh−) (i−) (kn−) (t−) (−ry) (−dy).

Q 6 그녀는 모든 사람에게 알려져 있지 않다 *is unknown.*
수능 (Sh−) (−s) (un−) (t−) (ev−) (−dy).

Q 7 나는 음악에 *in music* 흥미[가] *interested* 없다 *not.*
수능 (I'm) (n−) (int−) (−n) (−ic).

Q 8 나는 200년 전에 *ago* 지은 *built* 집에 *in a house* 머물렀다 *stayed.*
명사/과분 (I) (st−) (in) (a) (house) (bui−) (200) (y−) (−go).

Q 9 그 녀는 나에게 삶은 계란 *boiled eggs* 두 개[를] *two* 주었다 *gave.*
명사/과분 (−he) (g−) (me) (two) (bo−) (eg−).

* "built 200 years ago"는 부사구라고 하며 이때는 명사의 뒤에 온다(Q 8).
* 과거분사가 한 개의 단어만으로 명사를 설명할 때는 명사의 바로 앞에 온다 (Q 9).

Step 29 현재완료형

과거 어느 시점부터 현재까지의 계속된 상태를 나타낸다.

* [계속], [경험], [완료], [결과]의 뜻을 가진다.
* <have(has) +과거분사>의 형식을 갖춘다.

연습요령 : 전과 같음

Ex 1 당신은 미국에 얼마나 *how* 오래 *long* 살았습니까 *have ~ been?*
(How) (long) (have) (you) (been) (in) (America)?

Q 1 나는 여기에 *here* 10년간 *for ten years* 살았다 *have lived.*
* I have = I've
(I've) (-d) (h-) (fo-) (ten) (yea-).

Q 2 나는 미국에 *in America* 1986년 이래 *since* 살고 있다 *have been living.*
(I've) (be-) (-ving) (-n) (Am-) (si-) 1986.

Q 3 나는 미국에 1986년 이래 머물고 있다 *have been staying.*
(I've) (be-) (sta-) (-n) (Am-) (si-) 1986.

Ex 2 당신은 일찍이 *ever* 미국에 가 본 적이 있습니까 *have ~ been to?*
(Have) (you) (ever) (been) (to) (America)?

Q 4 나는 전(前)에 미국에 가 본 적이 있다.
(I've) (be-) (-o) (Am-) (be-).

Q 5 그는 유럽에 1990년에 가 본 적이 있다.
(He's) (be–) (t–) (Eu–) (in) (1990).

Ex 3 그는 미국에 가버렸습니까 *has – gone?*
(Has) (he) (gone) (to) (America)?

Q 6 그는 미국으로 가버렸다 *has gone.* * He's = he has
(He's) (go–) (to) (Ame–).

Q 7 그들은 미국으로 가버렸다 *have gone.* * They've = they have
(They've) (go–) (to) (Am–).

Ex 4 당신은 일찍이 그를 전에 만난 적이 있습니까 *have ~ met?*
(Have) (you) (ever) (met) (him) (before)?

Q 8 나는 그를 전에 만난 적이 있다.
(I've) (m–) (h–) (bef–).

Q 9 나는 그를 전에 *before* 결코 만난 적이 없다 *have never met.*
* I've=I have
(I've) (ne–) (me–) (h–) (bef–).

Q10 그녀는 전에 나를 만난 적이 있다 *has met.*
* she's = she has
(She's) (m–) (me) (bef–).

Ex 4 당신은 전[에] *before* 일찍이 *ever* 그를 본 적이 있습니까 *have ~ seen?*
(Have) (you) (ever) (seen) (him) (before)?

Q11 나는 그를 전에 본 적이 있다 *have seen.*
(I've) (se–) (h–) (bef–).

Q12 나는 그를 전에 결코 본 적이 없다 *never seen.*
(I'–) (nev–) (se–) (–im) (–ore).

Q13 그녀는 나를 전에 본 적이 있다 *has seen.*
(She's) (see–) (m–) (bef–).

Park's 영어 제22강

Step 30 간접의문문

두 개의 의문문을 하나의 의문문으로 만든 문장을 간접의문문이라 한다.

예 :

Do you know this ?/당신은 이것을 아는가?와
What is this ?/이것이 무엇인가?를

하나의 문장으로 만들면

Do you know what this is? /당신은 이것이 무엇인지 아는가가 된다.

연습요령 : 전과 같음

Ex 당신은 이것이 무엇인지 *what this is* 아는가 *do ~ know*?
(Do) (you) (know) (what) (this) (is)?

Q 1 당신은 그가 언제 *when* 여길 *here* 떠날 건지 *will leave* 아는가?
*he will=he'll
(Do) (y–) (kn–) (whe–) (he'll) (lea–) (he–)?

Q 2 당신은 우체국[이] *the post office* 어디 있는지 *where ~ is* 아는가?
(D–) (y–) (kno–) (wher–) (the) (po–) (of–) (is)?

Q 3 그는 Nancy가 어디 사는지 *where ~ live* 아는가?
(Doe–) (h–) (–w) (whe–) (Nancy) (–ive)?

Q 4 당신은 왜 why 내가 영어 배우길 *to learn* 원했는지 *wanted* 궁금한가 *wonder?*
(D-) (yo-) (-der) (wh-) (I) (wan-) (to) (lea-)

Step 31 ask/want/tell

유형 :

a) ask : to + V ⇒ 동사의 내용을 부탁하다, 묻다
b) want : to + V ⇒ 동사의 내용을 원하다.
c) tell : to + V ⇒ 동사의 내용을 해달라고 말하다.

1. ask :

Ex 1 나는 그에게 그 문을 닫아 *to shut* 달라고 부탁했다 *asked.*
(I) (asked) (him) (to) (shut) (the) (door).

Q 1 나는 Jack에게 오늘 오후 4시에 나의 사무실로 와 달라[고] *to come* 부탁했다.
(I) (as-) (Jack) (to) (-ome) (to) (m-) (-ice) (at) (4) (this) (aft-).

Q 2 나는 그에게 내일 밤 *tomorrow night* 당신에게 전화 해주기를 *to call* 부탁했다.
(I) (ask-) (him) (t-) (ca-) (you) (-rrow) (-ht).

Q 3 나는 그에게 당신이 누구인지 *who you are* 물어보았다 *asked.*
(I) (-ked) (him) (wh-) (yo-) (ar-).

Q 4 나는 그에게 값에 대하여 *for the price* 물어보았다.
(I) (as-) (-m) (fo-) (the) (-ice).

2. want :

Ex 2 나의 아들[은] *my son* 내[가] *me* 영어 배우기[를] *to learn* 원한다 *wants.*
(My) (son) (wants) (me) (to) (learn) (English).

Q 5 나의 아버지는 내가 새 차[를] *a new car* 사지 않기[를] *not to buy* 원하신다 *wants.*
(M–) (fa–) (wan–) (me) (not) (–o) (bu–) (a) (ne–)

Q 6 나의 어머니는 내가 어제 밤 나가지 않길 *not to go out* 바라셨다 *wanted.*
(M–) (–ther) (wa–ed) (–e) (no–) (to) (g–) (o–) (–st) (night).

Q 7 나는 그녀에 대하여 *about* 알고 싶었다 *wanted to know.*
(I) (wan–) (–o) (kn–) (abo–) (–er).

Q 8 나는 조금[의] *some* 식료품[을] *groceries* 사고 싶다 *want to buy.*
(I) (w–t) (–o) (–y) (some) (gro–).

3. tell :

Ex 3 내가 Mike에게 오늘 밤 당신에게 전화하라고 *to call* 말 할게요 *will tell.*
(I) (will) (tell) (Mike) (to) (call) (you) (tonight).

Q 9 내가 Mike에게 오늘 밤 당신에게 전화하지 말라고 *not to call* 말 할게요.
(I'll) (te–) (Mike) (–ot) (–o) (–ll) (–u) (to–ght).

Q10 그는 우리에게 정시에 *on time* 오라고 *to come* 말했습니다 *told.*
(H–) (to–) (u–) (to) (–me) (on) (ti–).

Q11 나는 나의 처[에게] *my wife* 내일 밤 당신이 여기에 오지 않을 것이라고 *won't to come* 말 하지 않을 것입니다 *won't tell.*

(I) (won't) (-l) (m-) (wi-) (that) (-u) (w-'t) (to)

Step 32 명사를 수식하는 현재분사

두 형태로 쓰인다.

1) 원형 동사에 ing를 붙여, 과거분사가 명사를 꾸며주는 것과 같이 쓰인다.
2) 당해 명사 뒤에서 명사를 꾸며준다.

연습요령 : 전과 같음

Ex 나[와] *me* 같이 *with* 여기에 서 있는 *standing* 이 소년은 제임스이다.
(This) (boy) (standing) (here) (with) (me) (is) (James).

Q 1 나는 가끔 *often* 한국에 사는 *living* 나의 친척들에게 *to my relatives* 전화를 한다.
(I) (of−) (ca−) (m−) (rel−) (liv−) (in) (Korea).

Q 2 다리 위[에] *on the bridge* 서 있는 *standing* 저 여자는 *the lady* 나의 선생님이다.
(Th−) (la−) (stan−) (on) (th−) (bri−) (is) (m−)

Q 3 John은 테니스를 치다가 *playing tennis* 그의 팔[을] *arm* 다쳤다 *hurt.*
(John) (hu−) (his) (−rm) (−aying) (−nnis).

Q 4 나는 <u>당신을 기다리며</u> *waiting for you* <u>식당에 있겠습니다</u> *will be at restaurant.*

* = I will wait for you at the restaurant.

(I'll) (b−) (at) (the) (res−) (wait−) (fo−) (y−).

* 현재진행형 : <be동사 + (동사원형)ing>은 언제나 Be 동사와 같이 한다.

A boy is standing on the bridge. / 한 소년이 다리 위에 서 있습니다.

* 현재분사 : <명사 + 현재분사(현재동사 +ing)>

The boy standing on the bridge is my son. / 다리 위에 서 있는 소년은 나의 아들이다.

Step 33 It ~ to ~.

여기서 it는 그것이라는 의미는 없다. it는 가주어이며 진 주어는 to 다음에 온다.

"There is ~."의 there와 같이 형식상의 주어일 뿐이다.

연습요령 : 전과 같음

Ex 영어로 <u>말 하는 것</u>[은] *to speak* <u>나에게</u>[는] *for me* <u>매우</u> *very* <u>어렵다</u> *difficult.*

(It) (is) (very) (difficult) (for) (me) (to) (speak) (in) (English).

Q 1 그것[을] *it* 영어로 설명한다는 것[은] *to explain* 내겐 *for me* 무척 *very* 힘이 든다 *hard.*

(It) (is) (v–) (h–) (fo–) (m–) (t–) (exp–) (it) (i–)

Q 2 책을 읽는다는 것[은] *to read* 누구에게[나] *for everyone* 중요하다 *important.*

(I–) (i–) (imp–) (for) (ever–) (to) (re–) (–oks).

Q 3 거짓[을] *a lie* 말 한다는 것[은] *to tell* 잘못된 것이다 *it is wrong.*

(I–) (i–) (wro–) (to) (t–) (a) (li–).

Q 4 그것을 당장 *right now* 사야 할 *to buy* 필요[는] *need* 없다.

* = It is no need to buy it right now.

(There) (i–) (no) (ne–) (to) (bu–) (–t) (right)

Step 34 사역동사(make와 let)

이는 영어문장의 제 5형식 "주어+동사+목적어+보어" 속하고, 보어에는 "형용사, 동사, 명사"가 온다.

* [~를 하게 하다], [~를 시키다] 뜻의 동사.

1. make :

Ex 1 그녀는 나[를] *me* 웃게 *laugh* 하였다 *made*.
(She) (made) (me) (laugh).

Q 1 나는 그녀를 행복하게 *happy* 해주었다 *made*.
(I) (m–) (he–) (ha–).

Q 2 그는 나를 가게 *go* 하였다 *made*.
(H–) (m–) (m–) (–o).

Q 3 그는 그녀를 그의 비서[로] *his secretary* 채용하였다 *made*.
(H–) (m–) (he–) (hi–) (sec–).

Q 4 나를 행복하게 해줘요!
(M–) (me) (ha–)!

Q 5 나를 화나게 *angry* 만들지 *make* 마 *don't*!
(Don't) (–ke) (me) (an–)!

2. let :

Ex 2 그녀는 나를 웃게 *laugh* 하였습니다 *let.*
(She) (let) (me) (laugh).

Q 6 나는 그 녀를 행복 *happy* [하게] 해 주었습니다 *let ~ be.*
(I) (l–) (h–) (be) (hap–).

Q 7 그는 나를 가게 *go* 하였습니다 *let.*
(H–) (le–) (–e) (–o).

Q 8 그는 그녀를 그의 비서로 *his secretary* 채용하였습니다 *let~be.*
(H–) (l–) (he–) (be) (hi–) (sec–).

Q 9 나를 행복하게 *be happy* 해줘 *let!*
(L–) (–e) (be) (–py)!

Q10 나를 화나게 *be angry* 하지 마 *don't!*
(–n'–) (–et) (m–) (be) (–ry)!

Q11 내가 당신을 돕게 *help* 해 주세요 *let.*
(L–) (–e) (he–) (y–).

Q12 당신에게 무엇 좀 *something* 물어보게 *ask* 해 주세요 *let.*
(L–) (me) (ask) (y–) (som–).

Q13 저[를] *me* 지나가게 *through* 해 주세요 *let ~, please!*
(L–) (m–) (thr–), (pl–)!

Park's 영어 제25강

Step 35 전치사

명사, 대명사, 동명사 앞에서 그 낱말과 다른 낱말과의 관계를 나타내고 [~에서, ~까지, ~에] 등으로 해석이 되어 뒤에 오는 낱말에 붙는다.

Above ((보다) 위쪽에)

Over (바로 위쪽에)

Left side (왼쪽) Right side (오른쪽)

On (표면에 닿다) ·········+·········· 지면(地面) ··········

Under (바로 밑에)

Below ((보다) 아래쪽에)

1. above /ə.bʌ́v/ : [~보다 위치가 높은, 위쪽의] (opp) below

Q 1 우리의 비행기[는] *plane* 구름 *the cloud* 위[를] *above* 나르고 있다 *is flying.*
(Our) (plane) (is) (flying) (above) (the) (clouds).

Q 2 60세 이상의 *OF 60 AND ABOVE* 사람들 *PERSONS*
(PER-) (OF) (SIX-) (AND) (ABO-).

Q 3 상기 *above* 기술한 *stated* 바와 같음 *as is.*
(A-) (is) (sta-) (ab-).

Q 4 그것[은] *it* 바다 위 *above the ocean* 높이 *high* 있었다 *was.*
(It) (−as) (hi−) (abo−) (the) (oce−).

Q 5 그는 나의 아파트먼트의 *my apartment* 위[층에] *above* 산다.
(H−) (−ves) (−ove) (my) (ap−).

2. across /ə.krɔ́ːs/ : [~을 가로질러] * 한쪽에서 다른 쪽으로 가로지름을 강조함.

Q 6 그는 길[을] *the street* 건너[서] *across* 걸어갔다 *walked.*
(He) (walked) (across) (the) (street).

Q 7 그녀는 강 *the river* 건너편[에] *across* 산다 *lives.*
(Sh−) (−es) (ac−) (th−) (riv−).

Q 8 그는 가방[을] *a bag* 그의 어깨[에] *his shoulder* 메었다 *threw ~ across.*
(H−) (thr−) (a) (b−) (acr−) (his) (sh−).

Q 9 나의 가게[는] *store* 역 *the station* 맞은쪽[에] *across from* 있다.
(M−) (sto−) (is) (acr−) (fr−) (th−) (sta−).

Q10 그는 나[의] *me* 맞은편[에] *across from* 앉았다 *sat.*
(−e) (−a−) (−oss) (−om) (me).

3. against /ə.génst/ : ~을 향하여, ~에 대해서, ~에 부딪치어. ~와 마주 대하여.

Q11 그는 그의 팔꿈치를 문[에] *the door* 부딪뜨렸다 s*lammed.*
(He) (slammed) (his) (elbow) (against) (the) (door).

Q12 그녀는 나의 어깨[에] *shoulder* 기대었다 l*eaned against.*
(S−) (lea−) (ag−) (m−) (sho−).

Q13 우리는 추운 겨울[을] *the cold winter* 대비해 *to fight against* 식량[을] *food* 저축하였다 *saved.*
(W-) (sav-) (som-) (fo-) (to) (figh-) (aga-) (the) (co-) (win-).

Q14 너 나에게 대항 *against* 하는 거냐?
(Are) (y-) (-st) (m-)?

Q15 그건 법[에] *the law* 어긋나는 *against* 거야 *is.*
(It's) (-in-) (-he) (-a-).

Step 36 전치사

4. along /ə.lɔ́ːŋ/ : ~을 따라, ~을 끼고, ~ 동안에, ~하는 도중에 [끝에서 끝으로 평행하여 있음]

Q 1 나는 그 길[을] *the street* 따라 *along* 걸었다 *walked.*
(I) (walked) (along) (the) (street).

Q 2 그는 그 개울[을] *the brook* 따라 걸어 내려갔다 *walked down.*
(H–) (wal–) (do–) (alo–) (the) (br–).

Q 3 그는 그 개울을 따라 *along* 걸어 올라갔다 *walked up.*
(–e) (–lked) (–p) (alo–) (t–) (–k).

Q 4 나는 집에 오는 도중 *along the way home* 어디에선[가] *somewhere* 나의 지갑을 *my wallet* 잃어버렸다 *lost.*
(Some–) (al–) (the) (–ay) (–me) (I) (lo–) (–y) (wa–).

5. among /ə.mʌ́ŋ/ : [~의 사이에], 주로 셋 이상일 때]

Q 5 그는 군중 *the crowd* 사이에 *among* 있었다.
(He) (was) (among) (the) (crowd).

Q 6 그는 가난한 사람들 *the poor* 사이에 살았다 *lived.*
(–e) (–ved) (am–) (the) (po–).

Q 7 자네들끼리 *among you* 그것을 해보게 *do it.*
(D–) (it) (am–) (–u).

Q 8 자네[들] 일곱 사람들 *you seven* 사이에 *among* 이것들을 나누게 *divide.*
(Div－) (these) (－ong) (y－) (sev－).

Q 9 그는 학생들 *students* 사이에 대단한 *very* 인기가 있었다 *was popular.*
(－e) (was) (ve－) (po－) (am－) (th－) (stu－).

6. around /ə.ráund/ : ~의 주변[주위·둘레]에, ~을 둘러[에워]싸고, 약~, 쯤[정도], ~을 돌아서, ~을 여기저기[이곳저곳]에, ~주변에[을], ~의 근처를

Q10 그들은 나의 책상 주위[에] *around my desk* 앉았다 *sat.*
(They) (sat) (around) (my) (desk).

Q11 그녀는 세계를 두루 *around the world* 여행 하였다 *traveled.*
(Sh－) (tra－) (ar－) (th－) (wo－).

Q12 나는 여기 근처[에] *around* 삽니다.
(I) (l－) (－u－) (he－).

Q13 그는 약 10분후에 *in around 10 minutes* 돌아올 것입니다 *will be back.* ＊ he'll = he will
(He'll) (b－) (ba－) (in) (ar－) (10) (min－).

Q14 지구[는] *the earth* 태양의 주위[를] *around* 돈다 *goes.*
(Th－) (ea－) (go－) (ar－) (the) (－n).

Step 37 전치사

7. as /æs/ : ~로(서), ~처럼[같이]. [SYN.] ⇨ LIKE.

Q 1 그것은 칼처럼 *as a knife* 쓰일 수 있다 *can be used.*
(It) (can) (be) (used) (as) (a) (knife).

Q 2 그는 나를 어린애 같이 *as a child* 취급을 했다 *treated.*
(He) (tre−) (−e) (as) (a) (ch−).

Q 3 당신의 의사로서 *as* 나는 당신이 적게 *less* 먹기를 *to eat* 충고 합니다 *advice.*
(As) (y−) (d−), (I) (adv−) (−ou) (t−) (ea−)

Q 4 이것은 내가 잃은 것과 같은 *as I lost* 동일한 시계이다 *is the same watch.*
(Th−) (−s) (the) (sa−) (wat−) (as) (I) (l−).

Q 5 그는 과학자로서 *as a scientist* 유명하다 *is famous.*
(H−) (i−) (fa−) (a−) (a) (sci−).

8. at /æt/ : ~에, ~에서. ~때에, ~(으)로

Q 6 나의 딸[은] *daughter* 그 시간에 *at that time* 사무실에 있었다.
(My) (daughter) (was) (in) (the) (office) (at) (that)

Q 7 그녀는 그 영화를 저 극장에서 *at that theater* 보았다 *saw.*
(Sh−) (−aw) (the) (mo−) (a−) (th−) (thea−).

Q 8 아들아, 저 나무[를] *the tree* 보라 *look at*!
(S-), (lo-) (at) (the) (tr-)!

Q 9 나는 어제 그 여자를 기차역에서 *at the train station* 만났다.
(I) (me-) (h-) (-t) (th-) (tra-) (-tion) (yes-).

Q10 내일 오후 2시에 봅시다 *see you.*
(Se-) (y-) (at) (2) (p.m.) (tom-).

9. behind /bi.háind/ : [~의 뒤에] (opp) in front of, 늦어서 [opp.] before, 「장소」 ~의 뒤에, 그늘에, 저쪽에(beyond). ~의 배후에, ~을 후원[지지]하여

Q11 그는 외동딸[을] *his only daughter* 남기고 *behind* 죽었다 *died and left.*
(He) (died) (and) (left) (his) (only) (daughter)

Q12 시대[에] *the times* 뒤지지 말라 *don't be behind.*
(Do-) (be) (beh-) (the) (ti-).

Q13 나는 영어에서 *in English* 그에게 뒤진다 *behind.*
(I) (am) (behi-) (-im) (in) (Eng-).

Q14 그는 그 문 뒤[에] *behind the door* 있었다 *was.*
(H-) (wa-) (be-) (th-) (do-).

Q15 남의 등 뒤[에서] *behind their backs* 남의 욕[을] *ill of others* 하지 말라 *don't speak.*
(Don-) (sp-) (il-) (of) (othe-) (behi-) (the-)

Step 38 전치사

10. below /bi.lóu:/ : [~보다 아래에] [opp.] above, ~할 만한 가치가 없는, 수량/미만

Q 1 그의 집은 그 언덕의 *of the hill* 꼭대기 *the top* 조금 아래에 *a little below* 있다.
(His) (house) (is) (a) (little) (below) (the) (top) (of) (the)

Q 2 40세 미만의 *below 40* 한 *a* 남자 *man.*
(A) (m–) (be–) (for–).

Q 3 그것은 *it* 원가 이하로 *below cost* 팔렸다 *was sold*
(I–) (was) (so–) (bel–) (co–).

Q 4 그런 일을 하다니 *to do it* 그 답지 않다 *it is below him.*
(It) (i–) (be–) (h–) (to) (d–) (it).

Q 5 우리는 우리 아래로 *below us* 전 시가지를 *the whole city* 보았습니다.
(We) (sa–) (the) (wh–) (ci–) (bel–) (–s).

Q 6 그의 성적은 *his grade* 평균 *the average* 미만 *below* 입니다 *is.*
(Hi–) (gra–) (i–) (bel–) (the) (ave–).

* above는 수량에서 초과.(한국의 以上과는 다름/해당 숫자는 제외)
  ~ persons of sixty and above / 60세 이상의 사람들
* over : over a mile, 1마일 초과(1마일은 미포함, 포함 시 a mile and over)

11. beside /bi.sáid/ : ~의 곁[옆]에, ~와 나란히, ~와 비교하여, ~외에(besides)

Q 7 우리는 그 사람 *him* 외에는 *besides* 아무도 모른다 *know no one.*
(We) (know) (no) (one) (besides) (him).

Q 8 어머니 *a mother* 외에도 *besides* 그는 부양해야 할 *to support* 누이가 있다.
(Be–) (a) (mo–) (he) (has) (a) (sis–) (to) (su–).

Q 9 그 남자는 그녀의 *her* 옆에 *beside* 앉길 *to sit* 원했다 *wanted.*
(H–) (wan–) (t–) (si–) (bes–) (h–).

Q10 그 남자는 내 곁에 *beside me* 앉았다 *sat.*
= He sat next to me.
(He) (s–) (be–) (–e).

* beside와 besides의 품사를 찾아보자.

Step 39 전치사

12. ~ between /bi.twíːn/ : 「공간·시간·수량·위치」 ~의 사이에 [의, 를, 에서]

Q 1 나는 John과 Paul 사이에 *between* 앉아있다 *am sitting.*
(I'm) (sitting) (between) (John) (and) (Paul).

Q 2 우리 내일 오후 1시에서 2시 사이에 나의 사무실에서 만나기로 합시다 *let's meet.*
(Let's) (me−) (−n) (m−) (of−) (bet−) (1) (and) (2) (p.m.) (tom−).

Q 3 서울과 뉴욕 사이의 *betwen ~ and ~* 시차 *the time difference*는 얼마나 되지요 *what's?*
(What's) (th−) (ti−) (dif−) (be−) (S−) and (N−) (Y−)?

Q 4 지구와 달 사이의 *between the earth and the moon* 거리 *the distance*는 얼마나 되는가?
(What's) (the) (dis−) (bet−) (the) (ear−) and (the) (m−)?

Q 5 남자와 여자 사이의 차이[는] *the difference* 무엇인가 *what's?*
(Wha−) (the) (diff−) (bet−) (ma−) and (wo−)?

13. by /bai/ : ~의 (바로) 옆에, (약간) ~쪽인, ~동안, ~의 옆을, 지니(~쪽으로) (어느 때)까지는, ~(으)로, ~에, 의하여

Q 6 그녀는 버스로 *by bus* 도착했다 *arrived.*
(She) (arrived) (by) (bus).

Q 7 우리는 217번 Freeway를 타고 *by the Freeway* 217 왔다 *came.*
(W-) (ca-) (b-) (the) (Freeway) 217.

Q 8 그 도둑은 *the thief* 어젯밤 뒷문을 *the back door* 열고 *by unlocking* 들어왔다.
(Th-) (thi-) (ca-) (in) (by) (unlocking) (the) (ba-) (do-) (las-) (nig-).

Q 9 내가 당신에게 월요일까지 *by Monday* 알려 드리지요 *let~know.*
(I'll) (le-) (y-) (kn-) (by) (Mo-).

Q10 나의 책상은 창가에 *by the window* 있습니다 *is.*
(M-) (des-) (-s) (b-) (the) (win-).

14. down /daun/ : (높은 곳에서) ~의 아래(쪽으)로, ~을 따라[지나서], (흐름·바람)을 따라; ~ 방향으로, 내려가, 「때를 나타내어」 ~이래(로 죽)

* down은,
  1) 반드시 '아래, 내려가다'를 뜻하지는 않음.
  2) 흔히, 말하는 이[문제의 장소]로부터 멀어질 때에도 씀.

Q11 그는 계단[에서] *the stairs* 굴러 떨어졌다 *fell down.*
(He) (fell) (down) (the) (stairs).

Q12 나는 나의 다리 아래쪽[이] *down my leg* 아프다 *have a pain.*
(I) (ha-) (a) (pa-) (do-) (-y) (-eg).

Q13 이 길[로] *the street* 2마일을 따라가면 *two miles down* 버스 정류장이 있다.
(There) (is) (a) (-s) (st-) (two) (mil-) (dow-) (the) (stre-).

Q14 그녀의 머리카락이 그녀의 등[에] *her back* 늘어져 있었다 *was hanging down.*
(He-) (ha-) (was) (han-) (dow-) (he-) (ba-).

Q15 그들은 언덕 밑으로 *down the hill* 갔다 *went.*
(Th-) (we-) (do-) (the) (hi-).

Step 40 전치사

15-1. for /fɔːr/ : - [~을 위하여, ~용도] <목적>

Q 1 나는 가족을 위해 *for my family* 열심히 *hard* 일을 했어야 했다 *had to work.*
(I) (had) (to) (work) (hard) (for) (my) (family).

Q 2 나는 어린이용 *for children* 신발[을] *shoes* 찾고 있습니다 *am looking for.*
(I) (am) (lo-) (f-) (sh-) (fo-) (chi-).

Q 3 이 장난감들[은] *These toys* 어린이용입니다 ~ *are for.*
(Thes-) (to-) (ar-) (f-) (chil-).

15-2. for /fɔːr/ : - [~을 향하여] <행선지, 방향>

Q 4 Nancy는 어제 그녀의 가족과 같이 *with her family* 미국으로 *for America* 떠났다 *left.*
(Nancy) (left) (for) (America) (with) (her) (family)

Q 5 이 버스는 서울행 *bound for Seoul* 입니까 *is?*
(I-) (thi-) (b-) (bou-) (for) (Seoul)?

Q 6 이 기차는 부산행 *bound for Busan* 이다.
(Thi-) (tr-) (is) (bo-) (f-) (Busan).

15-3. for /fɔːr/ : - [~을 구하여] <소망, 기대>

Q 7 그녀는 만찬을 위해 *for dinner* 정장을 했어야 했다 *had to dress.*
(She) (had) (to) (dress) (for) (dinner).

Q 8 그는 의사를 부르러 *for a doctor* 그의 아들을 보냈다 *sent.*
(He) (se-) (hi-) (s-) (for) (a) (do-).

Q 9 우리 산책 갑시다.
* = Let's take a walk. / 많이 쓰이는 문장임.
(Let's) (g-) (fo-) (a) (wa-).

Q10 나는 사무실용 *for the office* 새 책상 하나를 샀다 *bought.*
(I) (bo-) (a) (ne-) (-sk) (fo-) (th-) (off-).

15-4. for /fɔːr/ : - [~하는 동안] <시간적, 공간적 계속>

Q11 그는 두 달 동안 L.A.에 *in L.A.* 머무를 것이다 *will stay.*
(He) (will) (stay) (in) (L.A.) (for) (two) (months).

Q12 나는 미국에 20년 동안 살아오고 있다 *have been living.*
(I've) (be-) (liv-) (in) (Am-) (for) (20) (ye-).

Step 41 전치사

16. from /frʌm/ : ~에서, ~로부터

「출발·행동·이동의」, 「변화·추이의, 때·시간·공간의」, 「떨어져 있음·없음·쉼」, 「분리·제거·방어·방지·제지」, 「격리·해방·면제」, 「제한·억제」, 「수량·가격·종류」, 「보내[오]는 사람·발송인」, 「출처·기원·유래」

Q 1 그는 의자에서 *from a chair* 일어났다 *rose.*
(He) (rose) (from) (a) (chair).

Q 2 그는 나의 시선에서 *from my gaze* 눈을 돌렸다 *turned.*
(H–) (tu–) (fr–) (m–) (gaz–).

Q 3 그는 뇌수술에서 *from brain surgery* 회복을 위해 *to recover* 운동을 하였다 *exercised.*
(H–) (ex–) (–o) (rec–) (fr–) (bra–) (surg–).

Q 4 그것은 5월 1일부터 *from the May first* 시작한다 *begins.*
(It) (beg–) (fro–) (t–) (Ma–) (fi–).

Q 5 여기서부터 버스정류장까지 *to a bus stop* 얼마나 멉니까 *how far is it~?*
(How) (f–) (–s) (–t) (fr–) (he–) (–o) (a) (b–)

Q 6 그 집은 길로부터 *from the road* 멀리 *far* 있다 *is.*
(Th–) (ho–) (is) (far) (fr–) (th–) (ro–).

17. in /in/ : 「위치」 ~의 속에[의], ~속[안]에서, ~에 있어서, ~에, ~에서. (구어) 「운동·동작의 방향」 ~속[안]에, ~속으로, ~쪽에[으로, 에서]. 「관사 없이 장소의 기능을 나타냄」 ~인, ~에(서), ~하고

* 비교적 넓은 장소[지역]에는 in, 비교적 좁은 장소[지점]에는 at을 사용하는 경향이 있음
* in의 사용 범위는 매우 넓고 다양하므로 Part 5의 866의 미니사전을 참고 바람.

Q 7 나는 전에 서울에 *in Seoul* 살았다 *lived.*
(I) (lived) (in) (Seoul) (before).

Q 8 우리는 5월에 *in May* 낚시를 간다 *go fishing.*
(We) (–o) (fis–) (–n) (M–).

Q 9 그는 컴퓨터 관계의 일 *in computers*을 하고 있다.
(He) (i–) (i–) (comp–).

Q10 그는 검은 옷을 입고 *in a black suit* 왔다 *come.*
(He) (ca–) (in) (a) (bl–) (su–).

Q11 그는 며칠 지나 *in a few days* 돌아 올 거야 *will be back.*
(He) (wi–) (b–) (ba–) (in) (a) (fe–) (d–).

Q12 두 시간 후(後)에 *in two hours* 내가 당신에게 전화 하겠습니다 *I'll call you.*
(I'll) (ca–) (y–) (in) (tw–) (hou–).

Q13 두 시간 이내로 *within two hours* 내가 당신에게 전화 하겠습니다.
(I'll) (ca–) (y–) (wit–) (t–) (ho–).

Q14 어제는 지난 30년 동안 *in 30 years* 가장 추운 날이었다.
(Ye–) (wa–) (th–) (co–) (d–) (in) (30) (yea–).

Q15 나는 영어말 *English* [을] 하지 못 한다 *can't speak.*
(I) (ca–) (sp–) (Eng–).

Q16 나의 의견으로[는] *in my opinion* 당신이 옳다[고] *you are right* 생각한다.

(I) (th-) (y-) (ar-) (ri-) (i-) (m-) (opin-).

Step 42 전치사

18. in front of : ~의 앞에 [opp.] at the BACK of, 입구 밖에서, ~의 면전에서

Q 1 그녀는 바로 *just* 나의 앞에 *in front of me* 섰다 *stood.*
(She) (stood) (just) (in) (front) (of) (me).

Q 2 학교 앞에 *in front of the school* 나무 한 그루가 있다 *there is a tree.*
(There) (is) (a) (tr−) (i−) (fr−) (of) (the) (sch−).

Q 3 나를 저 붉은 건물 *the red building* 앞에 내려주세요 *drop me ~, please.*
(Dro−) (m−) (i−) (fro−) (of) (the) (r−) (bui−),

19. into /in.tu/ : ~안으로[에], ~로[에] ([opp.] out of), 「시간의 추이」 ~까지, (~을)으로 (하다)

Q 4 그는 물속으로 *into the water* 뛰어 들었다 *dived.*
(He) (dived) (into) (the) (water).

Q 5 그는 그 집안으로 *into the house* 들어갔다 *went.*
(He) (we−) (in−) (the) (ho−).

Q 6 나의 아이[가] *my child* 사과를 *an apple* 깨물었다 *bit into~.*
(M−) (ch−) (bi−) (−to) (an) (app−).

Q 7 그녀는 영어를 한국말로 *in Korean* 해석하였다 translated.
(Sh−) (tra−) (Eng−) (in−) (Korean).

Q 8 그는 상자를 들여다보았다 *looked into.*
(He) (loo-) (in-) (the) (b-).

Q 9 그 케이크[를] *the cake* 세 조각으로 *into three pieces* 나누라 *divide.*
(Di-) (the) (ca-) (in-) (thr-) (pie-).

Q10 그녀는 내게 *into me* 부딪쳤다 *bumped.*
(She) (bu-) (-to) (m-).

20. near /niər/ : ~의 가까이에, (시간적으로) ~의 가까이에, ~할[의] 무렵. (상황 등에 대해) 거의 ~인 상태

Q11 이 부근[에] *near here* 은행이 있습니까 *is there a bank?*
(Is) (there) (a) (bank) (near) (here)?

Q12 우리 연말경[에] *near the end of the year* 만납시다 *let's meet.*
(L-) (me-) (ne-) (the) (-nd) (of) (the) (ye-).

Q13 그녀는 작년 연말경[에] *near the end of last year* 우리를 방문하였다 *visited.*
(She) (vis-) (u-) (ne-) (-e) (en-) (of) (las-)

21. next /nekst/ : ~의 다음[옆]에, ~에 가장 가까운

Q14 우리는 난로(불) 옆 *next to the fire* 자리를 잡았다 *took a seat.*
(We) (took) (a) (seat) (next) (the) (fire).

Q15 그는 나 다음[에] *next after me* 들어왔다 *came in.*
(He) (ca-) (in) (ne-) (after) (m-).

Q16 누가 *who* 나의 다음 이었나 *was*
(Who) (wa-) (ne-) (after) (m-)?

Step 43 전치사

22. of /ɔv/ : 「기원·출처」 ~로부터, 출신[태생]의, 「원인·이유·동기」 ~로 인해, ~ 때문에, ~(으)로 「거리·위치·시간」 ~에서, ~로부터, ~의 「소유·소속」 ~의, ~이 소유하는, ~에 속하는

Q 1 나는 그에게 *him* 한 가지 부탁[을] *a favor of* 요청했다 *asked.*
(I) (asked) (a) (favor) (of) (him).

Q 2 내가 당신에게 한 가지 부탁[을] *a favor* 요청해도 될까요 *may ~ ask for*? * = May I ask a favor of you?
(May) (I) (–k) (you) (for) (a) (fa–)?

Q 3 우리는 동갑내기 *an age* 이다 *are of.*
* = We are of the same age.
(W–) (ar–) (of) (–n) (–e).

Q 4 나는 그것의 진위[를] *of its truth* 의심한다 *am doubtful.*
(I) (am) (doub–) (o–) (i–) (tru–).

Q 5 이 음료[는] *this beverage* 오렌지 즙, 설탕과 물로 *orange juice, sugar and water* 되어있다 *is made of.*
(Thi–) (bev–) (–s) (ma–) (of) (ora–) (ju–), (sug–) (and) (wa–).

Q 6 나의 식탁의 다리 *of my table's leg* 하나[가] *one* 부러졌다 *is broken.* * = One leg of my table is broken.
(On–) (of) (my) (table's) (le–) (is) (br–).

23. off /ɔf/ : 「떨어진 위치·상태를 나타내어」 ~로부터[에서] (떨어져, 벗어나), ~을 격하여, ~을 떠나

Q 7 잔디밭 *the grass* [에서] 떨어져 주십시오 *please keep off.*
(Please) (keep) (off) (the) (grass).

Q 8 비행기[가] *the plane* 뜨고 있습니다 *is taking off.*
(The) (pl–) (is) (tak–) (o–).

Q 9 나는 비번 *off duty* 이다 *am.*
(I) (–m) (–ff) (du–).

Q10 Bill은 어제 말 *a horse* [에서] 떨어졌습니다 *fell off.*

Q11 우리는 당신에게 가격에서 20%를 깍아 *20 percent off the price* 할인을 드리지요 *will give a discount.*
(We) (wi–) (gi–) (y–) (a) (dis–), (20) (per–) (of–) (the) (pri–).

24. on /ɑn/ : 「장소의 접촉을 나타내어」 ~의 표면에, ~위에, ~에[의], ~에[을] 타고. ~에 붙여, ~에 달리어, ~때에. (특정한 날의 아침·오후·밤 따위)에

Q12 책상위에 책 한 권이 있습니다.
(There) (is) (a) (book) (on) (the) (desk).

Q13 나는 수중에 *on me* 돈이 *money* 전혀 *any* 없는데요 *don't have.*
(I) (do–) (ha–) (–y) (mo–) (on) (m–).

Q14 그 옷[이] *that suit* 당신에게 *on you* 아주 멋져 *awfully nice.* 보입니다 *looks.*
(That) (su–) (lo–) (awf–) (n–) (on) (y–).

Q15 나는 일요일마다 *on Sundays* 교회에 갑니다.
(I) (−o) (−o) (ch−) (o−) (Sundays).

Q16 나는 1970년 5월 11일에 태어났습니다 *was born*.
(I) (wa−) (bo−) (on) (M−) 11, (1970).

Step 44 전치사

25. opposite /ɑ́p.ə.zit/ : (~의) 반대 위치에, (~의) 맞은[건너]편에

Q 1 그의 사무실은 나의 사무실 *mine* 반대편[에] *opposite* 있다 *is.*
(His) (office) (is) (opposite) (mine).

Q 2 나는 그녀의 집 *her house* 반대편에 산다 *live.*
(I) (li−) (opp−) (he−) (ho−).

Q 3 그녀는 나의 *to me* 맞은편[에] *opposite* 앉았다.
(Sh−) (sa−) (−site) (t−) (m−).

* opposite은 형용사로 더 많이 쓰인다.

26. out /aut/ : ~을 통하여 밖으로; ~으로부터, ~에서(through, out of).

* 전치사의 기능은 일반적으로 영·미 모두 out of로 수행되는데, 여기에서와 같은 전치사로서의 out은 주로 미국 용법임.

Q 4 그는 그의 집에서 나왔다 *came out.*
(He) (came) (out) (of) (his) (house).

Q 5 그녀는 L.A. 밖[에] *outside* 산다.
(Sh−) (−ves) (o−) (L.A.).

Q 6 그는 그것[을] *it* 창밖[에] *out the window* 매달았다 *hung.*
(He) (h−) (it) (o−) (the) (win−).

Q 7 화장실[은] *the rest room* 이 문 바깥[에] *out this door* 있다 *is.*
(The) (re−) (roo−) (is) (o−t) (th−) (do−).

* He looked through the window at the river. / 그는 창문을 통해 강을 보았다.

27. out of /áut.əv/ : (~의) 안에서 밖으로 ([opp.] into), ~의 범위 밖에 [범위를 넘어], (~상태)에서 떠나, ~을[에서] 벗어나, (일시적으로) ~이 없어져 [떨어져], ~이 부족하여[달리어]

Q 8 그는 지갑[을] *a wallet* 그의 주머니에서 꺼냈다 *took ~out of~.*
(He) (took) (a) (wallet) (out) (of) (his) (pocket).

Q 9 그는 일 때문[에] *on business* 그의 사무실 밖에 있다 *is out of his office.*
(He's) (o-) (of) (h-) (off-) (on) (busi-).

Q10 나는 30불 중[에] *out of 30 dollars* 20불 50센트를 지불하였다 *paid.*
(I) (pa-) (twe-) (do-) (and) (fi-) (ce-) (-t) (of) (thi-)

Q11 그 비행기는 보이지 않았다 *was out of sight.*
(The) (pl-) (wa-) (o-) (of) (si-).

* She was disappeared from sight. 그녀는 시야에서 사라졌다.

28. over /óu.vər/ : 「떨어진 바로 위의 위치를 보여」 ~(의) 위에[의], ~(의) 위 쪽 에[의], ~ 의 머리[바로] 위에[의] ([opp.] under) 「수량·정도·범위가」 ~을 넘어, ~보다 많은, 더 되는 (비교: more than이 일반적임). ([opp.] under).

※ over는 '떨어져 바로 위에'라는 수직관계를 나타내며 '덮어 가리다, 덮치듯 위에'의 느낌이 가미됨. above는 '바로 위에'를 포함하여 널리 위쪽의 위치를 나타냄. on은 '접촉해서 위·표면에'의 뜻이 됨.

Q12 램프가 테이블 위[에] *over the Table* 걸려 있었다 *was hanging.*
(A) (lamp) (was) (hanging) (over) (the) (table).

Q13 달은 우리 집의 지붕 *the roof* 바로 위에 *over* 있다 *is.*
(The) (mo-) (is) (ov-) (the) (roo-) (of) (ou-) (hou-).

Q14 나뭇가지[가] *the branch* 집 위에 늘어져있다 *hangs over the house.*
(The) (br-) (-gs) (ov-) (the) (ho-).

Q15 그녀는 양 손[으로] *her hands* 그녀의 얼굴 위를 *over her face* 가렸다 *put.*
(Sh-) (p-) (he-) (han-) (ov-) (h-) (fa-).

Q16 나는 그 에게 1달러를 요금에 얹어 *over his fare* 주었다 *gave.*
(I) (ga-) (hi-) (one) (do-) (ov-) (hi-) (fa-).

Step 45 전치사

29. through /θruː/ : ~을 통(通)하여[지나서, 빠져], ~을 꿰뚫어, ~에서, ~으로, ~에도 불구하고, ~의 처음부터 끝까지, ~중 내내, ~동안 (줄곧), ~을 끝마쳐, ~을 벗어나[넘기어, 헤어나], ~을 거쳐[겪어, 치러]

Q 1 우리는 숲[을] *the woods* 지나서 걸었다 *walked through.*
(We) (walked) (through) (the) (woods).

Q 2 그는 판자[에] *a board* 못[을] *a nail* 쳐[서] 박았다 drove ~ through.
(He) (dr-) (a) (na-) (thr-) (a) (bo-).

Q 3 열쇠구멍으로(을 통해) *through the keyhole* 들여다 보지 마라 *don't look.*
(Don-) (lo-) (th-) (the) (key-).

Q 4 나는 방을 지나 *through the room* 주방으로 *to the kitchen* 갔다 *went.*
(I) (we-) (thr-) (the) (-m) (to) (the) (ki-).

Q 5 우리는 여름 내내 *through the summer* 거기[에서] *there* 야영을 하였다 *camped.*
(We) (ca-) (the-) (-ough) (the) (sum-).

Q 6 그녀는 그 속임수[를] *the trick* 알아차렸다 *saw through~.*
(She) (sa-) (thro-) (the) (tr-).

Q 7 그녀는 그녀의 생애 *her life* 내내 *all through* 그 집에서 *in the house* 살았다.
(She) (li-) (in) (the) (ho-) (al-) (thr-) (h-) (li-).

Q 8 그 장은 *the fair* 월요일에서 금요일까지 *Monday through Friday* 열린다 *will be opened.*
(The) (fa-) (wil-) (be) (op-) (Mon-) (thr-)

Q 9 오늘 당신은 언제 학교[를] *with school* 마칠 것(파하다) *will ~ be through* 입니까?
(When) (wi-) (y-) (be) (th-) (with) (sch-)

30. to /[tu:/ : ~쪽으로[쪽에], ~까지, ~에(게), ~을 위하여, ~하러

Q10 그는 나에게 그 책[을] *the book* 주었다.
(He) (gave) (me) (the) (book) (to) (me).

Q11 당신은 제게 *to me* 없어선 안 될 존재 *everything* 입니다 *are.*
(Yo-) (ar-) (ever-) (t-) (-e).

Q12 나에겐 *to me* 이건 *this* 우습게 *silly* 보인다 *seems.*
(-o) (-e) (this) (-ems) (-lly).

Q13 여섯시 5분 전 *five to six.*이다
(It's) (fi-) (to) (si-).

Q14 그것은 나에겐 *to me* 아무 것도 아니다 *is nothing.*
(It's) (not-) (-o) (m-).

Step 46 전치사 - toward / under / until / up

31. toward /tɔːrd/ : ~쪽으로, ~로 향하여, ~에 면하여, 경[무렵, 쯤], ~을 생각하여

Q 1 우리는 언덕[을] *the hill* 향하여 *toward* 걸었다.
(We) (walked) (toward) (the) (hill).

Q 2 그녀는 그 자동차를 그녀의 집[을] *her home* 향해 *toward* 돌렸다.
(She) (tur-) (the) (ca-) (tow-) (he-) (ho-).

Q 3 John의 집은 남쪽[을] *the south* 향해 있다 *faces toward*
(John's) (ho-) (fa-) (-ward) (the) (so-).

Q 4 우리는 그녀를 저녁 *the evening* 무렵 *towards* 그녀의 사무실에서 만났다 *met.*
(-e) (m-) (h-) (in) (h-) (off-) (-rds) (the)

* toward와 towards는 같은 단어이나 용도에 따라 다르게 쓰는 경우도 있다.

32. under /ʌ́n.dər/ : (opp) over ~의 (바로) 아래에[의, 를, 로], ~의 밑에, ~덮이어. (~의) 영향을 받아

※ 우리말에서 '~이하(以下)의'란 표현을 쓸 때,
영어에서 under 50 =below [less than] 50은 '50이 안 되는'의 뜻으로서 50은 제외되지만, 우리말의 '50 이하'는 흔히 50까지를 포함시키므로 뜻이 불분명함.

Q 5 그들은 다리 밑[에서] *under the bridge* 하룻밤[을] *a night* 지냈다 *spent.*
(They) (spent) (a) (night) (under) (the) (bridge).

Q 6 나는 산기슭[의] *under the hill* 한 마을에 *in a village* 산다.
(I) (li−) (in) (a) (vil−) (un−) (the) (hi−).

Q 7 그 도로[는] *the road* 보수 중이다 *is under repair.*
(The) (r−) (is) (un−) (rep−).

Q 8 그 차(車)는 담 밑에 *under the wall* 섰다 *stopped.*
(The) (ca−) (sto−) (und−) (the) (wa−).

Q 9 같은 조건하[에] *under the same circumstance* 배 하나의 가격[은] *a pear cost* 얼마나 될 것인가 *how much will?*
(How) (mu−) (wi−) (a) (pe−) (cos−) (un−) (the) (sa−)

33. until /ən.tíl/ : 「때의 계속」 ~까지, ~이 되기까지, ~에 이르기까지 줄곧

Q10 나는 5시까지 기다리겠습니다 *will wait.*
(I) (will) (wait) (until) (five) (o'clock).

Q11 그는 내일 아침까지 떠나지 않을 것이다 *won't leave.*
(H−) (−n't) (le−) (unt−) (tom−) (mor−).

Q12 그는 오늘 아침까지 가지 않았다.
(He) (did) (n−) (g−) (un−) (thi−) (mor−).

Q13 나는 그녀가 다음 주까지 여기 와 주기 *comes* 바란다 *hope.*
(I) (h−) (−e) (−mes) (her−) (un−) (nex−) (we−).

34. up /ʌp/ : (낮은 위치·지위 따위에서) ~을 올라가(서), ~을 올라간 곳에(서), ~의 높은 쪽으로 [에(서)]. [SYN.] ⇨ ON, (어떤 방향을 향(向)하여) ~을 따라[끼고] (along), (말하는 이로부터) ~의 위[저] 쪽에[으로]

Q14 그들은 계단들 *the stairs* 위로 올라갔다 *went up.*
(They) (went) (up) (the) (stairs).

Q15 우리는 길[을] *the street* 따라서 걸었다 *walked up*
(We) (wal-) (-p) (the) (st-).

Q16 우리는 언덕 *a hill* 위로 걸어갔다 *walked up.*
(We) (wa-) (u-) (a) (hi-).

Q17 그는 이 거리의 위쪽에 산다 *lives up.*
(He) (li-) (u-) (the) (str-).

Step 47 전치사

35. with /wið/ : 「대립·적대」 ~와, ~을 상대로, ~에 반대하여. 「수반·동반」 ~와 (함께), ~와 같이[더불어], ~을 데리고, ~의 집에(서), 「소속·근무」 ~에게(서), ~의 일원으로, ~에 고용되어[근무하여]. 「포함」 ~을 포함하여, ~을 합하여. 「소유·소지·구비」 ~을 가지고 (있는), ~을 가진, ~이 있는([opp.] without)

Q 1 그는 우리들과 *with us* 하찮은 일[로] *over trifling matters* 논쟁하였다 *debated.*
(He) (debated) (with) (us) (over) (trifling) (matters).

Q 2 나는 나의 처와 *with my wife* 어젯밤 말다툼했다 *had a quarrel.*
(I) (ha-) (a) (qu-) (wi-) (m-) (wi-) (las-)

Q 3 모두[가] *everyone* 자기의 분수에 *with themselves* 만족해야 한다 *should be content.*
(Ev-) (shou-) (be) (con-) (wi-) (themselves).

Q 4 그것은 세금을 포함[해서] *with tax* 10불이 되겠습니다 *it'll be $10.* ＊ = It will be $10 included tax.
(It'll) (b-) ($10) (wi-) (ta-).

Q 5 청색은 녹색과 서로 맞지 않는다 *does not go.*
(Bl-) (does) (n-) (g-) (wi-) (gr-).

Q 6 자넨 우리에게 찬성 *with us,* 아니면 *or* 우리에게 반대 *against us* 인가?

(Are) (y-) (wit-) (-s) (or) (agai-) (-s)?

Q 7 나는 그 점에 있어서[는] *on that point* 당신에게 *with you* 동의한다 *agree.*

(I) (ag-) (wi-) (y-) (on) (that) (po-).

Q 8 당신은 아무 *any* 신분증이나 ID 지금 가지고 계십니까 *have ~ with you?*

(Do) (y-) (ha-) (any) (ID) (with) (y-)?

36. within /wi.ðín/ : ~의 안쪽에[으로], ~의 내부에[로], (기간·거리가) ~이내에, ~의 범위 안에, ~을 할 수 있는 곳에(서)

Q 9 나는 두 시간 내로 *within 2 hours* 거기에 갈 것이다 *will be~.*

(I'll) (be) (there) (within) (two) (hours).

Q10 우리는 우리 수입의 범위 내에서 *within our income* 살아야 한다 *have to live.*

(We) (ha-) (to) (li-) (with-) (o-) (in-).

Q11 그는 시애틀에서 *of Seattle* 수마일 이내에 *within a few miles* 살고 있다.

(He) (-es) (wi-) (a) (fe-) (mi-) (of) (Seattle).

37. without /wi.ðáut/ : ~없이, ~이 없는, ~을 갖지 않고, ~이 없어도, 「동명사를 수반하여」(~이) ~하지 않고

Q12 그는 모자를 쓰지 않고 *without a hat* 외출했다 *went out.*

(He) (went) (out) (without) (a) (hat).

Q13 나는 너의 도움 없이 *without your help* 그것을 할 수 있다 *can do it.*
(I) (ca－) (do) (i－) (with－) (you－) (he－).

Q14 그녀는 말 한 마디 없이 *without saying a word* 떠났다 *left.*
(She) (le－) (with－) (say－) (a) (wo－).

Q15 우리는 그가 없이[는] *without him* 그것을 할 수가 없다 *can't do it.*
(We) (can't) (do) (－t) (wit－) (h－).

Q16 코트[를] *a coat* 걸치지 않고 *without taking* 나가지 마라 *don't go out*!
(Don't) (g－) (ou－) (with－) (tak－) (a) (co－)!

Step 48 기타 부정대명사(1) – each & all

Pron. 1. each /iːʧ/ : 저마다, 각각 — 단수 취급

Q 1 우리 각기[는] *we each* 우리 자신의 의견들을 가지고 있다 *have our own opinions.*
(We) (each) (have) (our) (own) (opinions).

Q 2 우리 각자[는] *we each* 그것을 알고 있다 *know that.*
(We) (ea–) (kn–) (th–).

Q 3 우리는 그들 각자[에게] *each of them* 적당한 직업을 주었다 *gave~a suitable job.*
(We) (ga–) (ea–) (of) (th–) (a) (suit–) (jo–).

Q 4 그 선생은 소년 각각에게 *to each boy* 책 세 권씩을 주었다 *gave three book.*
(The) (tea–) (ga–) (th–) (boo–) (to) (ea–) (b–).

Q 5 우리들의 각자[는] *each of us* 그의 의견 *one's opinion*이 있다 *has.*
(Ea–) (of) (u–) (ha–) (one'–) (opi–).

* 부정문에서는 each를 쓰지 않으며 neither, no one 등을 씀.

Pron. 2. all /ɔːl/ : 전부, 전원, 모두

Q 6 그들 모두[가] *they all* 여기에 지난 밤 도착했다 *arrived.*
(They) (all) (arrived) (here) (last) (night).

Q 7 우리 모두[가] *we all* 여길 바로 *right now* 떠나야 한다 *have to leave*.
(We) (all) (ha-) (to) (le-) (he-) (rig-) (n-).

Q 8 그는 우리 모두[에게] *us all* $1,000을 주었다 *gave*.
(He) (ga-) (us) (al-) (on-) (thous-) (dol-).

Q 9 그는 우리 각자[에게] *each of us* $1,000씩을 주었다.
(He) (ga-) (ea-) (of) (-s) (-ne) (-sand) (-lars).

Park's 영어 제39강

Step 49 기타 부정대명사(2) – both & either

Pron. 3. both /bouθ/ : 복수 취급「긍정문 속에서」양쪽의, 쌍방[양방]의, 둘 다의.「not와 함께 부분부정을 나타내어」양쪽 다는 ~(아니다); 양쪽이 다 ~(은 아니다).

Q 1 그들 둘 다 *both of them* 좋다 *are good.*
(Both) (of) (them) (are) (good).

Q 2 양쪽 다 *both* 좋다 *are good.*
(Bo–) (a–) (go–).

Q 3 우리는 둘 다 *both of us* 그것을 알고 있었다 *knew.*
(B–) (of) (–s) (k–) (it).

Q 4 나는 그들 둘 다[는] *both of them* 모른다. (*한 쪽만을 알고 있다).
(I) (d–) (no–) (kno–) (bo–) (of) (th–).

Q 5 그들 둘 다 오는 것은 아니다. (*혼자만이 온다)
(B–) (of) (th–) (ar–) (no–) (coming).

* Q 5에서 이렇게 표현도 가능하다.
둘이 다 안 온다 = Either of them is not coming. or Neither of them is coming.

Pron. 4. either /iː.ðər/ : 단수 취급

① 「긍정문에서 쓰이어」 (둘 중의) 어느 한 쪽; 어느 쪽이든.

② 「부정문에 쓰이어」 (둘 중) 어느 쪽[것]도 (---아니(하)다); 둘 다(아니다, 않다).

③ 「의문·조건문에 쓰이어」 (둘 중) 어느 쪽인가; 어느 쪽이든.

Q 6 당신들 중 하나[가] *either of you* 옳을 수 있다 *can be right.*
(Either) (of) (you) (can) (be) (right).

Q 7 어느 쪽이든 좋다.
(Either) (will) (do).

Q 8 나는 그들 어느 것도 *either of them* 사지 않겠다 *won't buy.*
(I) (−'t) (−y) (−ther) (of) (th−).

Q 9 두 안건 다 *either of the plans* 좋지 않다 *won't do.*
(Ei−) (of) (the) (pla−) (−n't) (−o).

Q10 나는 그 어느 쪽도 마음에 들지 않는다 *I don't like.*
(I) (d−) (−e) (either) (of) (them).

Step 50 관사

명사의 앞에서 명사의 성질을 나타내거나, 수량을 나타내는 것을 관사라고 한다.

정한 것과(정관사/the), 정하지 않은 것(부정관사/a, an)이 있다.

1. 부정관사(a, an) :

* 부정관사 다음에 오는 단어가 모음 발음으로 시작이 되면 an을 쓴다. 그 외는 모두가 a를 쓴다.

Q 1 그는 조금 전[에] *just before* 햄버거 하나를 먹었다 *ate a hamburger.*
(He) (ate) (a) (hamburger) (just) (before).

Q 2 어떤 남자[가] *a man* 당신을 보고 싶어 한다 *wants to see.*
(A) (ma–) (wan–) (to) (se–) (y–).

Q 3 그것들[은] *they* 모두 하나의(같은) 사이즈 *all of a size* 다 *are.* * =They are all of one size.
(They) (ar–) (al–) (of) (a) (si–).

Q 4 나는 한 주에(마다) *a(per) week* 40시간 일을 합니다.
(I) (wor–) (40) (ho–) (a/per) (we–).

Q 5 그는 어느 것이나 조금씩 *a little of everything* 은 압니다 *knows.*
(He) (kn–) (a) (lit–) (of) (ever–).

Q 6 개[는] *A dog* 하나의 충실한 짐승이다 *is a faithful animal.*
(A) (dog) (is) (a) (fai-) (ani-).

2. 정관사(the) :

* the 다음 단어가 모음으로 발음이 되면 /ði/, 자음으로 발음이 되면 /ðə/로 발음한다.

Q 7 나는 어제 한 남자를 보았[는데] *saw a man* 저 사람이 그 사람이다 *that is him.*
(I) (saw) (a) (man) (yesterday). (That) (is) (him).

Q 8 그 문을 열어라!
(Open) (the) (door)!

Q 9 우리 학교의 교장[은] *the principal* 김 선생님이시다.
(The) (pri-) (-f) (ou-) (sch-) (is) (Mr.) (Kim).

Q10 그녀가 내가 길에서 *in the street* 만난 같은 여자이다 *is the same woman.*

* same은 생략해도 좋다.

(She) (i-) (the) (sa-) (wom-) (that) (I) (m-) (in) (the) (st-).

Part Ⅱ
Engilish to Korean

This book is focused around the English grammar. It begins by teaching the first learned sentence for many, "What is this?" and includes most of the language skills necessary for everyday conversation.

To deviate from traditional, tiring methods, the book is divided into 40 lessons with worksheets for each lesson.

If you have anyone that desires to learn English, you both can easily learn English and Korean by having that person read 'Part Ⅰ' to you while you read 'Part Ⅱ' to that person.

【Learning instructions】

Goal : Utilize the MP3 for speaking and the book for writing.
Duration : Ideal to finish in 80 days (1 lesson per day).

- First, listen to the MP3 several times before beginning the worksheets.
- Second, as you are listening to the MP3, follow along out loud while following these key concepts ;
  Pay close attention to
  1) the pauses between words and
  2) which syllables are stressed in each word.
- Do not look at the answers while listening to the MP3.
- When finished with Part Ⅱ, begin Part Ⅰ, lesson 1.
- Save all answers in a computer.
- When finished with a Lesson, compare your answers in the computer to the answer key.
- Pay close attention to the spacing between words.

【Spacing in Korean writing is extremely important】

– A space can be needed between words or within a word.
If words are separated, they must be read as so.
Let us look at these along with English syllables.

Example (1) :

아버지가 방에 들어가셨다. / My father went into the *room.*

아버지 가방에 들어가셨다. / My father went into the *bag.*

"My father went into the room," can be mistakenly read as, "My father went into the bag."

If "ga(가)" is placed in front of "bang(방)" instead of after "ah–buh–ji(아버지/father)", "bang(방/the room)" becomes "ga–bang (가방/the bag)".

Example (2) :

He — (○) 그 남자 ⇐ (×) 그남자

Can — (○) 할 수 있다 ⇐ (×) 할수있다.

【Worksheet instructions】

Read the first sentence in th box.

Example : Look at Step 1, Q 1 "(–것은) (무–) (입–까)?"

(–것은) is "그것은" missing "그–",

(무–) is "무엇" missing "–엇"

and (입–까) is "입니까" missing "–니–".

Lesson 1

Step 1-1 Be동사

Fill in the correct words within all ( )'s.

Ex 1 What *무엇* is *입니[까]* this *이것[은]*?
(이것은) (무엇) (입니까)?

Q 1 What is it *그것[은]*?
(그-은) (무-) (입-까)?

Q 2 What is that *저것[은]*?
(저-은) (무-) (입니-)?

Ex 2 What are *입니[까]* these *이것들[은]*?
(이것들은) (무엇) (입니까)?

Q 3 What are they *그것들[은]*?
(-것들은) (-엇) (입니-)?

Q 4 What are those *저것들[은]*?
(-것들은) (무-) (입니-)?

Ex 3 This *이것[은]* is *이다* a *하나[의]* pen *펜*.
(이것은) (하나의) (펜)(이다).

Q 5 It *그것[은]* is a pen.
(-것은) (-나의) (펜)(이-).

Q 6 That *저것[은]* is a desk *책상*.
(-것은) (-나의) (책-)(-다).

Ex 4 Is *입니[까]* this *이것[이]* a *하나[의]* desk *책상*?
(이것이) (하나의) (책상)(입니까)?

Q 7 Is it *그것[이]* a desk?
(그것-) (하-) (책-)(입-까)?

Q 8 Is that *저것[이]* a desk?
(저것-) (-나의) (-상)(-니까)?

Ex 5 Yes *예*, it is *그렇습니다*.
(예), (그렇습니다).

Q 8 No *아니오*, it isn't *그렇지 않습니다*.
(아니오), (그렇지) (않습니다).

Ex 6 This is not *아니다* a *하나의* desk *책상[이]*.
(이것은) (하나의) (책상이) (아니다).

Q 9 It is not *아니다* a desk.
(그-은) (하-의) (책-) (아-다).

Q10 Those *저것들[은]* are not *아니다* desks *책상들[이]*.
(저것-은) (책-들이) (-니다).

Ex 7 What is your *당신의* name *이름[은]*?
(당신의) (이름은) (무엇)(입니까)?

Q11 What is her *그녀의* name?
(그녀-) (이-은) (무-)(입-까)?

Q12 What is *입니까* his *그 남자의* name?
(그 -자의) (이-) (무-)(입니-)?

Ex 8 <u>This</u> *이것[은]* <u>is</u> *이다* <u>hers</u> *그녀의 것.*
(이것은) (그녀의 것)(이다).

Q13 <u>Those</u> *저것들[은]* are <u>mine</u> *나의 것.*
(저-들은) (나-것)(이-).

Q14 <u>It</u> *그것[은]* <u>is not</u> *아니다* <u>yours</u> *당신의 것[이].*
(그-은) (당-의 것이) (-니다).

Lesson 2

Step 1-2 Be동사

Fill in the correct words within all ( )'s.

Ex 9 That *저것[은]* is *이다* her *그녀의* bag *가방.*
(저것은) (그녀의) (가방)(이다).

Q15 These *이것들[은]* are *이다* his *그 남자의* pens *펜들.*
(이것-은) (그 남자-) (펜-)(이-).

Q16 Those *저것들[은]* are not *아니다* my *나의* pens *펜들[이].*
(저것들-) (나-) (펜들-) (아니-).

Ex10 Who *누구* are *입니[까]* you *당신[은]?*
(당신은) (누구)(입니까)?

Q17 Who is *입니[까]* she *그녀[는]?*
(그-는) (누-)(입-까)?

Q18 Who am *입니[까]* I *나[는]?*
(나-) (누-)(입니-)?

Ex11 I *나[는]* am *입니[다]* James *제임스.*
(나는) (제임스)(입니다).

Q19 She *그녀[는]* is Jane *제인.*
(그-) (제-)(입니-).

Q20 He *그 남자[는]* is Mack.
(그 -자는) (맥)(입-다).

Ex12 Are *입니[까]* you Jack *잭*?
(당신은) (잭)(입니까)?

Q21 Is she Jane?
(그녀-) (제-)(입니-)?

Q22 Is he Mack?
(그 -자는) (맥)(입니-)?

Ex13 I am not *아닙니다* John *잔[이]*.
(나는) (잔이) (아닙니다).

Q23 She is not *아닙니다* Jane *제인[이]*.
(그-는) (제-이)(아닙니-).

Q24 He is not Mack.
(그 남-는) (맥이)(아닙-).

Ex14 Which *어느 것[이]* is *입니까* yours *당신의 것*?
(어느 것이) (당신의 것)(입니까)?

Q25 Which is hers *그녀의 것*?
(어느 것-) (그녀의 -)(입-까)?

Q26 Which is mine *나의 것*?
(어-것이) (나- 것)(-니까)?

Ex15 Which *어느 것[이]* is your *당신의* bag *가방*?
(어느 것이) (당신의) (가방)(입니까)?

Q27 Which is my *나의* pencil *연필*?
(–느 것이) (나–) (연–)(입니–)?

Q28 Which is their *그들의* bag?
(어– 것–) (그들–) (가–)(–)?

Ex16 Where *어디[에]* are *있습니까* you *당신[은]*?
(당신은) (어디에) (있습니까)?

Q29 Where am *있습니[까]* I *나[는]*?
(나–) (어–에) (있–니까)?

Q30 Where is he *그 남자[는]*?
(그 –자는) (어디–) (있습–까)?

Ex17 I am *있습니다* here *여기[에]*.
(나는) (여기에) (있습니다).

Q31 She is here.
(그–는) (여–에) (있–니–).

Q32 You are here.
(–신은) (–기에) (–습니다).

Ex18 I was not *있지 않았다* here.
(나는) (여기에) (있지 않았다).

Q33 You were not *있지 않았다* here.
(당–은) (여기–) (있– 않–다).

Q34 She was not here.
(–녀는) (여–에) (–지 않–다).

Lesson 3

Step 1-3 Be동사

Fill in the correct words within all (   )'s.

Ex19 Were *있었습니까* you at *에* home *집*? Yes, I was *있었습니다.*
(당신은) (집)(에) (있었습니까)? (예), (나는) (있었습니다).

Q35 Was *있었습니까* she at home? No *아니오*, She was not *있지 않았습니다.*
(그-는) (집)(에) (있-습-까)? (아-오), (그-) (있-) (않-습-다).

Q36 Were we *우리[는]* at home? Yes, we were *있었습니다.*
(우-는) (집)(에) (있-습니까)? (예), (-리는) (있-습니다).

Ex20 My *나의* name *이름[은]* is *이다* James *제임스.*
(나의) (이름은) (제임스)(이다).

Q37 Her *그녀의* name is Jane *제인.*
(그-의) (이-은) (제-)(이-).

Q38 Her name was *이었다* Jane.
(그녀-) (-름은) (-인)(-었다).

Ex21 What *무엇* is *입니까* your *당신의* address *주소[는]*?
(당신의) (주소는) (무엇)(입니까)?

Q39 What is your phone *전화* number *번호[는]*?
(당신-) (전-)(번-는) (무-)(입니-)?

Q40 What is your full name *성명[은]*?
(당-의) (성-은) (무-)(입니-)?

Q41 What is your first name *이름[은]*?
(당신-) (-름은) (무-)(입니-)?

Q42 What is your last name *성[은]*?
(당-의) (성은) (무-)(입-까)?

Ex22 none

Q43 none

Q44 none

Q45 none

Q46 none

Ex23 How are *어떠하십니까* you?
(당신은) (어떠하십니까)?

Q47 How is she *그녀[는]*?
(그녀-) (어-하-니-)?

Q48 How are they *그들[은]*?
(그들-) (-떠-십-까)?

Ex24 I am fine *좋다*.
(나는) (좋습)(니다).

Q49 She is fine.
(그-는) (좋-)(니-).

Q50 They are fine.
(그-은) (-습)(-다).

Ex25 I am *[합]니다* happy *행복*.
(나는) (행복)(합니다).

Q51 She is *[합]니다* happy.
(그녀–) (행–)(합–).

Q52 I am sick *아픕니다*.
(나–) (아–니다).

Ex26 I am not *[하지]않습니다* happy *행복*.
(나는) (행복)(하지 않습니다).

Q53 She is not *[하지]않습니다* happy.
(그녀–) (행–)(하– 않–니–).

Q54 I am not *않습니다* sick *아프지*.
(나–) (아–지) (않–니–).

Lesson 4

Step 2 일반 동사 / 현재형 문장

Fill in the correct words within all ( )'s.

Ex 1 I <u>like</u> *좋아합니다* <u>you</u> *당신[을].*
(나는) (당신을) (좋아합니다).

Q 1 <u>He</u> *그 남자[는]* likes <u>his</u> *그의* <u>dog</u> *개[를].*
(그 –는) (그–) (개–) (좋–합–다).

Q 2 I <u>don't like</u> *좋아하지 않습니다.* the dog.
(–는) (그 –를) (–아–지 않–니–).

Ex 2 I <u>go</u> *갑니다* <u>home</u> *집[에].*
(나는) (집에) (갑니다).

Q 3 She <u>goes</u> *갑니다* home.
(그–는) (–에) (–니다).

Q 4 I <u>don't go</u> *가지 않습니다* home.
(–는) (–에) (–지) (–습–다).

Ex 3 He <u>doesn't like</u> *좋아하지 않습니다* <u>milk</u> *우유[를].*
(그 남자는) (우유를) (좋아하지) (않습니다).

Q 5 She doesn't like milk.
(그–) (우–) (좋–하–) (않–니다).

Q 6 I <u>don't like</u> *좋아하지 않습니다* him.
(–는) (그 –자를) (–아–지) (않–니다).

Ex 4 <u>Does</u> *합니까* Jane <u>like</u> *좋아* <u>me</u> *나를*?
(제인은) (나를) (좋아)(합니까)?

Q 7 Do they like <u>us</u> *우리를*?
(그-은) (우-를) (좋-)(합-까)?

Q 8 Does he like <u>her</u> *그녀를*?
(그 -자는) (그-를) (-아)(-니까)?

Ex 5 She <u>doesn't like</u> *좋아하지 않는다* him.

* 않는다 = 않습니다

(그녀는) (그 남자를) (좋아하지) (않는다).

Q 9 They <u>don't like</u> *좋아하지 않는다* us.
(그-은) (우-를) (좋-하-) (않-다).

Q10 You don't like apples.
(-신은) (-과를) (-아-지) (않-다).

Step 3 일반 동사 / 과거형 문장

Fill in the correct words within all ( )'s.

Ex 1 I <u>liked</u> *좋아하였다* you.
(나는) (당신을) (좋아하였다).

Q 1 He liked his dog.
(그 남자-) (그-) (개-) (좋-하-다).

Q 2 We liked them.
(-리-은) (-들-) (좋-하였-).

Ex 2 <u>Did</u> *하였습니까* you <u>like</u> *좋아* me?
(당신은) (나를) (좋아)(하였습니까)?

Q 3 Did he like his dog?
(그 남－는) (그의) (개－) (좋－)(하였－니까)?

Q 4 Did they like you?
(그－은) (당－을) (－아)(－였습니까)?

Ex 3 He <u>did not like</u> *좋아하지 않았다* me.
(그 남자는) (나를) (좋아하지) (않았다).

Q 5 I did not like her.
(나－) (그－) (좋－하－) (않았다).

Q 6 I <u>did not go</u> *가지 않았다* home.
(－는) (－에) (가－) (않－다).

Ex 4 I <u>went</u> *갔다* home.
(나는) (집에) (갔다).

Q 7 She liked apples.
(그－는) (사－를) (좋－하－다).

Q 8 You liked milk.
(당－은) (우－를) (좋－하였다).

Ex 5 <u>Did</u> *하였습니까* you <u>work</u> *일[을]* <u>yesterday</u> *어제*? Yes, I <u>did</u> *했습니다*.
(당신은) (어제) (일을) (하였습니까)? (예), (나는) (했습니

Q 9 Did they work yesterday? No, they <u>did not</u> *하지 않았습니다*.
(그－은) (어－) (일－) (하였－니－)? (아－), (그들－) (하지 않－습니다).

Q10 Did he work yesterday? No, he did not.
(-는) (-제) (-을) (-였-니까)? (-니오), (그-) (-지 않-습-다).

Lesson 5

Step 4 have/has 동사

Fill in the correct words within all (   )'s.

Ex 1 I <u>have</u> *가지고 있다* <u>a pen</u> *하나의 펜[을].*
(나는) (하나의) (펜을) (가지고 있다).

Q 1 You have a pen.
(당-) (하-의) (펜-) (가-고 있다).

Q 2 She has a pen.
(그-는) (-나-) (펜-) (-지- 있-).

Ex 2 Do you have a pen? Yes, I do.

* <u>Do ~ have?</u> *가지고 있습니까?*

(당신은) (하나의) (펜을) (가지고 있습니까)?
(예), (나는) (가지고 있습니다).

Q 3 Do I have a pen? No, you do not.
(나-) (하나-) (펜-) (가-고 있-니-)?
(-니오), (-신은) (가-고) (있- 않습니다).

Q 4 Does she have a pen? Yes, she does.
(-녀는) (하-의) (-을) (-지- 있-니-)?
(예), (그-는) (가-고 있-니다).

Ex 3 I <u>do not have</u> *가지고 있지 않다* a pen.
(나는) (하나의) (펜을) (가지고 있지 않다).

Q 5 They do not have a pen.
(그-은) (하-의) (펜-) (가지고) (-지 않-).

Q 6 He does not have a pen.
(그 -자는) (-나의) (-을) (가-고) (있- 않다).

Ex 4 I <u>had</u> *가지고 있었다* a pen.
(나는) (하나의) (펜을) (가지고 있었다).

Q 7 She had a pen.
(그녀-) (하-) (펜-) (가-고 있-다).

Q 8 You had a pen.
(당-은) (-의) (-을) (-지고 -었다).

Ex 5 Did you have a pen? Yes, I did.

* Did ~ have? 가지고 있었습니까?

(당신은) (하나의) (펜을) (가지고 있었습니까)?
(예), (나는) (가지고 있었습니다).

Q 9 Did she have a pen? No, she <u>didn't</u> *가지고 있지 않았습니다.*
(그녀-) (하나-) (펜-) (가-고 있-습니까)?
(아니-), (-녀는) (가-고 있- 않-습니다).

Q10 Did he have a pen? No, he <u>didn't</u> *가지고 있지 않았습니다.*
(-는) (-나의) (-을) (-지고 -었습-까)?
(-니오), (-는) (가-고 있- 않-습니다).

Ex 6 I <u>did not have</u> *가지고 있지 않았다* a pen.
(나는) (하나의) (펜을) (가지고 있지 않았다).

Q11 She did not have a pen.
(그-는) (하-) (펜-) (가-고 있- 않-다).

Q12 We didn't have a pen.
(-리는) (하-의) (-을) (-지- 있- 않-다).

Lesson 6

Step 5 명사의 복수 만드는 법

Fill in the correct words within all ( )'s.

1. Countable noun :

Ex 1 I bought *샀다* two new desks yesterday *어제*.
(나는) (어제) (새) (책상) (두) (개를) (샀다).

Q 1 I gave *주었다* him two pairs of *두 켤레[를]* socks *양말*.
(−는) (−말) (두) (켤−를) (그−게) (주−다).

Q 2 My *나의* friends' *친구들의* wives *처들* ate *먹었다* 20 oranges *오렌지[를]*.
(−의) (−구−의) (−들은) (−렌지) (20개를) (−었다).

Q 3 There are 7 houses *집[들]* in my village *나의 동네에는*.
(−의) (−네)(에는) (일곱) (개의) (−들이) (있다).

Q 4 There are 20 classrooms *교실들[이]* in our *우리의* school *학교(엔)*.
(우−의) (−교엔) (20개의) (교−들이) (−다).

Q 5 Two families went fishing *낚시[를]* last *지난* summer *여름[에]*.
(두) (가−이) (지−)(여−에) (−시를) (−다).

2. Uncountable noun :

Ex 2 Jane drank three cups of milk.
(Jane은) (우유) (세) (컵을) (마셨다).

Q 6 My dad <u>had</u> *드셨다* two <u>cups</u> *컵[을]* of <u>coffee</u> *커피.*
(-의) (-버지는) (커-) (두) (-을) (드셨-).

Q 7 James <u>ate</u> *먹었다* <u>five</u> *다섯* <u>pieces</u> *조각* <u>of</u> *의* <u>cake</u> *케익[을].*
(James는) (-섯) (-각의) (-익을) (먹-다).

Q 8 I bought <u>two bottles</u> *두 병* of <u>drinking water</u> *식수를* yesterday.
(-는) (-제) (두) (병의) (-수를) (-다).

Q 9 We <u>drank</u> *마셨다* <u>ten cans of</u> *10 캔[을]* <u>beer</u> *맥주.*
(-리는) (-주) (10) (캔-) (마-다).

Q10 I bought <u>a bag of</u> *한 봉지* <u>sugar</u> *설탕* <u>at</u> *에서* the market.
(-는) (그 마-에서) (-탕) (한) (-지를) (샀-).

Lesson 7

Step 6 의문사

Fill in the correct words within all (　)'s.

Ex 1　How *어떻게* can *할 수 있습니[까]* you swim well?
(당신은) (어떻게) (수영을) (잘) (할 수 있습니까)?

Q 1　How did *하였나* you get in *들어 오[가]다* here *여기[에]*?
(당신-) (어-게) (여기-) (들어 왔습니까)?

Q 2　How *얼마나* many *많은* pencils *연필들[을]* do you have ~ *가지고 있습니까*?
(-신은) (-마나) (-은) (연-들을) (가-고 있습니-)?

Ex 2　Where *어디에* do you live *당신은 ~ 사는가* I live in Seoul?
(당신은) (어디에) (사는가)? (나는) (서울에) (산다).

Q 3　Where does she live? She lives in America.
(그-는) (어-에) (사-가)? (그녀-) (미-) (산

Q 4　Where did she live? She lived *살았다* in L.A.
(-녀는) (-디에) (살-는가)? (-녀는) (L.A.)(에) (-았다).

Ex 3　What *무엇을* do you like *당신은 좋아 하는가*?

* do ~ like? *좋아 하는가?*

(당신은) (무엇을) (좋아) (하는가)?

Q 5　What does she like?
(그-) (무-) (좋-) (하-가)?

Q 6 What did *하였는가* she like *좋아?*
(그-는) (부-을) (-아) (-었는가)?

Ex 4 How much *얼마* is it?
(그것은) (얼마)(지요)?

Q 7 Where *어디에* were *있었는가* you?
(당-은) (어-) (있-)?

Q 8 What is *입니까* your *당신의* nationality *국적[은]?*
(-신의) (국-) (무-)(입-까)?

Ex 5 Which do you like?
(당신은) (어느 것을) (좋아) (합니까)?

Q 9 Which does she like?
(그-) (어- 것-) (-아) (-니까)?

Q10 Which did she like?
(-는) (-느 -을) (좋-) (하-습-까)?

Ex 6 Why *왜* do you like her?
(왜) (당신은) (그녀를) (좋아) (합니까)?

Q11 Why does he like her?
(왜) (- 남-는) (그-를) (-아) (합-까)?

Q12 Why did he like her?
(왜) (그 -자는) (-녀를) (좋-) (하-습-까?

Ex 7 Who *누구* are *입니까* you?
(당신은) (누구)(입니까)?

Q13 Who is she?
(그–) (누–)(–니까)?

Q14 Who were they?
(그–은) (누–)(였–니까)?

Ex 8 Who likes you?
(누가) (당신을) (좋아)(합니까)?

Q15 Who liked you?
(누–) (당–) (좋–)(하–습–까)?

Q16 Who <u>ate</u> *먹었는가* it?
(–가) (그–을) (먹–는가)?

Ex 9 Whose is this?
(이것은) (누구의 것)(입니까)?

Q17 Whose are those?
(저것–) (누–의 것)(입–까)?

Q18 Whose were those?
(–들은) (–의 것)(이–습–까?

Ex10 Whose bag is this?
(이것은) (누구의) (가방)(입니까)?

Q19 Whose cars are those?
(–것은) (누–의) (자–차들) (입–까)?

Q20 Whose hat <u>was</u> *였는가* this?
(–것은) (–구의) (모–)(였–가)?

Ex11 Whom 누구를 do you like?
(당신은) (누구를) (좋아)(합니까)?

Q21 Whom does she like?
(그-) (누-) (좋-)(합-까)?

Q22 Whom did he like?
(그 -자-) (누-) (좋-)(하-습-까)?

Lesson 8

Step 7 인사/Greeting

Q 1 Hi! / 안녕

Q 2 Good morning! / 안녕하세요!

※ 해뜨기부터 낮 12시(noon)까지

Q 3 Good afternoon! / 안녕하세요!

※ 오후 인사, 낮 12시-해지기 전

Q 4 Good evening! / 안녕하세요! *※ 저녁에 하는 인사*

Q 5 How are you? / 안녕하세요?

※ 서로 아는 사람간의 인사

Q 6 How are you doing? / 안녕하세요?

※ 아는 사람간의 인사

Q 7 How do you do? / 안녕하십니까?

※ 처음 보는 사람끼리 인사

Q 8 Nice to meet you. / 만나서 반갑습니다.
Glad to meet you. / 만나서 반갑습니다.
Nice to meet you, too. / 나도 만나서 반갑습니다.

Q 9 Good night! / 안녕히 가(십)시오! *(밤에)*

Q10 Good bye! / 안녕히 가(계)십시오!

Q11 Have a good day! / 좋은 하루 되십시오.

Q12 Have a good night! / 좋은 밤 되십시오.

Q13 Excuse me! / 실례합니다.

Q14 Excuse me? / 무엇이라고요?

Q15 Pardon me? / 무엇이라고요?

Q16 I am sorry. / 미안합니다.

※ *뒤(sorry)를 올리면, "뭐라고요?" 라는 의문문이 된다.*

Q17 Hello? /he.lóu/[해.(을)로'우] int. 여보, 이봐, 어이구,

〖전화〗 여보세요! -라고 부르는 소리

Q18 Hello! /hél.ou/[해'을. 오우] int. 안녕하시오*(가벼운 인사)*.

Step 8 some과 any

Fill in the correct words within all ( )'s.

Ex 1 You have some *조금* apples *사과*.

* = You have a few apples.

(당신은) (사과를) (조금) (가지고 있다).

Q 1 Do you have *가지고 있는가* any *조금이라도* apples?
(당-은) (사-를) (조-이-도) (가-고 있-가)?

Q 2 You don't have *가지고 있지 않다* any *조금[도]* apples.
(-신은) (-과를) (-금도) (가-고 있- 않-).

Ex 2 She has some apples.
(그녀는) (사과를) (조금) (가지고 있다).

Q 3 Does *있는가* she have *가지고* any *조금이라도* apples?
(그-) (사-) (조-이-도) (가-고 있-가)?

Q 4 She doesn't have *가지고 있지 않다* any *조금도* apples.
(-는) (-를) (-금도) (-지- 있- 않-).

Ex 3 What do you have *가지고 있는가?*
(당신은) (무엇을) (가지고 있는가)?

Q 5 What did you have *가지고 있었는가?*
(당-) (무-을) (가지- -었는가)?

Q 6 I didn't have *가지고 있지 않았다* anything *아무 것[도].*
(-는) (아-것도) (가-고 있- 않-다).

Lesson 9

Step 9 진행형

Fill in the correct words within all (　)'s.

Ex　I <u>am eating</u> *먹고 있다* <u>something</u> *무언가.*
(나는) (무언가) (먹고 있다).

Q 1　She is eating an <u>apple</u> *사과[를].*
(그-) (사-를) (먹- 있-).

Q 2　They <u>are having</u> *먹고 있다* <u>lunch</u> *점심[을].*
(그들-) (점-을) (먹- 있-).

Q 3　Were you having <u>breakfast</u> *아침[을]?*
* <u>Were~having~</u>?/*먹/하[고] 있었는가?*
(당신-) (아-을) (-고 -었는-)?

Q 4　They <u>are having</u> *먹고 있다* <u>lunch</u> *점심[을].*
(그들-) (점-을) (먹- 있-).

Q 5　What are you eating?
(당-은) (-엇을) (-고 -는가)?

Q 6　What are you doing?　* <u>are ~ doing</u>? *~하고 있는가?*
(당신-) (무엇-) (하- 있는-)?

Q 7　What's she doing?　* what's = what is
(-녀는) (-을) (-고 -가)?

Q 8　I <u>was talking</u> *얘기하고 있었다* <u>to my friend</u> *나의 친구와.*
(-는) (-의) (-구와) (-기-고 -었다).

Q 9 Where are you trying to go *가려고?*

* are ~ trying? *~하고 있습니까?*

(-은) (어-) (가려-) (하- 있-니까)?

Q10 Who is speaking?

(누가) (말씀하고) (계시지요)? (전화 상)

Q11 I will be sleeping *잠을 자고 있을 것이다* at that time *그 때면.*

(나-) (그 -) (잠- 자고 있- 것이다).

Q12 Mr. Pak is speaking. * on the phone *전화상*

(미스터) (박) (입니다).

Q13 Where *어디* are you calling *당신은 전화 하고 있지요* from *에서?*

(당-) (어-) (에-) (전- 하고 있-요)?

Q14 I'm *나는 ~ 있어요* just *그냥* browsing *구경하고.*

(나-) (그-) (구-하고) (있-요).

Q15 I'm *나는 ~ 있겠어요* looking forward *기대하고* to it *그것을.*

(나-) (그-) (기-하-) (있-어요).

Q16 You are not paying 하지 않고 있습니다. attention *주의[를].*

(당-) (주-) (하- 않- 있-니다).

Lesson 10

Step10 미래형(1)

Fill in the correct words within all ( )'s.

Ex I will sleep *잘 것이다* here *여기[서].*
(나는) (여기서) (잘 것이다).

Q 1 I will leave *떠날 것이다* here *여기[를]* tomorrow *내일.*
(나-) (내-) (-기를) (떠- 것-다).

Q 2 He will be back *돌아올 것이다.*
(그 -) (돌-올 것-이다).

Q 3 He won't be *오지 않을 것이다* back *돌아.*
(그 -) (돌-)(오- 않- 것이다).

Q 4 Will you come *당신[은] 올 것인가* here *여기[에]* tomorrow?

Q 5 Will you be *당신[은] 있을 것인가* here tomorrow?
(-은) (-일) (여기-) (있- 것-가)?

Q 6 I will not be *있지 않을 것이다* here tomorrow.
(-는) (-일) (-에) (있- 않- 것-다).

Q 7 When *언제* will you come *당신은 올 것인가* here *여기[에]?*
(당-) (언-) (-에) (올) (-인가)?

Q 8 When will you go *당신은 갈 것인가* to the market *마켓에?*
(언-) (-신은) (마-에) (갈) (-인-)?

Step10 미래형(2)

Fill in the correct words within all ( )'s.

Ex I'm going *하려[고] 한다* to go *가[려고]* home *집[에].*
(나는) (집에) (가려고 한다).

Q 1 I'm going to go to work *일하러.*
(나–) (일–러) (가–고 한다).

Q 2 He was gonna talk *말 하려고 했다* to me.
(그 –) (나에–) (말 –려고 –다).

Q 3 I was gonna learn *배우려고 하였다* English *영어[를].*
(나–) (영–) (배–려– 하–다).

Q 4 She's gonna go *가려고 한다* to the market.

* she's =she is

(그–) (마–에) (가–고 –다).

Q 5 I'm not gonna *하려 하지 않는다* leave *떠나[려].*
(나–) (떠나–) (하지 않–다).

Q 6 What are you going *하는가* to do *하려[고]?*
(당–) (무–을) (하–고) (하–가)?

Q 7 What are you gonna do? * No 6 = No 7
(–신은) (–엇–) (–려고) (–는가)?

Q 8 When are you gonna leave *당신은 떠나려고 하는가* here *여길?*
(당–) (언–) (–길) (–나–고 하–가)?

Q 9 Are you gonna declare *당신은 ~ 신고하려[고] 하십니까* anything *무언가[를]?*
(당–) (무–가–) (신–하–고 하–니까?

Lesson 11

Step12 명령문

Q 1 조용하세요! ➜ Be quiet!

Q 2 들어오신 다음 문을 닫아주세요!
➜ Shut the door behind you!

Q 3 열심히 일 하세요! ➜ Work hard!

Q 4 문을 열린 채 두세요! ➜ Keep the door open!

Q 5 전화 받으세요! ➜ Get the phone!

Q 6 차분히 하세요. ➜ Take your time.

Q 7 몸조심 하세요. ➜ Take care of yourself.

Q 8 걱정 마세요. ➜ Don't worry!

Q 9 그냥 잊어버리세요. ➜ Just forget it.

Q10 서두르세요. ➜ Hurry up!

Q11 제발 조용해주세요. ➜ Please be quiet.

Q12 앉아주시기 부탁드립니다. ➜ Sit down, please.

Q13 열심히 일 해주세요. ➜ Please work hard.

Q14 그 문을 좀 열어 주시지요. ➜ Open the door, please.

Q15 담배를 끊으세요, 제발요.

➜ Quit smoking cigarettes, please.

Q16 시끄럽게 하지 마세요! ➜ Don't make noise!

Q17 앉지 마세요! ➜ Don't sit down!

Q18 일 하지 마세요! ➜ Don't work!

Q19 그 문을 열지 마세요! ➜ Don't open the door!

Q20 T.V를 끄지 마세요! ➜ Don't turn the T.V off!

Lesson 12

Step13 There is(are) ~

Fill in the correct words within all ( )'s.

Ex 1 There is *있다* a *하나* cup *컵[이]* on *위[에]* the table *테이블.*
(테이블)(위에) (컵이) (하나) (있다).

Q 1 There is water *물[이]* in *안[에]* the bottle *그 병.*
(그 –) (안–) (물–) (–다).

Q 2 There is a *한 대[의]* car *차[가]* in *안[에]* the garage *차고.*
(차–) (안–) (한 –의) (차–) (있다).

Q 3 Is *있습니까* there a *하나[의]* cup *컵[이]* on *위[에]* the table *테이블?*
(테–)(–에) (하–의) (–이) (있–니까)?

Q 4 There isn't a cup *하나의 컵[도] 없습니다* on the table.
(테–블)(–엔) (–나의) (–도) (–습니다).

Q 5 What *무엇이* is *있는가* on *위[엔]* the table?
* = What is there, on the table?
(테이–)(위–) (–엇이) (있–가)?

Ex 2 There are many pencils *많은 연필들[이]* on the desk.
(책상)(위에) (많은 연필들이) (있다).

Q 6 There are not *없다* many pencils on the desk.
(–상)(위–는) (–은 연–들이) (–다).

Q 7 Are *있는가* there many pencils on the desk?
(책-)(-에) (많- 연필-이) (있-가?

Q 8 There are two cups *두 개의 컵들[이]* on the table.
(-이블)(위-) (두 개의) (-들이) (-다).

Q 9 There are lots of trees *많은 나무들[이] 있다* in the park *공원에[는].*
(-원에는) (-은 나-들이 있-).

Lesson 13

Step14 동명사

Fill in the correct words within all (　)'s.

Ex　She <u>enjoys</u> *즐긴다* <u>playing</u> *연주[를]* <u>the piano</u> *피아노.*
(그녀는) (피아노) (연주를) (즐긴다).

Q 1　She <u>doesn't</u> *않는다* <u>enjoy</u> *즐기지* playing the piano.
(그－) (피－) (연－를) (즐－지) (않－다).

Q 2　<u>Does</u> she <u>enjoy</u> *즐기[는가]* <u>playing</u> *연주[를]* the piano?
(－는) (－노) (－를) (－기는가)?

Q 3　I like <u>walking uphill</u> *오르막길 걷는 것[을].*
(나－) (오－막－ 걷는 －것을) (좋아－다).

Q 4　I like <u>learning</u> *배우기[를]* <u>everything</u> *모든 것[을].*
(나－) (모－ 것－) (배－기－) (좋－한－).

Q 5　I like <u>singing</u> *노래하기를* <u>folk songs</u> *대중가요.*
(－는) (대－가－) (노－하－를) (－아－다).

Q 6　<u>How about</u> *어때요* <u>trying it on</u> *그것을 입어보시는 [게]?*
(그－을) (입－보－는 게) (어－요)?

Q 7　<u>Thank you</u> *고맙습니다* <u>for joining</u> *함께 해주셔서* <u>us</u> *우리[와].*
(우－와) (함－ 해－셔) (고－습－다).

Step15 부정사

Fill in the correct words within all ( )'s.

Ex What do you like *좋아합니까* to do *하기[를]*?
(당신은) (무엇) (하기를) (좋아합니까)?

Q 1 I like to swim *수영 하는 것[을]*.
(나-) (수- 하- 것-) (좋-한-).

Q 2 What does *합니까*? she want to buy *사고 싶어*
(-녀는) (-엇을) (-고 -어)(-니까)?

Q 3 My wife wants to buy *사길* this dress *이 드레스[를]*.
(나-) (-는) (이) (드-스를) (사-) (원-다).

Q 4 What do you want to take *가지길*?

* do ~ want ? ~*원합니까*?

(-은) (-을) (가-길) (원-니까)?

Q 5 She wants to take this book.
(그-) (이) (책-) (가-길) (-합-다).

Q 6 I hope *바랍니다* to see *만나길* you *당신[과]* again *다시*.
(나-) (당-) (다-) (-나-) (바-니-).

Q 7 I'm calling *나는 전화를 하고 있습니다* to make *하려고* a reservation *예약[을]*.
(나-) (예-) (하려-) (전-를 하- 있-니다).

Q 8 I'm sorry to bother *방해가 되어* you *당신[에게]*.
(당-에-) (방-가 되-) (죄-합-다).

Q 9 I'd like *나는 ~ 하고 싶습니다* to check in *체크인[을]*.
(나-) (체크인을) (하- 싶-니-).

Step16 have to / has to

Fill in the correct words within all ( )'s.

Ex Why *왜* did you have to leave *당신은 ~ 떠나야 했는가* here last week *지난 주[에]*?
(왜) (당신은) (지난주에) (여길) (떠나야 했는가)?

Q 1 I have to learn *배워야 합니다* English *영어[를]*.
(나–) (영–를) (배–야 합–다).

Q 2 I don't have to learn *배우지 않아도 된다* English.
(나–) (–를) (–우– 않–도 된다).

Q 3 Why do I have to learn English?
(왜) (–는) (–어를) (–워야) (합–까)?

Q 4 When *언제* does she have to learn English?
(언–) (그–는) (–를) (배–야 합–까)?

Q 5 They had to leave *떠났어야 했다* here *여길* yesterday.
(그–) (–제) (–길) (–났–야 –다).

Q 6 She has to go *가야합니다* right now *지금 당장*.
(그–) (지– 당–) (가–합–다).

Q 7 What time *몇 시[에]* do I have to *해야 합니까* check out *첵아웉[을]*?
(몇 –에) (첵–웉–) (–야 –니까)?

Q 8 I have to get going.
(나–) (가 봐야 합니다).

Lesson 14

Step17 조동사(1) / can

Fill in the correct words within all ( )'s.

Q 1 Can *할 수 있습니까* you swim *수영[을]* well *잘* in the ocean *바다에서*?
(당신은) (바다에서) (수영을) (잘) (할 수 있습니까)?

Q 2 Can *수 있습니까* I *내[가]* help *도와드릴* you *당신[을]*?
(내-) (당-을) (도-드릴 수 있-니까)?

Q 3 How *어떻게* can I help you?
(내-) (어-게) (당-) (도-드- 수 있-니까)?

Q 2 What can I do *무엇을 할 수 있을까요* for you *당신을 위해*?
(내-) (당-) (위-) (무-을) (할 수 있-까요)?

Q 5 Can *좋습니까* I come in *들어가도*?
(내-) (들-가-) (좋-니까)?

Q 6 You can *좋습니다* go *가[도]* home *집[에]*.
(-은) (-에) (-도) (-습-다).

Q 7 You can't *안돼요* go *가[면]* home *집[에]*.
(-은) (-에) (-면) (안돼요).

Q 8 How can I find *찾다* it? .

* can ~ find? *찾을 수 있지요?*

(어-게) (-가) (그-을) (찾을 수 -지요)?

Q 9 Can I reschedule *다시* my appointment *약속[을]*?
(−의) (−속을) (−시) (할 수 있−니까)?

Q10 He could swim well while he was in school *재학시절*.
(−는) (−학−절) (수−을) (잘) (할 − 있−다).

Step18 조동사(2) − may

Fill in the correct words within all ( )'s.

Q 1 May I *제[가]* help you?
* may ~ help? *도와 드릴까요?*
(제가) (당신을) (도와 드릴까요)?

Q 2 How may I help you?
(제가) (어떻−) (당신−) (도− 드−까요?

Q 3 What may I help you with?
(−엇을) (제가) (−신에게) (−와 −릴까요)?

Q 4 May *좋습니까* I come in *들어가[도]*?
(−가) (−어−도) (−습−까)?

Q 5 You may go *가도 좋습니다* home.
(당−은) (−에) (−도) (좋−니다).

Q 6 You may not go *가면 안돼요* home *집[에]*.
(−신은) (집−) (−면) (안−요).

Q 7 Why may *됩니[까]* she go *가[도]* home?
* may ~ go? 가도 됩니까?
(왜) (그−는) (집−) (가−) (−니까)?

Q 8 She might come *올지[도] 몰라* here *여기* tomorrow.
(-는) (-일) (-기) (올-도) (-라).

Q 9 She might not come *안 올지[도] 몰라* here tomorrow.
(그-는) (내-) (여-) (안) (-지도) (몰라).

Q10 May *되겠습니까* I *내가* ask *물어[봐]도* you a question *한 가지 의문[을]*?
(내-) (-에게) (한 가지) (의-을) (물-봐도) (되-습-까)?

Q11 May *됩니까* I join you *당신과 합류[해도]*?
(내-) (-과) (-류해도) (-니까)?

Q12 May I borrow *빌리다* your pen?
* may ~ borrow? *빌릴 수 있습니까?*
(내-) (-의) (-을) (-릴 수 있-니까)?

Q13 May I *내가* take *가지고 가도* my leftovers *남은 음식[을]*?

Q14 May *수 있습니까* I take your order *주문[을]*?
(내-) (-의) (-을) (받을) (수 있-니까)?

Q15 May I see *내가 ~ 볼 수 있습니까* your driver's license *운전면허증[을]*?
(내-) (-의) (운-면-증을) (볼) (수 -습니까)?

Step19 조동사(3) - must

Fill in the correct words within all ( )'s.

Q 1 You must turn *돌아야 합니다* right *오른쪽[으로]*.
(당신은) (오른쪽으로) (돌아야)(합니다).

Q 2 You <u>mustn't turn</u> *돌지 말아야 합니다* right.
(-은) (-쪽으로) (돌-) (-아야 -).

Q 3 You <u>had to turn</u> *돌아야 했습니다* right.
(-은) (오른-) (-아-) (했-니다).

Q 4 You <u>shouldn't have turned</u> *돌지 않았어야 했습니다* right.
(-은) (-으로) (-지) (않-어-) (했-니다).

Q 5 You <u>must leave</u> *떠나야 합니다* <u>right now</u> *지금 당장.*
(-은) (지- 당-) (떠-야)(-니다).

Lesson 15

Step 20 조동사(4) – shall I(we)

Fill in the correct words within all ( )'s.

Q 1 Shall *~까요* we dance *춤추[실]*?
(우리) (춤추실)(까요)?

Q 2 Shall I *제가* get *받[을]* the phone *전화*?
(제–) (전–) (받을)(–요)?

Q 3 Shall I get *가져다 드릴* you some coffee *커피 좀*?
* shall ~ get? *가져다 드릴까요?*
(–가) (–피) (좀) (–져다) (드–까요)?

Q 4 Shall *까요* we go *갈* home *집[에]*?
(우–), (–에) (갈)(까요)?

Q 5 What shall we have *우리 무엇을 먹을 까요* for dinner *저녁으로*?
(우–) (저–으–) (무–을 먹– 까–)?

Q 6 Shall I come *내가 갈까요* with you *당신[과] 같이*?
(내–) (당–) (같–) (갈까요)?

Q 7 Shall we go out *우리 밖으로 나갈까요* to eat *식사하러*?
(우–) (식–하–) (–으로) (–갈–요)?

Q 8 When should I call *제가 전화해야 할까요* back *다시*?
(제–) (언–) (다–) (전–해야) (할–요)?

Q 9 When *언제* should *할까요* I *제가* come *와야* back *다시*?
(제–) (언–) (다–) (와야) (할까요)?

Q10 What time *몇 시[에]* should I be there *거기에*?

* should ~ be? *가야 될까요?*

(제-) (몇 -에) (거기-) (가야) (될-요)?

Step 21 조동사(5)

Fill in the correct words within all ( )'s.

Q 1 Will *주시겠습니까* you stand up *일어나*?

* "you(*당신*)"는 한글로 해석하지 말자.

(일어나) (주시겠습니까)?

Q 2 Could you stand up?

* Don't translate of "you" into Korean.

(-어나) (주-겠습니까)?

Q 3 Please *주십시오* close *닫[아]* the door *그 문[을]*.

(그 -을) (-아) (주십-오).

Q 4 Will you please close the door?

* "you"는 해석치 않음

(그 문-) (닫-) (-시겠습니까)?

Q 5 Could you please close the door?

* "you"는 해석치 않음

(그 -을) (닫-) (주시-습니까)?

Q 6 Will you tell *말씀[하여]* me about *대하여* it *그것*, please?

(그-에) (-하여) (제게) (말-하여) (주시겠-니까)?

Q 7 Could you tell me about it, please?

* "you"는 해석치 않음

(그것-) (대-여) (제게) (말씀-여) (주시겠습-까)?

Q 8 Could you <u>make</u> *정하여* it <u>another day</u> *다른 날[로]*?

* "you"는 해석치 않음

(그것을) (다-) (-로) (정-여) (주시겠습니-)?

Q 9 <u>Would you</u> *해 주시겠습니까* <u>gift-wrap</u> *선물용으로 포장* this, please?

* "you"는 해석치 않음

(이-을) (선-용으로 포-) (해주시-습니까)?

Q10 Would you do <u>me</u> *제* a <u>favor</u> *부탁*?

* "you"는 해석치 않음

(제) (부-) (하나) (들어)(주시겠어요)?

Lesson 16

Step 22 a few / few, a little / little

Fill in the correct words within all ( )'s.

Q 1 I had *있었다* a few *몇몇* friends *친구[가]* in *에* Seoul *서울*.
(나는) (서울)(에) (친구가) (몇몇) (있었다).

Q 2 I have few *거의 없다* friends in Seoul.
(나–) (–에) (친구–) (거– 없–).

Q 3 I don't have *없다* any *전혀* friends in Seoul.
(나–) (서–) (친–) (전–) (없다).

Q 4 There is *있다* a little *조금* water *물[이]* in *에* the bottle *병*.
(병)(에) (물이) (조금) (있다).

Q 5 There is little *거의 없다* water in the bottle.
(–에) (–이) (거의 없다).

Q 6 There is no water *물이 없다* in the bottle.
(–에) (–이 없–).

Step 23 it의 용법

Fill in the correct words within all ( )'s.

Q 1 How *어떻습니까* is the weather *날씨[가]* today *오늘*?
(오늘) (날씨가) (어떻습니까)?

Q 2 It is sunny *햇빛이 쨍하다* today *오늘[은].*
(오-) (햇-이 쨍-다).

Q 3 It's cloudy *흐리다* today.
(오-) (흐-다).

Q 4 It's raining *비가 오고 있어요* outside *밖에.*
(-에) (-가 오- 있-요).

Q 5 It's very *심합니다* foggy *안개[가].*
(안-가) (심-니다).

Q 6 What will the weather *날씨[가]* be like tomorrow *내일?*
(내-) (날-가) (어떨 것 같아)?

Q 7 It might rain tomorrow *내일[은].*
(내-) (비가) (올 것 같다).

Q 8 What's *어때요* today's *오늘의* temperature *기온[이]?*
(오-) (기-) (어-)?

Q 9 What time is it *몇 시지요* right now? *지금[이]*
(지금이) (몇 시지요)?

Q10 What time do you have?
(지금이) (몇 시입니까)?

Q11 Is it *입니까* 9 a.m. *오전 9시* right now *지금[이]?*
(지-이) (오- 9-) (입니까)?

Q12 It's *입니다* 10:50 p.m. *10시 50분 오후*
(오-) (10- 50-)(입니다).

Q13 It's ten to *10분 전* nine *9시* a.m. *오전*
(오전) (10분) (전) (9시)(입니다).

Q14 It's ten past nine a.m. ∗ = It's nine ten a.m.
(오전) (9시) (10분)(입니다).

Lesson 17

Step 24 it의 용법

Fill in the correct words within all ( )'s.

Q 1 It's about *대강* 5 miles *마일.*
(대강) (5마일)(이다).

Q 2 How far is *얼마나 먼가* your office *당신의 사무실[까지]*
from here? * = How far is it from here to your office?
(여-서 -터) (당-의) (사-실까지) (얼-나) (먼가)?

Q 3 It's about *약* 10 miles away *10마일 떨어져있습니다.*
(약) (10-) (떨어-있습니-).

Q 4 It is still *아직* dark *어둡다* outside *밖[은].*
(밖은) (아직) (어둡다).

Q 5 How is outside?
(밖-) (어떻습니까)?

Q 6 It's not dark *어둡[지] 않다* outside yet *아직도.*
(밖-) (아-) (어둡-) (않다).

Q 7 It is *이다* Sunday *일요일* today.
(오늘은) (일요일)(이다).

Q 8 What *무슨* day *요일* is it *인가* today?
(오-) (무-) (요-)(인가)?

Q 9 Tomorrow *내일[은]* is *이다* Wednesday *수요일.*
(내–) (수–)(이다).

Q10 It'll be *될 거야* Wednesday tomorrow.
(–은) (–일이) (될 거야).

Q11 What date *며칠* is it *이지요* today *오늘이?*

* date 날짜, day 요일

(오늘이) (며칠)(이지요)?

Q12 It's March 28th today *오늘[은].*
(–은) (3월) (28일)(이다).

Q13 It was March 27th yesterday *어제[는].*
(어–) (3월) (27일)(이었다).

Q14 It's March 29th tomorrow.
(–은) (3월) (29일)(이다).

Q15 It'll be *될 것이다* March 29th *29일[이]* tomorrow.
(–은) (3월) (29일이) (될 것–다).

Q16 What *무슨* season *계절* is it *이지요* now *지금[이]?*
(지금이) (무슨) (계절)(이지요)?

Q17 It's *이다* summer *여름.*
(여–)(이–).

Q18 It's *입니다* fall *가을* season *철(계절).*
(가–)(철)(입–다).

Lesson 18

Step 25 접속사 – that

Fill in the correct words within all ( )'s.

Q 1 I saw *보았다* that *것을* he *그[가* was swimming *수영하고 있던.*
(나는) (그가) (수영하고 있던) (것을) (보았다).

Q 2 Did you see *당신은 보았습니까* that he was swimming?
(–은) (그–) (–하고) (있던) (것을) (보았–니까)?

Q 3 Where *어디서* did you see that he was swimming?
(어–서) (당–은) (–가) (–영하고 –던) (것을) (–았–니까)?

Q 4 I saw that she was dancing *춤을 추고 있던.*
(–는) (–가) (–을 –고 있–) (–을) (보았다).

Q 5 I think *생각한다* Tom can swim well *수영을 잘 할 수 있다[고].*
(나는) (Tom이) (수영을) (잘) (할 수 있다고) (생각한다).

Q 6 I don't think *생각지 않는다* Tom can *잘 할 수 있다[고]* swim well.
(–는) (–이) (수–을) (잘) (할 – 있다고) (–각지) (않–

Q 7 Do you think *당신은 생각합니까* Tom can swim well?
(당–) (–이) (–을) (잘) (할 수 –다고) (–각–니까)?

Q 8 Why *왜* do you *당신[은]* think Tom can swim well?
(왜) (당–) (Tom이) (–을) (잘) (할 – 있–고) (생–합–까)?

Lesson 19

Step 26 비교급

Fill in the correct words within all ( )'s.

Q 1 Nancy <u>is taller</u> *키가 더 크다* <u>than</u> *보다* <u>me</u> *나*.
(Nancy는) (나)(보다) (키가 더 크다).

Q 2 Nancy <u>is not taller</u> *키가 더 크지 않다* than me.
(Nancy는) (-)(보다) (키가 - 크- 않다).

Q 3 Nancy <u>is shorter</u> *키가 더 작다* than me.
(Nancy는) (-)(-다) (-가 더 -다).

Q 4 This coffee <u>is hotter</u> *더 뜨겁다* than it.
(이 커피는) (그-)(보다) (더 뜨-다).

Q 5 <u>Tom's car</u> *Tom의 자동차[는]* is <u>more expensive</u> *더 비싸다* than <u>mine</u> *나의 차*.
(Tom의 자-차는) (나의 차)(보다) (더 -싸다).

Q 6 Tom's car <u>is not more expensive</u> *더 비싸지 않다* than mine.
(Tom의 자-차는) (-의 - 보다) (- 비-지 않다).

Q 7 Tom's car <u>is cheaper</u> *더 싸다* <u>than mine</u> *나의 차보다*.
(Tom의 -동-는) (나- 차-다) (더 -다).

Step 27 최상급

Fill in the correct words within all ( )'s.

Q 1 Who is the tallest *가장 키가 큰가* in *에서* your class *학급*?
(누가) (너의) (학급)(에서) (가장 키가 큰가)?

Q 2 James is the tallest in my class.
(James가) (–의) (–급)(에서) (가장 –가 –다).

Q 3 Who is the oldest *가장 나이가 많은가* of *중에* your friends *친구들*?
(–의) (친–들) (–에) (–가) (가– 나–가 많–가)?

Q 4 Which picture *그림[이]* is the most beautiful *가장 아름다운가* in this room *방*?
(어느) (그–이) (이) (방)(에서) (가– 아–다–가)?

Q 5 What is the highest mountain *가장 높은 산* in the world?
(세계에서) (–장 높– 산– 무–인가)?

Q 6 What is the longest river *가장 긴 강* in the world?
(–계에서) (–장 긴 –이 무엇–가)?

Lesson 20

Step 28 수동태

Fill in the correct words within all (   )'s.

Ex He loves *사랑한다* his wife *부인[을].*
(그 남자는) (그의) (부인을) (사랑한다).

Q 1 She's loved by *의해 사랑을 받고 있다* her husband.
(그녀는) (-의) (-에) (의-) (사-을 받- 있다).

Q 2 This song *노래* is loved by the young *젊은이들[에].*
(이) (노-는) (-에) (-해) (-랑을 받고 있다).

Q 3 This song is not loved by *의해 사랑을 받고 있지 않다* the young.
(이) (-래는) (-은-들에) (의해) (사-을 -고 있- 않다).

Q 4 I was very surprised *매우 놀랐다* at the news *그 소식에.*
(-는) (그 소-에) (매-) (놀-다).

Q 5 She's known *알려져 있다* to every body *모든 사람에게.*
(-는) (모- 사-에게) (알-져 있다).

Q 6 She's unknown *알려져 있지 않다* to every body.
(-는) (-든 -람에게) (알-져 있- 않다).

Q 7 I'm not interested in *흥미가 없다* music *음악[에].*
(-는) (-악에) (-미가 -다).

Q 8 I stayed *머물렀다* in *에* a house built *지은 집* 200 years *년* ago *전에.*

(-는) (200)(년) (-에) (지- 집)(에) (-물-다).

Q 9 She gave *주었다* me *나에게* two *두 개[를]* boiled eggs *삶은 계란.*

(-는) (-게) (-은) (계-) (두 개를) (주-다).

Lesson 21

Step 29 현재완료형

Fill in the correct words within all ( )'s.

Ex 1 How *얼마나* long *오래* have you been *당신은 살았습니까* in *에* America *미국*?
(당신은) (미국에) (얼마나) (오래) (살았습니까)?

Q 1 I've lived *나는 살았다* here *여기에* for 10 years *10년간*.
(나-) (여-) (-간) (-았다).

Q 2 I've been living *나는 살고 있다* in America since 1986 *1986년 이래*.
(-는) (-에) (1986-) (이-) (살- 있다).

Q 3 I've been staying *나는 머물고 있다* in America since 1986.
(-는) (-국에) (-6년) (이-) (머-고 있다).

Ex 2 Have *있습니까* ever *일찍이* you been to *에 가 본 적[이]* America?
(당신은) (일찍이) (미국에) (가 본 적이) (있습니까)?

Q 4 I've been to *나는 ~ 에 가 본적이 있다* America before *전에*.
(-는) (-에) (-국-) (가 본 -이 -다).

Q 5 He's been to Europe in 1990.
(-는) (유럽에) (1990-에) (가 본 -이 -다).

Ex 3 Has he gone *그는 가버렸습니까* to *에* America?
(그는) (미국에) (가버렸습니까)?

Q 6 He's gone to *으로* America.
(-는) (-국으로) (가버렸다).

Q 7 They've gone to America.
(-들은) (미-으로) (가버-다).

Ex 4 Have you ever met *당신은 일찍이 만난 적이 있습니까* him before?
(당신은) (일찍이) (그를) (전에) (만난 적이 있습니까)?

Q 8 I've met *나는 만난 적이 있다* him before.
(-는) (-를) (-에) (만난 -이 있다).

Q 9 I've never met *나는 결코 만난 적이 없다* him before.
(-는) (-를) (-에) (-코 만- 적이 -다).

Q10 She's met me *그녀는 나를 만난 적이 있다* before *전에.*
(-녀는) (-에) (-를 -난 적- 있다).

Ex 5 Have you ever seen *당신은 본 적이 있습니까* him before?

Q11 I've seen him before.
(-는) (-를) (-에) (본 -이 있다).

Q12 I've never seen *결코 본적이 없다* him before.
(나-) (-를) (-에) (결코 본 적이 -다).

Q13 She's seen me before *전에.*
(-녀는) (-를) (-에) (본 -이 있다)

Lesson 22

Step 30 간접의문문

Fill in the correct words within all (　)'s.

Ex　Do you know *당신은 아는가* what *무엇* this *이것이* is *인지*?
(당신은) (이것이) (무엇)(인지) (아는가)?

Q 1　Do you know when *언제* he'll leave *그가 떠날 건지* here *여길*?
(−은) (그−) (언−) (여−) (떠날 −지) (아−가)?

Q 2　Do you know where the post office *우체국[이]* is *있는지*?
(−신은) (−체−이) (어디) (있는지) (아−가)?

Q 3　Does he know where Nancy live *사는지*?
(−는) (Nancy가) (−디) (사−지) (아−가)?

Q 4　Do you wonder *당신은 궁금한가* why I *내가* wanted *원했는지* to learn *배우길* English?
(−신은) (왜) (−가) (−어) (배−길) (원−는지) (궁−한

Step 31 ask / want / tell

Fill in the correct words within all (　)'s.

Ex 1　I asked *부탁했다* him to shut *닫아 [달라고]* the door.
(나는) (그에게) (그 문을) (닫아 달라고) (부탁했다).

Q 1 I asked Jack to come *와 달라고* to *로* my office at 4 this *오늘* afternoon.
(나-) (Jack에게) (-늘) (오후) (4시에) (-의) (-로) (와 달라고) (-했다).

Q 2 I asked him to call *전화 해주기를* you *당신에게* tomorrow night.
(-는) (-에게) (-일) (밤) (-신에게) (-화 해-기를) (부-했다).

Q 3 I asked *물어보았다* him *그에게* who you are *당신이 누군인지.*
(-는) (-에게) (-신이) (-구-지) (-어보았다).

Q 4 I asked him for the price *값에 대하여.*
(-는) (-에게) (-에 대-여) (물-보았다).

Ex 2 My *나의* son *아들은* wants *원한다* me *내가* to learn *배우기를* English.
(나의) (아들은) (내가) (영어) (배우기를) (원한다).

Q 5 My father wants *원하신다* me *내가* not to buy *사지 않기를* a new car.
(-의) (-버-는) (-가) (새) (차를) (사지 않-를) (원-

Q 6 My mom wanted *바라셨다* me not to go out *나가지 않길* last night.
(-의) (-머-는) (-가) (-제) (밤) (나-지 않-) (바-

Q 7 I wanted to know *알고 싶었다* about *대하여* her.
(-는) (-녀에) (-하여) (-고 싶-다).

Q 8 I want to buy *사고 싶다* some *조금[의]* groceries *식료품[을].*
(-는) (-금의) (-료품을) (-고 싶다).

Ex 3 I will tell *말 할게요* Mike to call *전화[하라고* you tonight.
(내가) (Mike에게) (오늘) (밤) (당신에게) (전화하라고)

Q 9 I will tell Mike not to call *전화 하지 말라고* you tonight.
(-가) (Mike에게) (-늘) (밤) (-신에게) (-화-지 말-고) (말 할-요).

Q10 He told *말했습니다* us *우리에게* to come *오라고* on time *정시에.*
(-는) (-리에게) (-시에) (-라고) (-했습니다).

Q11 I won't tell *말 하지 않을 것입니다* my wife (that) you won't come *오지 않을 것이라고* here tomorrow night.
(-는) (-의) (-에게) (-일) (밤)
(-신이) (-기에) (-지 않- 것이-고) (말 하- 않- 것입니

Lesson 23

Step 32 명사를 수식하는 현재분사

Fill in the correct words within all (　)'s.

Ex　This boy standing *서 있는* here with *같이* me *나[와]* is James.

Q 1　I often *가끔* call my relatives *친척들[에게]* living *사는* in Korea.
(－는) (－끔) (－국에) (－는) (－의) (－척들에게) (전－를 한

Q 2　The lady standing on *위에* the bridge *다리* is my teacher.
(－리)(－에) (서 －는) (저 여－는) (나－) (선－님－니다).

Q 3　John hurt *다쳤다* his arm *팔[을]* playing *치다가* tennis.
(John은) (테니스를) (－다가) (그의) (－을) (다－다).

Q 4　I'll be *나는 있겠습니다* at the restaurant waiting *기다리고* for *을* you *당신.*　　* = I will wait for you at the restaurant.
(－는) (당신)(을) (－다리며) (식－에) (있－습니다).

Step 33 It ~ to ~ .

Fill in the correct words within all (　)'s.

Ex　It is very *매우* difficult *어렵다* for *에겐* me *나* to speak *말 하는 것은* in English.
(영어로) (말 하는 것은) (나)(에겐) (매우) (어렵다).

Q 1 It is very hard *힘이 든다* for me to explain *설명한다는 것[은]* it *그것을* in English.
(−것을) (영어)(로) (설−한−는 것은) (내겐) (무척) (힘− 든

Q 2 It is important *중요하다* for everyone *누구에게[나]* to read *읽는다는 것[은]* books.
(−을) (−는−는 것은) (누−에−나) (중−하다).

Q 3 It is wrong *잘못된 것이다* to tell *말 한다는 것은* a lie *거짓을*.
(−짓을) (말 한−는 것은) (잘−된 것−다).

Q 4 There is no need *필요는 없다* to buy *사야할* it right now *당장*. * = It is no need to buy it right now.
(−것을) (−장) (사−할) (필−는 없다).

Lesson 24

Step 34 사역동사(make, let)

Fill in the correct words within all ( )'s.

Ex 1 She made *하였다* me laugh *웃[게].*
(그녀는) (나를) (웃게) (하였다).

Q 1 I made *해주었다* her happy *행복하[게].*
(-는) (-를) (-게) (-었다).

Q 2 He made *하였다* me go *가[게].*
(-는) (-를) (-게) (하-다).

Q 3 He made *[채용]하였다* her his secretary *비서[로].*
(그 -는) (-녀를) (그의) (-로) (채-하-다).

Q 4 Make *해줘요* me happy *행복하[게]!*
(-를) (-하게) (-줘요)!

Q 5 Don't *마* make *만들지* me angry *화[나게]!*
(나-) (화-게) (만-지) (마)!

Ex 2 She let *하였습니다* me laugh *웃[게].*
(그녀는) (나를) (웃게) (하였습니다).

Q 6 I let *해 주었습니다* her be happy.
(-는) (-녀를) (-복-게) (해주-습니다).

Q 7 He let *하였습니다* me go.
(그 -는) (-를) (가-) (-였-니다).

Q 8 He let *[채용]하였습니다* her be his secretary.
(그는) (-녀를) (그의) (-서로) (-용하였-니다).

Q 9 *Let 해줘* me be happy!
(-를) (-복-게) (-줘)!

Q10 Don't *마* let *하지* me be angry *화나게*!
(나-) (화-) (하-) (마)!

Q11 Let me *내가* help *돕게* you *당신을*.
(-가) (-신을) (-게) (-주-요).

Q12 Let *해주세요* me ask *물어보게* you something *무엇 [좀]*.
(-에게) (-엇 좀) (-어-게) (해주-요).

Q13 Let *해주세요* me *저를* through *지나가게*, please!
(저-) (지-가-) (해-세요)!

Lesson 25

Step 35 전치사(above / across / against)

Fill in the correct words within all ( )'s.

1. above :

Q 1 Our plane *비행기[는]* is flying *나르고 있다* above *위[를]* the clouds *구름.*
(우리의) (비행기는) (구름) (위를) (나르고) (있다).

Q 2 PERSONS *사람들* OF SIXTY *60세* AND ABOVE *이상[의]*
(60–) (이–의) (사–들)

Q 3 As *[바와] 같음* is stated *기술한* above *상기.*
(상–) (기–한) (–와 같음).

Q 4 It was *있었다* high *높이* above *위* the ocean *바다.*
(–것은) (–다) (위) (–이) (있–다).

Q 5 He lives *산다* above *위층에* my apartment *나의 아파트먼트*
(–는) (–의) (아파트먼트) (위–에) (산다).

2. across :

Q 6 He walked *걸어갔다* across *건너서* the street *길[을].*
(그는) (길을) (건너서) (걸어갔다).

Q 7 She lives *산다* across *건너편[에]* the river *강.*
(–는) (강) (–너–에) (–다).

Q 8 He threw *메었다* a bag across his shoulder *어깨[에].*
(–는) (–방을) (–의) (–깨에) (메–다).

Q 9 My store *가게[는]* is across from *맞은쪽[에]* the station *역.*
(-의) (-게는) (역) (맞-쪽에) (있다).

Q10 He sat *앉았다* across from *맞은편[에]* me *나의.*
(-는) (-의) (-은-에) (앉-다).

3. against :

Q11 He slammed his elbow against *그의 팔꿈치[를] 부딪뜨렸다* the door *문[에].*
(그는) (그의) (팔꿈치를) (문에) (부딪뜨렸다).

Q12 She leaned *기대었다* against *에* my shoulder *나의 어깨.*
(-녀는) (-의) (-깨)(에) (기-었다).

Q13 We saved *저축하였다* some food *식량[을]* to fight against *대비해* the cold winter *추운 겨울[을].*
(우-는) (-운 겨-을) (-비해) (-량을) (저-하였다).

Q14 Are *거냐* you *너* against *대항하는* me *나에게?*
(너) (나-게) (대-하는) (거냐)?

Q15 It's against *그건 ~ 어긋나는 거야* the law *법[에].*
(-건) (-에) (어-나- 거야).

Lesson 26

Step 36 전치사 – along / among / around

Fill in the correct words within all ( )'s.

4. along :

Q 1 I walked *걸었다* along *따라* the street.
(나는) (그) (길을) (따라) (걸었다).

Q 2 He walked down *걸어 내려갔다* along the brook *그 개울[을].*
(그–) (–을) (–라) (걸– 내–갔다).

Q 3 He walked up *걸어 올라갔다* along the brook.
(–는) (–울을) (–라) (–어 올–갔다).

Q 4 Somewhere *어디에선가* along the way *오는 도중* home *집에* I lost *잃어버렸다* my wallet *지갑[을].*
(–는) (–에) (–는 –중) (어–에–가) (–의) (–갑을) (잃–버

5. among :

Q 5 He was *있었다* among *사이에* the crowd *군중.*
(그는) (군중) (사이에) (있었다).

Q 6 He lived *살았다* among the poor.
(–는) (–난한) (–람들) (–이에) (살–다).

Q 7 Do *해보게* it *그것을* among you *자네들끼리.*
(자–들–리) (그–을) (해–게).

Q 8 Divide *나누게* these among you seven *자네들 일곱 사람들 사이에.*
(자-들) (일- 사-들) (-이에) (이-들을) (-누게).

Q 9 He was very *대단한* popular *인기[가]* among the students *학생들 사이에.*
(-는) (-생들) (사-에) (-단한) (-기가) (있었다).

6. around :

Q10 They sat around *주위에* my desk.
(그들은) (나의) (책상) (주위에) (앉았다).

Q11 She traveled *여행하였다* around the world *세계를 두루.*
(-녀는) (-계를 -루) (-행 하-다).

Q12 I live around *근처[에]* here.
(-는) (-기) (-처에) (삽니다).

Q13 He'll be back *그는 돌아올 것입니다* in around 10 minutes *약 10분 후에.*
(-는) (약) (10분)(후-) (돌- 올 -입니다).

Q14 The earth *지구[는]* goes around *주위를 돈다* the sun *태양[의].*
(-구는) (-양의) (-위를) (-다).

Lesson 27

Step 37 전치사 – as / at / behind

Fill in the correct words within all (   )'s.

7. as :

Q 1 It can be used *쓰일 수가 있다* as *처럼* a knife *칼*.
(그것은) (칼) (처–) (쓰일 수가 있다).

Q 2 He treated *취급을 했다* me *나[를]* as *같이* a child *어린애*.
(–는) (–를) (어–애) (–이) (취–을 했다).

Q 3 As *로서* your doctor *의사*, I advice *충고 합니다* you to eat *먹기를* less *적게*.
(–의) (–사)(–서), (–는) (–신이) (–게) (먹–를) (충– 합

Q 4 This is *이다* the same *동일한* watch *시계* as *[과] 같은* I *내가* lost *잃은 것*.
(–은) (–가) (잃– 것)(과 같–) (동–한) (시–이다).

Q 5 He is famous *그는 ~ 유명하다* as *로서* a scientist *과학자*.
(–는) (–학–)(로–) (–명하다).

8. at :

Q 6 My daughter was in the office at that time *그 시간에*.
(나의) (딸은) (그 시간에) (사무실에) (있었다).

Q 7 She saw *보았다* the movie *그 영화[를]* at *에서* that theater *저 극장*.
(–녀는) (그 영–) (저 극–)(–서) (보았다).

Q 8 Son, look *보라* at *를* the tree *저 나무*!
(−들아), (저) (나−)(를) (보−)!

Q 9 I met *만났다* her at *에서* the train station *기차역* yesterday.
(−는) (−제) (−녀를) (기−역)(−서) (만−다).

Q10 See *봅시다* you at 2 p.m. tomorrow. * 'you'는 해석치 않음
(−일) (−후) (2시)(에) (봅−다).

9. behind :

Q11 He died and left *죽었다* his only daughter *외동 딸[을]* behind *남기고.*
(그는) (외동) (딸을) (남기고) (죽었다).

Q12 Don't *말라* be behind *뒤지지* the times *시대[에].*
(−대에) (뒤−지) (말라).

Q13 I am behind *뒤진다* him *그에게* in *에서* English.
(−는) (−어)(−서) (−에게) (뒤−다).

Q14 Don't speak *하지 말라* ill of others *남의 욕[을]* behind their backs *남의 등 뒤에서.*
(−의) (등) (−에서) (−의 욕을) (하지) (말라).

Q15 He was behind *뒤[에]* the door.
(−는) (그) (문) (뒤−) (있−다).

Lesson 28

Step 38 전치사 - below / beside

Fill in the correct words within all ( )'s.

10. below :

Q 1 His house is a little *조금* below *아래[에]* the top of the hill *그 언덕의 꼭대기.*
(그의) (집은) (그) (언덕)(의) (꼭대기) (조금) (아래에) (있

Q 2 A man below *미만[의]* forty *40세.*
(40세) (미-의) (한) (남-).

Q 3 It was sold *팔렸다* below *이하[로]* cost *원가.*
(그-은) (-가) (-하로) (팔-다).

Q 4 It is below him *그 답지 않다* to do it *그런 일을 하다니.*
(그런 -을 하-니) (그 답- 않다).

Q 5 We saw the whole city *전 시가지를* below us *우리 아래[로].*
(우-는) (-리) (아-로) (전 시-지를) (보-습니다).

Q 6 His grade *성적[은]* is below *미만 입니다* the average *평균.*
(-의) (-적은) (-균) (미-)(입니다).

11. beside :

Q 7 We know no one *우리는 아무도 모른다* besides *외에[는]* him *그 사람.*
(우리는) (그 사람) (외에는) (아무도 모른다).

Q 8 Besides *외에[도]* a mother he has a sister to support *부양해야 할.*
(-머니) (외-도) (-는) (부-해- 할) (-이가) (있다).

Q 9 He wanted to sit *앉길* beside *곁에* her.
(그 남-는) (-녀의) (-에) (-길) (원-).

Q10 He sat beside *곁에* me.
(그-) (내) (-에) (앉-다).

Lesson 29

Step 39 전치사 - between / by / down

Fill in the correct words within all ( )'s.

12. between :

Q 1 I'm sitting *나는 앉아있다* between *사이에* John and *과* Paul.
(나는) (John)(과) (Paul) (사이에) (앉아있다).

Q 2 Let's meet *우리 만나기로 합시다* in my office between 1 and 2 p.m. tomorrow.
(우-) (-일) (-후) (1시에서) (2시) (사-에) (-의) (사-실에서) (만-기로 합시다).

Q 3 What's *얼마나 되지요* the time difference *시차[는]* between Seoul and New York?
(-울과) (-욕) (사-의) (-차는) (얼-나 되지요)?

Q 4 What's the distance *거리는 얼마나 되는가* between the earth and the moon?
(-구와) (달) (-이의) (-리는) (얼-나 되-가)?

Q 5 What's the difference *차이[는] 무엇인가* between *사이[의]* man and woman?
(-자)(와) (-자) (-이의) (-이는) (-엇인가)?

13. by :

Q 6 She arrived *도착했다* by *로* bus.
(그녀는) (버스로) (도착했다).

Q 7 We came *왔다* by *타고* the Freeway 217.
(－리는) (217번) (Freeway를) (타－) (왔－).

Q 8 The thief *그 도둑[은]* came in by unlocking *열고* the back door last night.
(그 도－은) (어－밤) (뒷－을) (열고) (－어왔다).

Q 9 I'll let you know *내가 당신에게 알려 드리지요* by *까지* Monday.
(－가) (－신－게) (월－일)(－지) (알－ 드－지요).

Q10 My desk is *있습니다* by *가에* the window *창*.
(－의) (－상은) (창)(가에) (있－니다).

14. down :

Q11 He fell down *[에서] 굴러 떨어졌다* the stairs *계단*.
(그는) (계단에서) (굴러 떨어졌다).

Q12 I have a pain *아프다* down *아래 쪽[이]* my leg *나의 다리*.
(－는) (－의) (－리) (아－쪽이) (아－다).

Q13 There is a bus station two miles down *따라가면* the street *이 길[로]*.
(이) (－로) (2마－을) (따－가－) (버－) (정－장이) (있

Q14 Her hair was hanging down *늘어져 있었다* her back *그녀의 등[에]*.
(－녀의) (머－카－이) (－녀의) (－에) (늘－져 있－다).

Q15 They went down the hill *언덕 밑으로*.
(－들은) (－덕) (밑－로) (－다).

Lesson 30

Step 40 전치사 – for

Fill in the correct words within all (　)'s.

15–1. for :

Q 1 I had to *했어야 했다* work *일[을]* hard *열심히* for *위해* my family.
(나는) (가족을) (위해) (열심히) (일을) (했어야 했다).

Q 2 I am looking for *나는 ~ 을 찾고 있습니다* shoes for children *아이들 용 신발.*
(–는) (–이들 용 –발)(을 찾고 –습–다).

Q 3 These toys are *입니다* for children.
(이) (장–감들은) (아–들) (용)(–니다).

15–2. for :

Q 4 Nancy left *떠났다* for *으로* America with *같이* her family yesterday.
(Nancy는) (어제) (그녀의) (가족과) (같이) (미국)(으로) (떠났

Q 5 Is *입니까* this bus bound for *행* Seoul?
(이) (–스는) (–울) (행)(–니까)?

Q 6 This train *이 기차[는]* is *입니다* bound for *행* Busan *부산.*
(이) (기–는) (부산) (–)(입–다).

15-3. for :

Q 7 She <u>had to dress</u> *정장을 했어야 했다* <u>for</u> *위해* <u>dinner</u> *만찬[을].*

(그녀는) (만찬을) (위해) (정장을) (했어야 했다).

Q 8 He <u>sent</u> *보냈다* his son <u>for</u> *부르러* a doctor.

(-는) (-사를) (부-러) (-의) (아-을) (-냈다).

Q 9 <u>Let's go</u> *우리 ~ 갑시다* for a <u>walk</u> *산책.*

(-리) (-책) (-시다).

Q10 I <u>bought</u> *샀다* a new desk <u>for</u> *용* the office.

(-는) (-무-)(용) (새) (-상) (-나를) (-다).

15-4. for :

Q11 He <u>will</u> *것이다* <u>stay</u> *머무[를]* <u>in</u> *에* L.A., <u>for</u> *동안* two months.

(그는) (두 달) (동안) (L.A.)(에) (머무를) (것이다).

Q12 <u>I've been living</u> *나는 살아오고 있다* in America <u>for</u> *동안* 20 years.

(-는) (-국)(에) (20년) (-안) (살-오- 있다).

Lesson 31

Step 41 전치사 – from / in

Fill in the correct words within all ( )'s.

16. from :

Q 1 He rose *일어났다* from *에서* a chair *의자.*
(그는) (의자)(에서) (일어났다).

Q 2 He turned *[눈을] 돌렸다* from *에서* my gaze *시선.*
(–는) (나의) (–선)(에서) (눈을 돌–다).

Q 3 He exercised *운동을 하였다* to *위해* recover *회복[을]* from brain *뇌* surgery *수술.*
(–는) (뇌) (–술)(에서) (회–을)(위해) (운–을 하–다).

Q 4 It begins *시작한다* from *부터* the May 1st.
(–것은) (5월) (1일)(–터) (–작한다).

Q 5 How far is it *얼마나 멉니까* from *부터* here *여기서* to *까지* a bus stop *버스 정류장?*
(–기서)(부–) (–스) (정–장)(–지) (얼–나 멉–까)?

Q 6 The house is far *멀리 있다* from the road *길[로].*
(그) (–은) (–로)(–터) (멀리) (있다).

17. in :

Q 7 I lived *살았다* in Seoul before *전에.*
(나는) (전에) (서울에) (살았다).

Q 8 We go fishing *낚시[를]* in *에* May.
(우-는) (-월)(에) (낚-를) (간다).

Q 9 He is in ~ *관계의 일을 하고 있다.* computers.
(-는) (컴퓨터) (관-의 일- 하- 있다).

Q10 He came in *입고* a black suit *검은 옷[을].*
(-는) (-은) (옷을) (-고) (왔-).

Q11 He will be back *돌아 올 거야* in *지나* a few days *며칠.*

* 며칠 = 2-3일

(-는) (며-) (-나) (돌- 올 -야).

Q12 I'll call *내가 전화 하겠습니다* you in *후에* two hours.
(- 시간) (-에) (-가) (-신에게) (전- 하-습니다).

Q13 I'll call you within *이내로* two hours.
(- 시간) (-내로) (-가) (-신에게) (전- 하겠-니다).

Q14 Yesterday was *이었다* the coldest *가장 추운* day *날* in *지난 ~ 동안* 30 years.
(-제는) (지난) (30년) (-안) (-장 추-) (날)(-었다).

Q15 I can't speak *말[을] 하지 못한다* English *영어.*
(-는) (-어) (-을 하- 못한다).

Q16 I think *생각한다* you are right in my opinion *나의 의견으로는.*
(-의 의-으로는) (당-이) (옳다고) (생-한다).

Lesson 32

Step 42 전치사 – in front of / near

Fill in the correct words within all ( )'s.

18. in front of :

Q 1 She stood *섰다* just *바로* in front of *앞에* me *나[의]*.
(그녀는) (바로) (나의) (앞에) (섰다).

Q 2 There is a *한 그루[가]* tree *나무* in front of the school *학교*.
(–교) (–에) (–무) (한 그–가) (있다).

Q 3 Drop *내려* me in front of the red *붉은* building *건물*, please.
(–를) (저) (–은) (–물) (–에) (–려)(주–요).

19. into :

Q 4 He dived *뛰어 들었다* into *속으로* the water *물*.
(그는) (물)(속으로) (뛰어 들었다).

Q 5 He went *[들어]갔다* into *안으로* the *그* house *집*.
(–는) (그) (–)(안–로) (들–갔다).

Q 6 My child *아이[가]* bit into *깨물었다* an apple.
(–의) (–이가) (–과를) (–물–다).

Q 7 She translated *해석하였다* English *영어[를]* into *로* Korean *한국말*.
(–녀는) (–어를) (한–말)(로) (–하였다).

Q 8 He looked into *들여다보았다* the box.
(–는) (상–를) (들–다–았다).

Q 9 Divide *나누어라* the cake into *으로* three pieces *세 조각.*
(그) (케-크를) (셋) (조-으로) (-누-라).

Q10 She bumped *부딪쳤다* into *게* me *내.*
(-녀는) (내)(게) (부-쳤다).

20. near :

Q11 Is there a bank *은행* near *부근에* here *이(여기)?*
(이) (부근에) (은행이) (있습니까)? *이=여기

Q12 Let's meet *우리 만납시다* near *경[에]* the end of the year *연말.*
(-리) (-말)(경에) (만납시다).

Q13 She visited *방문하였다* us near the end of last year *작년 연말.*
(그-) (작-) (연-)(경에) (-리를) (방-하였다).

21. next ;

Q14 We took *잡았다* a seat *자리[를]* next to *옆* the fire *난로 [불].* * = We took a seat next to the fire.
(우리는) (난로 불) (옆) (자리를) (잡았다).

Q15 He came in *들어왔다* next after *다음[에]* me.
(-는) (나) (다-에) (들-왔다).

Q16 Who was next after me?
(-가) (-의) (-음) (이-나)?

Lesson 33

Step 43 전치사 - of / off / on

Fill in the correct words within all ( )'s.

22. of :

Q 1 I asked *요청했다* a favor *한 가지 부탁[을]* of him *그에게.*
(나는) (그에게) (한 가지) (부탁을) (요청했다).

Q 2 May *될까요* I ask *요청해도* you for a favor *한 가지 부탁을?*
* = May I ask a favor of you?
(내가) (-신에게) (한 -지) (-탁을) (요-해도) (될까

Q 3 We are *이다* of an age. *동갑내기*
* = We are of the same age.
(-리는) (동-내-)(이다).

Q 4 I am doubtful *의심한다* of *를* its *그것의* truth *진위.*
(-는) (-것의) (-위를) (-심한다).

Q 5 This *이* beverage *음료* is made of *로 되어있다* orange juice, sugar and water.
(이) (-료는) (오-지) (즙), (설-)(과) (물)(로) (되-있

Q 6 One of my table's leg *나의 식탁의 다리 하나가* is broken *부러졌다.*
(-의) (-탁의) (다-) (하-가) (-러졌다).

23. off :

Q 7 Please *주십시요* keep off *에서 떨어져* the grass *잔디밭.*
(잔디밭)(에서) (떨어져) (주십시오).

Q 8 The plane *비행기[가]* is taking off *뜨고 있습니다.*
(-행-가) (-고) (있-니다).

Q 9 I am off duty *비번.*
(-는) (-번)(이다).

Q10 Bill fell off *떨어졌습니다* a horse *말[에서]* yesterday.
(Bill은) (어-) (-에서) (떨-졌-니다).

Q11 We will give *드리지요* you a discount *할인[을],* 20 percent off the price *가격에서 20%를 깍아.*
(-리는) (-신에게) (가-에서) (20%를) (-아) (-인을) (드리-

24. on :

Q12 There is *있습니다* a *한 권[이]* book *책* on the desk.
(책상)(위에) (책) (한 권이) (있습니다).

Q13 I don't have *없는데요* any *전혀* money on me *수중에.*
(-는) (-중에) (-이) (-혀) (없-데요).

Q14 That suit *그 옷이* looks *보입니다* awfully *아주* nice *멋져* on you *당신에게.*
(-) (옷-) (-신에게) (-주) (-져) (보입-다).

Q15 I go to church on Sundays *일요일마다.*
(-는) (일-일-다) (-회에) (나-니다).

Q16 I was born *태어났습니다* on May 11, 1970.
(나-) (1970년) (5-) (11-에) (태-났습니다).

Lesson 34

Step 44 전치사 – opposite / out / out of / over

Fill in the correct words within all ( )'s.

25. opposite :

Q 1 His office is *있다* opposite *반대편[에]* mine *나의[사무실].*
(그의) (사무실은) (나의 사무실) (반대편에) (있다).

Q 2 I live *산다* opposite her house.
(-는) (-녀의) (집) (-대-에) (-다).

Q 3 She sat opposite to me *나의 맞은편[에].*
(-녀는) (나의) (맞-편-) (앉-다).

26. out :

Q 4 He came out of *에서 나왔다* his house.
(그는) (그의) (집)(에서) (나왔다).

Q 5 She lives outside *밖에 산다* L.A.
(-녀는) (L.A.) (-에) (-다).

Q 6 He hung it out *그것을 ~밖에 매달았다* the window *창.*
(-는) (그-을) (창)(-에) (매-았다).

Q 7 The rest room *화장실* is out *바깥에* this door.
(화-실은) (이) (문) (바-에) (-다).

27. out of :

Q 8 He took a wallet out of his pocket.

* took ~ out of 에서 ~ 꺼냈다

(그는) (지갑을) (그의) (주머니)(에서) (꺼냈다).

Q 9 He's out of *그는 ~ 밖에 있다* his office on *때문에* business *일*.

(-는) (일) (-문에) (-의) (사-실) (밖- 있-).

Q10 I payed *지불하였다* twenty dollars and fifty cents out of *중에서* thirty dollars.

(-는) (30불) (중-서) (20불) (50센트를) (지불-였다).

Q11 The plane was out of sight *보이지 않았다.*

(그) (비-기는) (보-지 않-다).

28. over :

Q12 A lamp was hanging over *위에 걸려 있었다* the table.

(램프가) (테이블) (위에 걸려 있었다).

Q13 The moon is over *바로 위[에]* the roof *지붕* of our house.

(-은) (-리) (집)(의) (-붕) (-로 -에) (있다).

Q14 The branch *나뭇가지[가]* hangs *늘어져 있다* over *위에* the house.

(-뭇-지가) (집) (-에) (-어져 -다).

Q15 She put *가렸다* her hands *양 손[으로]* over her face *얼굴 위[를].*

(-녀는) (양 -으로) (그-의) (얼- 위를) (가-다).

Q16 I gave him a dollar over his fare *요금에 얹어.*

* gave~over *얹어주었다.*

(-는) (-에게) (1달-를) (요-에 얹-)(주-다).

Lesson 35

Step 45 전치사 – through / to

Fill in the correct words within all ( )'s.

29. through :

Q 1 We walked <u>through</u> *지나서* <u>the woods</u> *숲[을].*
(우리는) (숲을) (지나서) (걸었다).

Q 2 He drove <u>a nail</u> *못[을]* through <u>a board</u> *판자[에].*
* <u>drove~through</u> *쳐 박았다*
(–는) (판–에) (–을) (쳐 박–다).

Q 3 <u>Don't look through</u> *들여다 보지마라* <u>the keyhole</u> *열쇠구멍[으로].*
(열–구–으로) (들–다 보–마라).

Q 4 I went <u>through</u> *지나* the room <u>to</u> *으로* <u>the kitchen</u> *주방.*
(–는) (–을) (지나) (–방)(–로) (갔다).

Q 5 We <u>camped</u> *야영을 하였다* there <u>through</u> *내내* the summer.
(–리는) (–름) (–내) (거–에서) (야–을 하–다).

Q 6 She <u>saw through</u> *알아차렸다* <u>the trick</u> *그 속임수[를].*
(–녀는) (그) (속–수를) (알–차–다).

Q 7 She lived in the house <u>all through</u> *내내* her <u>life</u> *생애.*
(–녀는) (–녀의) (–애) (–내) (그) (–에서) (살–다).

Q 8 The fair *그 장[은]* will be opened *열린다* Monday through *에서~까지* Friday.
(그) (-은) (월-일)(에서) (금-일)(까지) (열-다).

Q 9 When will you be through *당신은 ~ 마칠 것입니까* with school *학교[를]* today?
(-늘) (당-은) (-제) (학-를) (마- 것-니까)?

30. to :

Q10 He gave the book to me.
(그는) (나)(에게) (그) (책을) (주었다).

Q11 You are *입니다* everything *없어선 안 될 존재* to me *제게.*
(-신은) (-게) (없-선 안 될 존-)(입-다).

Q12 To *에겐* me *나* this *이건* seems *보인다* silly *우습게.*
(나)(-겐) (-건) (우-게) (보-다).

Q13 It's five to six.
(여-시) (5분) (전)(-다).

Q14 It is nothing *아무 것도 아니다* to me.
(-것은) (-)(에-) (아- 것- 아-다).

Lesson 36

Step 46 전치사 – toward / under / until / up

Fill in the correct words within all (　)'s.

31. toward :

Q 1 We walked toward *향해* the hill.
(우리는) (언덕을) (향해) (걸었다).

Q 2 She turned *돌렸다* the car toward *향해* her home *그녀의 집[을].*
(–녀는) (그) (자–차를) (그–의 –을)(–해) (돌–다).

Q 3 John's house faces toward *향해 있다* the south. *남쪽[을]*
(John의) (–은) (–쪽을) (향– –다).

Q 4 We met her in her office towards *무렵* the evening *저녁.*
(–리는) (–녀를) (–녁) (–렵) (–녀의) (사–실)(에서) (만–다).

32. under :

Q 5 They spent *지냈다* a night *하룻밤[을]* under *밑에서* the bridge.
(그들은) (다리) (밑에서) (하룻밤을) (지냈다).

Q 6 I live in a village *한 마을에* under the hill *산기슭[의].*
(–는) (–기–의) (한) (마–에) (산다).

Q 7 The road is *이다* under repair *보수 중.*
(그) (도–는) (보– 중)(이–).

Q 8 The car stopped under *밑에* the wall *담*.
(그) (-는) (담) (-에) (섰다).

Q 9 How much will a pear cost *배 하나의 가격[은]* under *하에* the same circumstances *같은 조건*?
(-은) (-건)(-에) (배) (하-의) (-격은) (얼마나) (될 것인

33. until :

Q10 I will wait *나는 기다리겠습니다* until *까지* five o'clock.
(나는) (5시)(까지) (기다리겠습니다).

Q11 He won't *않을 것이다* leave until tomorrow morning.
(-는) (-일) (-침)(-지) (떠-지) (않을 것)(이다).

Q12 He did not go until this morning.
(그-) (-늘) (-침)(-지) (-지) (않-다).

Q13 I hope *바란다* she *그녀가* comes *와 주기를* here *여기* until next week.
(-는) (-녀가) (-음) (주)(-지) (-기) (와) (주- 바-다).

34. up :

Q14 They went *올라갔다* up *위로* the stairs *계단[들]*.
(그들은) (계단들) (위로) (올라갔다).

Q15 We walked up *따라서 걸었다* the street.
(-리는) (-을) (따-서) (걸-다).

Q16 We walked up *위로 걸어갔다* a hill.
(-리는) (-덕) (-로) (걸-갔다).

Q17 He lives up *위쪽에 산다* the street.
(-는) (이) (거-의) (위-에) (-다).

Lesson 37

Step 47 전치사 – with / within / without

Fill in the correct words within all ( )'s.

35. with :

Q 1 He debated *논쟁하였다* with us *우리들과* over trifling matters *하찮은 일로.*
(그는) (우리들)(과) (하찮은 일로) (논쟁하였다).

Q 2 I had a quarrel *말다툼했다* with my wife last night.
(–는) (–의) (–와) (어–밤) (말다–했다).

Q 3 Every one should be content *만족해야 한다* with themselves *자기의 분수에.*
(모–가) (자–의 –수에) (만–해야 한다).

Q 4 It'll be $10 with tax *세금을 포함해서.*
* = It will be $ 10 included tax.
(–것은) (–금을) (–함해서) (10불이) (되겠습니다).

Q 5 Blue does not go *서로 맞지 않는다* with *과* green *녹색.*
(–색은) (–색과) (–로 맞지 않–다).

Q 6 Are *인가* you *자넨* with us *우리에게 찬성* or *아니면* against us *우리에게 반대?*
(–넨) (우–에게 –성) (아–면) (우리–게 –대)(인가)?

Q 7 I agree *동의한다* with *에게* you on *있어서는* that *그* point *점[에].*
(–는) (그 –에) (있–서는) (당–에게) (동–한다).

Q 8 Do you have *가지고 계십니까* any *아무* ID *신분증[이나]* with *지금* you *당신[은]*?
(－신은) (－무) (신－증이나) (－금) (가－고 계－니까)?

36. within :

Q 9 I'll be there *나는 거기에 갈 것이다* within 2 hours.
(나는) (두 시간) (내로) (거기에) (갈) (것이다).

Q10 We have to live *살아야 한다* within *[범위] 내에서* our income *수입[의]*.
(－는) (우－) (－의) (－위 내에서) (살－야 한다).

Q11 He lives within *이내에* a few miles of Seattle *시애틀에서 수마일*.
(－는) (시애틀－서) (수－일) (이－에) (살고 있다).

37. without :

Q12 He went out *외출했다* without *[쓰지] 않고* a hat *모자[를]*.
(그는) (모자를) (쓰지 않고) (외출했다).

Q13 I can do it without your help *도움*.
(－는) (－의) (－움) (－이) (그－을) (할 － 있다).

Q14 She left without saying a word *말 한 마디*.
(－녀는) (말 한 －디) (－이) (－났다).

Q15 We cannot do it without *없이[는]* him.
(－리는) (－가) (없－는) (그－을) (할 수가 없다).

Q16 Don't *마라* go out *나가지* without *않고* taking *걸치지* a coat *코트[를]*!
(－트를) (걸－지) (－고) (나－지) (마－)!

Lesson 38

Step 48 기타 부정대명사(1) – each & all

Fill in the correct words within all ( )'s.

Q 1 We each *각기[는]* have our own opinions *우리 자신의 의견들[을].*
(우리) (각기는) (우리) (자신의) (의견들을) (가지고 있

Q 2 We each know that *그것을.*
(우리) (각–는) (그–을) (알– 있다).

Q 3 We gave each of them *그들 각자[에게]* a suitable job *적당한 직업[을].*
(–리는) (–들) (각–에게) (–당한) (–업을) (주–다).

Q 4 The teacher gave three books *세 권[씩을]* to *에게* each *각각* boy *소년.*
(그) (선–은) (소–) (–각)(에게) (책) (세 –씩을) (–

Q 5 Each of us *우리들의 각자는* has *있다* one's *자신의* opinion *의견[이].*
(–리들의 –자는) (자–의) (–견이) (–다).

Q 6 They all *그들 모두[가]* arrived here last night.
(그들) (모두가) (여기에) (지난) (밤) (도착했다).

Q 7 We all *우리 모두[가]* have to leave *떠나야 한다* here right now *바로.*
(–리) (모–가) (–길) (바로) (떠–야 한다).

Q 8 He gave <u>us all</u> *우리 모두[에게]* <u>one thousand dollars</u> *천 불[을]*.
(－는) (우－ 모－에게) (천 －을) (주었－).

Q 9 He gave <u>each of us</u> *우리 각자[에게]* one thousand dollars.
(그－) (우－ 각－에게) (천 －씩을) (－다).

Lesson 39

Step 49 기타 부정대명사(2) - both & either

Fill in the correct words within all ( )'s.

Q 1 Both of them *그들 둘[다]* are good *좋다.*
(그들) (둘 다) (좋다).

Q 2 Both *양쪽 다* are good.
(-쪽 다) (-다).

Q 3 Both of us *우리[는] 둘 다* knew *알고 있었다* it.
(-리는 둘 다) (그-을) (알- 있-다).

Q 4 I do not know both of them *그들 둘 다[는].*
(-는) (-들 둘 다는) (모른다).

Q 5 Both of them are not coming *오는 것은 아니다.*
(-들) (둘 다) (오- 것은 아-다).

Q 6 Either of you *당신들 중 하나[가]* can be right.
(당신들 중 하나가) (옳을 수 있다).

Q 7 Either *어느 쪽이든* will do *좋다.*
(어- 쪽-든) (좋-).

Q 8 I won't buy *사지 않겠다* either of them. *그들 어느 것도*
(-는) (-들 -느 것도) (사- 않-다).

Q 9 Either of the plans *두 안건 [다]* won't do *좋지 않다.*
(두 -건 다) (좋- 않다).

Q10 I don't like *마음에 들지 않는다* either of them *그 어느 쪽도.*
(-는) (그 -느 -도) (마-에 들지 않-다).

Lesson 40

Step 50 관사

Fill in the correct words within all (　)'s.

Q 1 He ate a hamburger just *조금* before *전[에].*
(그는) (조금) (전에) (햄버거) (하나를) (먹었다).

Q 2 A *어떤* man wants *싶어 한다* to see *보고* you.
(어-) (-자가) (-신을) (-고) (-어 한다).

Q 3 They are all of one size. *모두 하나의 사이즈다.*

* = There are all of a size.

(-것-은) (-두 하-의 사-즈다).

Q 4 I work 40 hours *40시간* a(per) week *한 주[에].*
(-는) (한 -에) (40시-) (일을 합-다).

Q 5 He knows a little of everything *어느 것이나 조금씩[은].*
(-는) (-느 것-나) (조-씩은) (압-다).

Q 6 A dog is a faithful animal.
(개는) (하-의) (충-한) (짐-이다).

Q 7 I saw a *한* man yesterday. That is him.
(나는) (어제) (한) (남자를) (보았는데), (저) (사람이) (그 사람이다).

Q 8 Open the door!
(그) (-을) (열-라)!

Q 9 <u>The principal of our school</u> *우리 학교의 교장[은]* <u>is</u> *이시다* Mr. Kim.
(-리) (-교의) (-장은) (김 선-님)(이시다).

Q10 She is the same woman that I met in the street.
(-녀가) (-가) (-에서) (-난) (-은) (여-이다).

Part Ⅲ
알아두면 좋을 영문법

이 책은 영문법 중 가장 기본적인 사항들을 바탕으로 우리의 일상 용어들로 문제를 만들었다. 이에 따라 문법에 대한 해설이 필요하다고 생각 되는 것만 요약해서 여기 옮겼다.

꼭 외우려 하지 말고 이해하는 것으로 하자. MP3를 듣다 보면 문법의 흐름을 알게 된다.

1. 주어 :

문장을 해석 하면 말의 끝에 "은, 는, 이, 가" 중 하나가 꼭 붙는다. -이것이 주어다.

2. 인칭 :

나 ⇒ 1인칭, 나의 상대방 ⇒ 2인칭, 나와 상대방을 제외 ⇒ 3인칭

3. 인칭대명사 :

사물을 가리키는 품사를 '명사'라 하고, 그 사물의 이름 대신 부르는 것을 대신 부른다 하여 '대명사'라고 하며, 대명사 중에 사람을 가리키는 대명사를 인칭대명사라고 부른다. 이는 대명사에 속하는 학술적인 용어이지 품사의 이름은 아니다.

4. Be 동사 :

동사 중에 일반 동사를 제외한 동사를 Be 동사라고 하며 이는 "이다, 있다"의 뜻을 가지고 있으며 주어에 따라 사용법이 달라진다.

5. 인칭대명사와 Be 동사와의 관계 :

인칭대명사 (주어)	Be 동사 현재형	Be 동사 과거형
I / 1인칭 단수	am	was
you, we, they / 2인칭 및 모든 복수	are	were
he, she, it, my nose, my foot, James, Jane / 3인칭 단수	is	was

6. 지시대명사 :

대명사 중에 "이것, 저것" 등으로 사물을 가리키(지시, 지칭)는 것으로 학술적인 이름이다.

7. 지시대명사와 Be 동사와의 관계 :

지시대명사 (한글)	단수, 복수	지시대명사 (영어)	be 동사 (현재형)	be 동사 (과거형)
이것	단 수	this	is	was
그것	단 수	it	is	was
저것	단 수	that	is	was
이것들	복 수	these	are	were
그것들	복 수	they	are	were
저것들	복 수	those	are	were

8. 인칭대명사의 수 및 격 :

인칭대명사의 단수, 복수와 문장에서 어떻게 쓰이는가에 따라 즉. 그의 용도에 따라 5가지로 나눌 수 있다.

A	B(은, 는, 이, 가)	C(−의)	D(을, 를, 에게)	E(−의 것)	F(−자신, −스스로)
인칭/수	주격	소유격	목적격	소유대명사	재귀대명사
1 / 단수	I / 나	my / 나	me / 나	mine / 나	myself / 나
복수	we / 우리	our / 우리	us / 우리	ours / 우리	ourselves / 우리
2 / 단수	you / 당신	your / 당신	you / 당신	yours / 당신	yourself / 당신
복수	you / 당신들	your /당신들	you / 당신들	yours / 당신들	yourselves / 당신들
3 / 단수	he / 그 남자	his / 그 남자	him / 그 남자	his / 그 남자	himself / 그 남자
/ 단수	she / 그 여자	her / 그 여자	her / 그 여자	hers / 그 여자	herself / 그 여자
/ 단수	it / 그것	its / 그것	it / 그것	its / 그것	itself / 그것
/ 복수	they / 그들	their / 그들	them / 그들	theirs / 그들	themselves / 그들

＊ 위의 도표 읽는 법 :

예 : '저것은 그 남자의 가방이다.'에서 ⇒ '그 남자의' 의 단어를 도표에서 찾아보자.

1) 해당 단어의 인칭과 단수, 복수를 파악, A란에서 찾아 왼손 손가락으로 짚는다.

'그 남자' ⇒ 3인칭, 단수이다.

* 주의 : 3인칭 단수는 여럿(남, 녀, 동물)임으로 어느 것인지 잘 파악하자.

2) 문장에서 해당 단어의 끝에 어떤 글이 붙어있는지 파악한다.

예: '의'가 붙어있다면 C 글자를 오른손 손가락으로 짚는다.

3) 왼손은 오른쪽으로, 오른손은 아래로 옮겨 둘이 만나는 곳에 있는 단어가 내가 찾고자 하는 해당 단어이다.

4) 인칭 : 나(I) ⇒ 1 인칭, 상대방 ⇒ 2인칭, 나와 상대방을 제외한 것 ⇒ 3인칭

9. Be 동사가 쓰이는 곳 :

이는 동사의 하나로 문장의 뜻이,

1) '나는 누구 이다'라고 할 때 "이다"라는 신분과,

2) '나는 여기에 있다'라고 할 때 "있다"라는 존재(있고, 없음),

3) '나는 아프다, 나는 학생이다'라고 할 때

"아프다, 학생"은 주어인 "나"를 설명 해주는 보어이다. 이를 주격 보어라고 한다.

위와 같은 경우에 Be 동사가 쓰인다.

10. 영어와 한글의 차이 :

영어에서는 숫자는 분명히 하나 또는 둘 이상 등 그 수량을 밝힌다.

한국말에 "책상이 있다."라고 하면 영어에선 틀린 말이다.

왜냐하면 책상이 몇 개라는 것이 없기 때문이다.

예 : a pen 펜 하나, a desk 책상 하나, pens 펜 둘 이상, desks 책상 둘 이상

* 이런 것들을 명사의 단수(하나)와 복수(둘 이상)라고 한다.

11. 문장의 시제란 :

현재형, 과거형, 미래형의 세 가지 형태의 문장이 있다.

현재형 : 문장에서 동사가 현재형인 경우를 말한다.
예 : 간다, 먹는다, 잔다, 온다 등

과거형 : 문장에서 동사가 과거형인 경우를 말한다.
예 : 갔다, 먹었다, 잤다, 왔다 등

미래형 : 문장에서 동사가 미래를 나타내는 조동사와 일반 동사가 같이 쓰인 경우이다.
예 : 갈 것이다, 먹을 것이다, 올 것이다 등

12. Do 와 Did 사용법 :

do 동사의 과거형이 did 이다.

(1) 의문문 :

1) 현재형

Do(주어가 1,2인칭 이거나 복수 일 경우) 또는 Does(주어가 3인칭 단수)인 경우

2) 과거형

Did(주어의 인칭이나 단수 복수에 상관없다)를 문장의 앞에 둔다. 이 때 일반 동사는 현재형으로 한다.

(2) 부정문 :

1) 현재형

do(주어가 1,2인칭 또는 복수 일 경우), 또는 does(주어가 3인칭 단수)인 경우에 일반 동사 앞에 둔다.

* does(do) not go.

2) 과거형

주어의 인칭이나 수에 상관없이 did를 쓴다.

* did not go.

* don't =do not, doesn't = does not, didn't = did not 줄인 말임

13. 일반 동사의 변화 :

동사는 시제(시점)에 따라 현재형에서 과거형과 과거분사 형으로 변한다.

이의 변하는 방식이, 규칙적으로 변하는 것과 불규칙적으로 변하는 것이 있다.

(1) 규칙적인 변화 :

현재형 동사에 다음과 같이 한다.

1) 대부분은 단어의 끝에 -ed 를 붙인다.

예 : need ⇒ needed

2) -e 로 끝이 나면 -d 만 붙인다.

예 : close ⇒ closed

3) 단어가<자음 + Y>로 끝이 나면 "Y"를 "i"로 고치고 "ed"를 붙인다.

예 : cry ⇒ cried

4) <단모음 + 자음>이면 자음을 한 번 더 쓰고 "ed"를 붙인다.

예 : stop ⇒ stopped

* 예외: <단모음 + 자음>이라도 2 음절이 넘는 단어는 마지막 음절에 강세가 없으면 그냥 "ed"만 붙인다.

예 : vis.it/vi'z.it/ ⇒ vis.it.ed /vi'z.it.id/

(2) 불규칙적인 변화 :

다음과 같이 4 가지 형태로 변한다.

형태별	현재형 (A)	과거형 (B)	과거 분사형(C)
AAA 형	cut	cut	cut
ABA 형	run	ran	run
ABC 형	give	gave	given
ABB 형	buy	bought	bought

* 위의 것은 동사가 변하면서 현재형, 과거형, 과거분사 형이 같은 단어일 때도 있고, 아닐 때도 있다는 표시이다. 이러한 단어는 외우는 길 밖에는 없다.

14. have와 has의 차이점 :

(1) have : 주어가 1, 2 인칭이나, 복수 일 경우에 쓰인다.

예 : I(You, We, They) have a pen.

(2) has : 주어가 3인칭이고 단수 일 경우에 쓰인다.

예 : She(He, It) has a pen.

(3) had : have/has의 과거형으로 인칭과 주어의 수에 관계없이 과거형 문장에 쓰인다.

예 : I (You, We, They She, He, It) had a pen.

15. 부정형 문장에서 have(has) 동사는 어떻게 쓰이는가?

(1) I (You, We They) do not have a pen.
(2) He (She, It) does not have a pen.
(3) I (You, We, They, She, He, It) did not have a pen.

16. 의문문에서 have(has) 동사는 어떻게 쓰이는가?

(1) Do I (you, we, they) have a pen ?
(2) Does he (she, it) have a pen ?
(3) Did I (you, we, they, she, he, it) have a pen ?

17. 조동사 :

한 문장에서 동사 하나만으로는 뜻이 정확히 표현이 안 될 때 동사를 도와주는 동사를 하나 더 쓴다. 이것을 조동사라고 한다.

한글 : '나는/I 수영을/swim 잘/well 할 수 있다/can'의 문장에서 영어 : '주어 + 조동사 + 동사 + 기타'로 만들자.

I can swim well.

* 한 문장에서 두 개의 동사가 있으면 앞은 조동사, 뒤는 본동사라고 한다.

1) 긍정문 : 주어 + 조동사 + 동사(원형) + 기타
2) 부정문 : 주어 + 조동사 not+ 동사(원형) + 기타
3) 의문문 : 조동사 + 주어 + 동사(원형) + 기타 ?

18. 8품사 :

영어 단어는 문장에서 어떻게 쓰이는지 그 기능에 따라 다음 8가지로 나눈다.

1. n. 명사(noun[느아운]) : 사람이나 사물의 이름으로 쓰이는 말

* boy[bɔi] n. 소년, Tom 탐, table 식탁. hope 희망, America 미국 등

(1) 셀 수 있는 명사
1) 보통명사[사물의 이름/ 책상(desk). 자동차(car)],
2) 집합명사[집합체/ 가족(family), 학급(class)]

(2) 셀 수 없는 명사
1) 고유명사[사람, 나라, 지역의 이름/김 선생(Kim), 한국(Korea), 서울(seoul)]
2) 추상명사[만질 수 없는 것/ 희망(hope), 사랑(love), 인생(life)]
3) 물질명사[모양과 크기가 바뀌는 것/ 물(water), 치즈(cheese), 우유(milk)].

2. pro. 대명사(pronoun[프(어)러.느아'운]) : 명사를 대신해서 쓰는 말.

* She[ʃi:]] pron. (pl. they) 그녀는, he 그 남자, I 나, you 당신, they그들,

> (1) 지시대명사[이것(this),그것(it).저것(that)]
> (2) 인칭대명사[사람의 이름 대신 부르는 것/나(I), 당신(you), 그녀(she)]
> (3) 의문대명사[묻는 것/누가(who), 어느 것이(which), 무엇이(what),

3. v. (vi. vt.) 동사(verb[ㅎ브어(어)ㄹ브]) : 어떤 움직임이나 존재, 상태를 나타내는 말

* go [gou] v. (went [went]; gone [gɔ(:)n, gɑn]; going [góuiŋ])

—vi.(자동사) / (목적지로) 향하다, 나아가다 ⇒ go, start (목적어가 없다)

—vt.(타동사) / ~에 견디다, ~을 참다 ⇒ eat, take (목적어가 온다)

종류 : (1) be 동사(이다. 있다/ 현재형: am. are. is, 과거형: was were)

(2) 일반 동사(be 동사 외 모든 동사) run뛰다, stop서다, swim헤엄치다.

* 뒤에서 be동사를 다시 설명한다.

4. a. adj. 형용사(adjective[어.즈액'(으).트잉ㅂ]) : 어떤 성질이나 상태를 나타내는 말

* good[gud] a. (better [bétər]; best [best]) 좋은, nice 좋다, happy 행복하다.

5. ad. 부사(adverb[애^앋'(으).ㅎ브어(어)ㄹ브]) : 때 장소 모양 등을 나타내는 말

* always[ɔ́:lweiz] ad. 늘, 언제나, usually 늘, 통상의, here 여기, there 거기,

* 동사를 꾸며준다, He studied hard. They study English hard.
형용사를 꾸며준다, I am very hungry.
다른 부사를 꾸며준다, Thank you very much.
문장 전체를 꾸며준다, Luckly he did not die.

* 종류

때 : yesterday, today, now, then, soon
곳 : here, there, in, out, far
방법: fast, slowly, quickly, hard, well, carefully
빈도: sometimes, useually, often, always, once, again
정도: very, much, too, enough, almost
기타: only, even, perhaps, also, too, either

6. prep.전치사(preposition[프(어)랩'.어.ㅅ즈이'.셔언]):명사, 대명사 앞에서 이를 도와주는 말

* at[æt] prep. 「위치·지점」 ~에, ~에서. 어느 지점, in 안에, on 위에, under 아래

7. con. 접속사(conjunction[크언.즈^앙'.셔언]) : 앞과 뒤의 말을 이어 주는 말

* an[ænd, nd, n] conj. 보통 弱音으로 발음됨. ~와 , ~ 및 / 그리고, but / 그러나,

8. int. 감탄사(interjection[인'.트어(어)ㄹ.즈앤'.셔언]) : 감탄하는 느낌을 주는 말

* oh[ou] int. 오오, 아, 어, ah아아

19. 의문사 :

의문문을 만들 때 쓰이는 대명사와 부사를 의문사라고 한다.

한글 :

가) 이것이/this 무엇/what 이지/is? ➜ be동사 있는 문장

나) 당신은/you 무엇을/what 원하는가/ do~want? ➜ 일반 동사 있는 문장

영어 :

What is this? 와 What do you want? 이다. ➜ 모든 의문문 앞에 의문사를 둔다.

* 의문사는 what, who, why, when, where, how, which, whose, whom 등이 있다.
* 의문사를 의문대명사와 의문부사(why, when, where, how)로 구분할 수 있다.

20. 미래형 용법 :

미래형 문장은, will을 쓰는 법과 going to를 쓰는 방법이 있다.

(1) will + 원형 동사 ⇒ 이루어질 일이 비교적 불확실하고 기간이 6개월 정도 초과,

"~할 것이다."의 해석으로 보자.

(2) going to + 원형동사 ⇒ 이루어질 내용이 비교적 단기간이고 확실한 경우,

"~하려고 한다."의 해석으로 보자.

21. 동명사 :

"원형동사에 + ing" ⇒ [~하는 것]으로 해석하자.

22. 동명사와 부정사에 쓰이는 동사 :

(1) 목적어로 동명사만 쓰는 동사 : enjoy, finish, mind, stop

(2) 목적어로 부정사만 쓰는 것 : want, hope, plan, decide, promise, choose

(3) 목적어로 부정사, 동명사 다 좋다 : begin, start, like, love, hate 등

23. 진행형 :

<be 동사 + 원형동사+ing> ⇒ [~하고 있(었)다]로 해석하자.

* be동사의 시제에 따라 현재

(현재형 be), 과거(과거형 be), 미래형(will + 원형be)의 진행형이 된다.

1) 현재 진행형 : I am eating something right now.
나는 지금 무언가 먹고 있다.

2) 과거 진행형 : I was eating something a hour ago.
나는 한 시간 전에 무언가 있었다.

3) 미래 진행형 : I will be eating something a hour later.
나는 한 시간 후에 무언가 먹고 있을 것이다.

24. 동명사와 진행형의 차이 :

예 : "eat + ing"를 보자

진행형	I am eating.	나는 먹고 있다.
동명사	Eating is fun.	먹는 것은 즐겁다.

25. please 사용 법 :

문장의 처음, 가운데, 끝에 쓸 수 있다.

단, 가운데는 주어 다음에 쓰고, 끝에 쓸 때는 please 앞에 ", "를 표시한다.

26. Will you와 Could you에 답하는 법 :

동의하는 경우	부정 할 경우
Sure	Well, I'm sorry.
All right	Sorry, I can't
O. K.	
Of course	
Yes, I will.	

27. Won't you도 가끔 will you와 같은 용도로 쓰인다.

* won't= will not의 축약

Won't you help me?	저를 도와주시지 않겠습니까?

28. Would you~?와 Could you~?의 차이 :

이들은 현재형으로 정중히 요구할 때 쓰임. 둘 중 후자가 다소 더 경어적인 표현이다.

29. a few/ few와 a little/ little의 차이 :

(1) few는 '수가 적은'의 뜻이며 many에 대립되고,

(2) little은 '양이 적은'의 뜻으로 much에 대립된다.

* 문제가 되는 것은 few와 a few와의 구별 및 a few가 가리키는 수의 부정성(否定性) (반드시 '두셋(의)'에 한하지 않음)이다.

(1) A few of them know it.	그들 중 몇이 그것을 알고 있다.
(2) Only a few came to help me.	몇 사람만 나를 도우러 왔다.
(3) Let's go into a pub, and have a few.	술집에 들어가서 몇 잔 마시자.
(4) every few days	며칠마다.
(5) every few hours	두세 시간마다.

30. 불규칙적인 최상급 변화 예 :

원 급	비 교 급	최 상 급
good	better	the best
well	better	the best
bad(ill)	worse	the worst
old	older	the oldest
old	elder	the eldest

* 최상급 부사 앞의 <the>는 생략해도 좋다.

I like this painting (the) best of all./나는 모든 것 중에서 이 그림을 최고로 좋아한다.

31. 형용사나 부사에서 비교급, 최상급의 변화 양태 :

(1) 단어의 끝에 er 이나 est 를 붙여 표시하는 것을 규칙적인 변화

(2) 위와 같이 단어 자체가 바뀌는 것을 불규칙 변화로 보자.

32. less 와 more의 구분 :

(1) 나는 그것이 열 개 미만 필요하다.

I need it less than 10.

(2) 나는 그것이 열 개 이상 필요하다.

I need it more than 10.

(3) 나는 그것이 열 개가 더 필요하다.

I need it 10 more.

33. 현재완료형의 단축 표현 :

I have = I'v	you have = you've	we have = we've.
they have = they've	he has = he's	she has = she's

34. 현재 완료형과 현재 완료 진행형의 차이 :

(1) 현재완료형은 과거에 어떤 일이 시작되어 지금 막 끝이 난 것.

(2) 현재완료 진행형은, 과거에 어떤 일이 시작되어 지금도 계속 되고 있다는 뜻.

<table>
<tr><th>1) 현재 완료형</th><th>2) 현재 완료 진행형</th></tr>
<tr><td rowspan="3">I have watched T.V. since 5 o'clock.
나는 5시 이래 계속 T.V를 보았다.
(지금은 보지 않는다)</td><td>1) I have been watching T.V, since 5 o'clock.
나는 5시 이래 계속 T.V를 계속 보고 있다.</td></tr>
<tr><td>2) How long have you been learning English?
당신은 얼마나 오래 영어를 배우고 있나?</td></tr>
<tr><td>3) How long have you been living in the State?
당신은 얼마나 오래 미국에 살고(계속) 있는가?</td></tr>
</table>

35. into 와 in의 차이 :

(1) He went into the house. / 그는 집안으로 들어갔다.

(2) He went in to see Nancy. / 그는 Nancy를 만나려고 안으로 들어갔다.

⇒ 에서 in 과 into는 다른 것이다.

* into와 in?

in은 [~의 안에], [~속에] 등 단순히 장소를 나타내며 운동의 방향을 나타내지 않는 것이 보통이다.

* 다음과 같이 운동의 내용이 있는 동사들과는 into를 같이 쓰지 않고 in을 쓴다.

예의 단어: break, cast, dip, divide, fall, lay, part, put, split,

문장의 예: Put your hands in your pockets./ 양손을 주머니에 넣어라.

36. Next의 용법 확인 : 이는 형용사, 부사, 대명사로도 쓰인다.

어떤 품사로 쓰였는지를 알려면 앞뒤에 어떤 품사가 오는가를 파악하라.

다른 전치사들도 마찬가지다.

37. be made from과 be made of :

(1) 전자는 원료가 그 형태나 질이 바뀌어 제품으로 된 것이지만,

예 : Wine is made ~ grapes. / 포도주는 포도로 만들어진다.

(2) 후자에선 원래의 모양을 남기는 경우와 재료가 그대로의 형태로 제품 중에 쓰인 것일 때:

예 : That bridge is made of steel.

저 다리는 강철로 돼 있다(만들어 졌다).

* 일부의 재료는 with로 나타낼 때도 있음:

예 : He makes a cake with eggs.

그는 달걀로 케이크를 만든다.

38. until, by, before의 특성 :

(1) until :

계속의 뜻을 갖고 있으므로 wait, stay 등 계속을 나타내는 동사 뒤에서 쓰임.

I will wait him until dawn.

나는 그를 새벽까지 기다릴 거야.

* till 은 미국에선 until 로 바꾸어 쓰는 것이 좋다.

(2) by :

완료시기를 나타냄.

I shall be back by six.

나는 여섯 시까지는 돌아올 거야.

(3) before :

보통 개시 또는 종지를 나타내는 동사 뒤에서 쓰임.

He started before I came.

내가 오기 전에 그는 출발하였다.

39. all :

* 모든 물건[일] (everything = all things).

All of them = they all / 그들은 모두

All of us = We all / 우리 모두

* all 뒤에 셀 수 있는 명사로 복수형이 오면 - 복수취급

All of students were present.

학생들은 모두 출석했었다.

* all 뒤에 셀 수 없는 명사를 받으면 - 단수취급

All of the money was stolen.

모든 돈을 도난당했다.

40. both & all :

(1) 나는 당신들 둘 다 좋아 하지는 않는다.

I don't like both of you.

* 양쪽 다 마음에 든다는 것은 아니다(한 쪽만이지).

I like either of you = I like one of you.

(2) 나는 당신들 둘 다 좋아하지 않는다.

I don't like you all.

41. either 와 neither :

(1) 나는 그들 중 어느 쪽도 좋아하지 않는다.

I don't like either of them.

(2) 나는 그들 중 어느 쪽도 좋아하지 않는다.

I like neither of them.

42. other, others, another, the other, the others 등 :

부정대명사로 상대나 숫자를 정하지 않은 대명사이다.

1. 사과 두 개 중에서 고를 때

첫째는? - one

둘째는? – the other가 된다.

2. 사과 세 개 중에서 고를 때

   첫째는? – 물론 one
   둘째는? – 남은 것 중 아무거나 고르기 때문에 막연하다.
   이때는 another(an other/다른 것 하나)를 쓴다.
   셋째는? – 딱 하나 남은 특정한 것이 되므로 the other가 된다.

3. 사과 네 개 중에서 고를 때

   첫째는? – 물론 one
   둘째는? – another
   셋째는? – another
   넷째는? – the other

   * 둘째부터 넷째까지를 합해 말하면 the others 가 된다. 왜냐하면 넷 중에 하나를 빼면 셋이라는 숫자가 나오기 때문이다. 그러나 숫자를 알 수없는 나머지는 others 가 된다.

4. 10명의 사람 중 숫자를 알 수없는 일부는 좋다하고 나머지는 반대한다고 했을 경우 찬성자는 some이라 하고, 나머지 사람들은 others라고 한다. 그러나 찬성이 2명이고 나머지가 8명으로 숫자가 확실한 경우 찬성자는 2 persons이라 하고, 나머지 사람들은 the others라고 한다.

* others만 따로 쓰면 other people<다른 사람들>이 된다.

43. 관사 :

(1) 부정관사(a, an) :

1) One(하나의) 의 뜻 :
2) a certain (어떤) 의 뜻 :
3) the same(같은) 의 뜻 :
4) per(~마다)의 뜻 :

5) some(어느 정도)의 뜻 :

6) 어떤 종족이나 집단을 대표하는 뜻 :

(2) 정관사(the) :

1) 앞에 나오는 명사가 다시 반복될 때 :
2) 상대가 알고 있는 것을 말 할 때 :
3) 앞이나 뒤에 오는 수식 어구에 의해 뜻이 한정 될 때 :
4) 앞이나 뒤에 오는 수식 어구에 의해 뜻이 한정 될 때 :
5) 세상에 하나 밖에 없는 자연물 앞에 : The sun, The moon, The earth
6) 기계, 발명품, 악기 이름 앞에 : the telephone, the piano, the guitar,
7) 고유명사 앞에
   a) 강, 바다, 산맥, 해협 이름 앞에 : the Pacific, the Alps.
   b) 선박이름 : the titanic, the queen
   c) 공공건물 : the In-Chon city hall / 인천시청
   d) 잡지, 신문 : the Korea times.
   e) 건물, 탑, 극장, 호텔, 회사, 기차, 배, 고속도로 이름 : the Seoul theater, the national theater
   f) 복수 고유명사 : the United States of America, the Americans(미, 국민)
   g) 관용어구(관습적으로 쓰이고 있는 말투) : in the morning, in the sun, in the evening. in the night. (밤중에)
8) 추상적인 개념을 나타 낼 때 : The pen is mightier than the sword. 펜은 검보다 더 강하다.
9) 단위, 비율을 나타내는 경우 (계량 단위에 붙여 ~ 당) : They sell cheese by the pound. 그들은 치즈를 파운드(당)로 팔고 있다.

44. 명사의 복수 만드는 법 :

명사는 두 가지로 나눈다.

(1) 셀 수 있는 명사(보통명사, 집합명사)

1) 단어의 끝에 s를 붙인다.
pen ⇒ pens, table ⇒ tables

2) 단어의 끝이 s, sh, ch, x, o로 되면 -es를 붙인다.
bus ⇒ buses, glass ⇒ glasses, church ⇒ churches, box ⇒ boxes, tomato ⇒ tomatoes

3) 단어가 -f 또는 -fe로 끝이 나면 -ves로 바꾼다.
leaf ⇒ leaves, knife ⇒ kinives,

4) 자음 + y로 끝이 나면 y를 I로 바꾸고 es를 붙인다.
city ⇒ cities, lady ⇒ ladies

5) 단수와 복수의 글자 모양이 비슷하면서 다른 것도 있다.
child ⇒ children woman ⇒ women, tooth ⇒ teeth

6) 단수와 복수가 같은 것이 있다.
sheep, deer, fish, salmon ⇒ 이들은 무리를 지어 사는 동물로 보면 된다.

* fishes 라고 하면 종류가 다른 생선들을 말 하는 것으로 2 fishes는 두 종류의 바닷고기를 말 한다.

(2) 셀 수 없는 명사(고유명사 추상명사 물질명사)

"용기(容器) + of + 명사"의 형식을 빌려 나타낼 수 도 있다.

a cup of coffee ⇒ two cups of coffee
a bucket of water ⇒ three buckets of water
a piece of cake ⇒ two pieces of cake

Pet Needs

Part Ⅳ

Mr. Park's 미국식 영어 발음법

— 말(language)은 귀()로 들어와서 입()으로 나가고, 글(letter)은 눈()으로 들어와 손(hand)으로 나간다. —

— 소리(말)는 파장(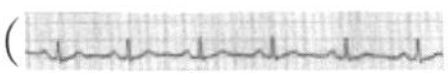)으로, 그림(글)은 형상()으로 뇌에 저장된다. —

— 영어, 어떤 때 들리나?

나에게 저장된 파장과 귀로 들어오는 파장이 같을 때 상대의 말을 알아듣게 된다.

— 내는 소리와 들리는 소리는 다를 수 있다.

예 : sit/sit/[스일]은 [셑]으로 들리고, milk/milk/[미을크]는 [메을크]로 들린다. 그러나 [셑]이나 [메을크]로 읽으면 안 된다.

— 발음법이란?

예 : bag –가방을,

/bæg/[브애^악]이라고 하는데,

(1) 어떤 때 모음 a가 /æ/로 되는지

(2) 어떻게 해야 이 음을 바르게 내는지 ~를 말한다.

— 왜, 배워야하나?

apple을 읽는 법을 바르게 배우려면,

(1) p가 두개인데 왜 하나만 발음하나?

(2) 단어와 발음부호에 음절표시는 어떻게 하나?

(3) 발음부호상의 강세표시는 어디에 오는가?

(4) 모음 a의 발음부호는 무엇이며 어떻게 해야 바른 발음이 되나?

(5) L의 정확한 발음은 어떻게 하나?

등을 가르치고, 배워야 올바른 발음을 할 수 있다.

Lesson 1 기본이론

Section 1 단어, 어떻게 읽나?

1. 모든 단어 = [자음과 + 모음]으로 만들어진다.

* 둘 또는 셋의 자음이 합쳐져 어떤 하나의 음을 내는 경우도 있다. ※ 극히 일부는 모음만으로 된 단어도 있다.

2. 기본 모음 :

5개 / A, E, I, O, U, 가끔은 Y도 모음이 된다.

※ 영어 알파벳 26개중 위 모음을 제외한 21개가 자음이다.

3. 기본 모음의 두 가지(장, 단음)

vowel/모음	Short sound/단음		long sound/장음	
A	Ă /æ/	[애^아]	Ā /ei/	[애이]
E	Ĕ /e/	[애]	Ē /i:/	[이이]
I	Ĭ /i/	[이]	Ī /ai/	[아이]
O	Ŏ /a/	[아]	Ō /ou/	[오우]
U	Ŭ /ʌ/	[어^아]	Ū /ju:/	[이우우]

(1) 단 . 장음은 어떤 때 적용되나?

1) 단음 : "자음+모음(하나)+자음"의 단어에서 모음의 음.

Ă= cap /kæp/, Ĕ=pen /pen/, Ĭ=pin /pin/, Ŏ=pop /pap/
Ŭ=cup /kʌp/

2) 장음 : "자음+모음(하나)+자음+e"의 단어에서 모음의 음.

Ā=cape /keip/, Ē=steve /sti:v/, Ī=pine /pain/,
Ō=hope /houp/ Ū=mule /mju:l/

* 위에서 두 개의 자음이 겹쳐 있어도 하나의 자음으로 본다.
예 : stop, watch, black

Section 2 음절, 강세

1. 음절(Syllable)이란?

"말의 마디"를 음절(音節)이라 하고, 한 단어에서 발음되는 모음의 숫자가 음절의 숫자이다. 모음이 두 개라도 하나로 발음되면 한 음절이 된다.

예 :

(1) king/kiŋ/ [크잉] ➜ 한 마디 단어 ⇒ 1음절 단어
(2) ta.ble/téi.bl/[트애'이.브을] ➜ 두 마디 단어 ⇒ 2음절 단어
(3) el.e.phant/él.ə.fənt/[애'을.어.ㅎ프언트] ➜ 세 마디 단어 ⇒ 3음절 단어

2. 강세(Accent)란?

두 음절 이상 단어는 반드시 한 번 또는 그 이상 다른 음절에 구분이 될 정도로 높게 발음한다. 이것을 강세라고 한다.

예 :

(1) ta.ble/téi.bəl/[트애'이.브어을] ➜ 앞 음절인 "ta.-- / téi.--/"에 강세가 온다.
(2) tel.e.phone/tél.ə.fòun/[트애'을.어.ㅎ프오'운] ➜ 3음절 이상 단어는 두 번 이상 강세가 오는 수도 있다.

※ 강세는 영어의 생명이다:
한 단어에 둘 이상의 강세가 있는 경우 1차 강세는 반드시 표현해야 한다.
단, 2차 강세는 하면 좋으나 빠뜨려도 큰 문제가 되지는 않는다.

※ 강세의 표시는 어떻게 하며 어느 것이 1차 강세인가?
1차 강세 : (´) = 우측에서 좌측으로,
2차 강세 : (`) = 좌측에서 우측으로 ➜ 일반적으로 이렇게 표시한다.

Lesson 2 Vowels(모음)

Section 1 E /e/[애], A /æ/[애^아]

요령 :

(1) /e/는 [애]로 읽는다.

/ε/는 /e/와 같이 읽어도 된다.

예 : air/εər/, mare/mεər/, pair/pεər/

(2) /æ/는

1) [애]하고 시작하여 빠르게 [아]하여 /e/[애]와 /a/[아]가 섞인 하나의 음으로 보라. 2) 둘을 붙여 하나의 음을 발음하라는 뜻에서 '^' 부호를 쓴다.

Words :

	/a/	/ʌ/
첫 자 일 때	odd/ad/[안(으)] of.fer/άf.ər/[앟ㅍ'.어(어)ㄹ]	un.der/ʌ́n.dər/ [어^안'.드어(어)ㄹ] up/ʌp/[어^앞(으)]
가운데 일 때	bod/bad/[브안(으)] pon/pan/[프안]	bud/bʌd/[브어^안(으)] pun/pʌn/[프어^안]

Section 2 I /i/[이], E /i:/ [이이]

요령 :

–/i/는,

한글의 [이]음과 비슷할 뿐 [이]는 아니다. [에]로도 들린다. milk를 읽어 상대에게 [메을크]로 들렸다면 아주 좋은 발음이다.

Words :

	/i/	/i:/
첫 자 일 때	it/it/[잍(으)] ill/il/[이을]	eat/i:t/[이잍(으)] eel/i:l/[이이을]
가운데 일 때	hit/hit/[힡(으)] sit/sit/[스잍(으)]	heat/hi:t/[히잍(으)] seat/si:t/[스이잍(으)]
끝 자 일 때	none	ba.by/béi.bi:/[브애'이.브이이] cit.y/sɪ́t.i:/[스잍'.이이]

Section 3 O /a/[아], U /ʌ/[어^아]

요령 :

–/a/는 자연스럽게 입술을 동그랗게 하여 [아]하면 된다.

–/ʌ/는 [어]에서 [아]로 하여 하나의 음이 나와야 한다.

Words :

	/a/	/ʌ/
첫 자 일 때	odd/ad/[앋(으)] of.fer/ɑ́f.ər/[앟프'.어(어)르]	un.der/ʌ́n.dər/ [어^안'.드어(어)르] up/ʌp/[어^앞(으)]
가운데 일 때	bod/bad/[브앋(으)] pon/pan/[프안]	bud/bʌd/[브어^앋(으)] pun/pʌn/[프어^안]

Section 4 A /ei/ [애이], I /ai/[아이]

요령 :

–/ei/는 [애이]로, /ai/는 [아이]로 발음한다. 항상[애–]와 [아–] 에 힘을 준다.

Words :

	/ei/	/ai/
첫 자 일 때	ace/eis/[애이스] ate/eit/[애잍(으)]	ice/ais/[아이스] i.tem/[áit.əm/[아'잍.엄]
가운데 일 때	cane/kein/[크애인] lake/leik/[(을)래잌(으)]	high/hai/[하이] dime/daim/[드아임]
끝 자 일 때	pay/pei/[프애이] day/dei/[드애이]	pie/pai/[프아이] my/mai/[므아이]

Section 5 O /ou/ [오우], U /ju:/[이우우]

요령 :

(1) /ou/는 [오우]로, /ju:/는 [이우우]로 발음한다. [오–], [–우–]에 항상 힘을 주자.

(2) 약하게라도 [오우]에서 '[–우]'는 꼭 하자.

Words :

	/ou/	/ju:/
첫 자 일 때	old/ould/[오우을드] over/óu.vər/ [오'우.ㅎ브어(어)ㄹ]	u.nion/jú:.njən/ [이우'우.느이언] u.nite/ju:.náit/ [이우우.느아'잍(으)]

가운데 일 때	most/moust/[므오우스트] rose/rouz/[(어)로우ㅅ즈]	cube/kju:b/ [크이우웋ㅂ(으)] fume/fju:m/ [ㅎ프이우움]
끝 자 일 때	know/nou/[느오우] tow/tou/[트오우]	new/nju:/[느이우우] con.tinue/kən.tín.ju:/ [크언.트인'.이우우]

Section 6 AU, AW /ɔ/[오^어]

요령 :

(1) /ɔ/는 [오^어]로 발음한다.

(2) [오우]할 때의 [오]를 내는 입을 만든(소리는 내지 말 것)다음 아래턱을 밑으로 떨어뜨리면서 순간에 빨리 [오^어]로 둘을 붙여 발음한다.

(3) 이 음은 a, o, au, aw에서 나온다.

Words :

구분	첫 자 일 때	가운데 일 때
a	all/ɔl/[오^어을]	false /fɔls/[ㅎ프오^어을스]
o	off/ɔf/[오^엏ㅍ(으)]	long/lɔŋ/[(을)로^엉]
au	au.to/ɔ́t.ou/[오^얼'.오우]	be.cause/bi.kɔ́z/ [브이.코^어'ㅅ즈]
aw	awe.some/ɔ́.səm/[오^어'.스엄]	lawn/lɔn/[(을)로^언]

Section 7 OY, OI /ɔi/[오^어이]

요령 :

–/ɔi/는 [오^어이]로 발음한다. [오^어]로 시작하여 [이]하면 된다.

Words

	OY /ɔi/	OI /ɔi/
첫 자 일 때	oys.ter/ɔ́is.tər/ [오^어'이스.트어(어)ㄹ]	oil/ɔil/[오^어이을]
가운데 일 때	loy.al/lɔ́i.əl/ [(을)로^어이.어을]	point/pɔint/ [프오^어인트]

Section 8 U /u/[우], OO /u:/[우우]

요령 :

–/u/는 [우]와 [어]가 섞인 것 같은 음이다. [우]하면서 약하게 [어]를 발음하자.

–/u:/는 [우우]로 발음한다. /u/와 /u:/는 발음의 길이 외에 발음 자체가 다르다.

Words :

/u/	/u:/
foot/fut/[ㅎ프웉(으)]	food/fu:d/[ㅎ프우욷(으)]
full/ful/[ㅎ프우을]	fool/fu:l/[ㅎ프우우을]
pull/pul/[프우을]	pool/pu:l/[프우우을]

Section 9 All Vowels /ə/[어]

요령 :

(1) /ə/는 [어]로 읽으면 된다. '어머니'의 '어'와 가장 비슷한 표현이다.

(2) /ə/의 [어]는 특별한 입 모양을 만들지 않은 상태에서 입을 벌리면 나오는 음이다.

이는 한글의 [으]도 [어]도 아니라고 보자.

Words :

첫 자 일 때	가운데 일 때
a.lone/ə.lóun/[어.(을)로'운]	mel.o.dy/mél.ə.diː/ [므애'을.어.드이이]
u.pon/ə.pɑ'n/[어.프안']	hol.i.day/hál.ə.dèi/ [하'을.어.드애이]

Lesson 3 Consonants(자음)

Section 1 자음 읽기

원칙 :

(1) 알파벳 26개 중에 모음 5개를 제외한 21 letter가 자음에 속한다.

(2) 자음은 한글 "—" 위에 , ㅂ ㄷ ㅅ ㅇ ㅈ ㅊ ㅌ ㅋ 등을 올렸다고 보고 읽자.

예 : b/[브] d/[드] k[크]··· 등 발음부호표를 참고하자.

Words :

모음 연구에서 등장 되는 단어에서 자음의 표기 방법을 참조할 것.

Section 2 비슷한 자음의 비교

원칙 :

다음 자들은 비슷한 음과의 구별을 위한 학습의 편의상 만들어진 글이다. 이들은 한글 맞춤법에 맞지 않는다. 하나의 발음학습의 부호 같이 생각하자.

예 : b[브]/v[ㅎ브], f[ㅎ프]/p[프], th/ð/[ㅎ드]/th/θ/[ㅅ드], j/dj/[즈]/z/z/[ㅅ즈]

Words (1) : b[브] : v[ㅎ브]

	/b/	/v/
첫 자 일 때	bat/bæt/[브애^앝(으)]	vat/væt/[ㅎ브애^앝(으)]
가운데 일 때	rib.bing/rɪ́b.iŋ/ [(어)립'.잉]	liv.ing/lɪ́v.iŋ/ [(을)릥ㅂ'.잉]
끝 자 일 때	rib/rib/[(어)립(으)]	live/liv/[(을)릥ㅂ(으)]

Words (2) : f[ㅎ프] : p[프]

	/f/	/p/
첫 자 일 때	fine/fain/[ㅎ프아인]	pine/pain/[프아인]
가운데 일 때	of.fice/ɔ́f.is/ [오^엌프'.이스]	op.po.site/ɑ́p.ə.zit/ [앞'.어.ㅅ짙(으)]
끝 자 일 때	safe/seif/[스애잎프(으)]	shape/ʃeip/[쎠애잎(으)]

Words (3) : th/ð/[ㅎ드] : th/θ/[ㅅ드]

	/ð/	/θ/
첫 자 일 때	there/ðɛər/ [ㅎ드에어(어)ㄹ]	thank/θæŋk/[ㅅ드애^앙크]
가운데 일 때	weath.er/wéð.ər/ [우앻ㄷ'.어(어)ㄹ]	bath.tub /bǽθ.tʌ̀b/ [브애^앗ㄷ'.트어^압(으)]
끝 자 일 때	bathe/beið/ [브애잏ㄷ(으)]	bath/bæθ/[브애^앗ㄷ(으)]

Words (4) : g, j/dʒ/[즈] : z/z/[ㅅ즈]

	/dʒ/	/z/
첫 자 일 때	joke/dʒouk/ [즈오웈(으)]	zero/zî.rou/ [ㅅ즈이'이.(어)로우]
가운데 일 때	en.joy/en.dʒɔ́i/ [앤.즈오^어'이]	jazz.y/dʒǽz.i:/ [즈애^아ㅅ즈'.이이]
끝 자 일 때	dodge/dɑdʒ/[드아쥐]	jazz/dʒæz/[즈애^아ㅅ즈]

Section 3 L 음

요령 :

L음은 발음을 시작할 때는 혀가 입천장에 닿아서 시작하고 끝이 날 때는 혀가 입천장에 닿아야 한다. 입천장이 안쪽 일수록 좋다.

구체적인 발음

(1) 단어의 첫 자 일 때

"을"을 만드는 입을 만들고(소리는 내지 않는다. 아주 작은 소리는 좋다) 뒤에 오는 모음에 "ㄹ"을 붙여 발음한다.

예 : light/lait/[라일(으)]을 [(을)라일(으)]

(2) 단어의 가운데와 끝 일 때

"을"로 소리를 내며 혀가 입천장에 닿아야 한다.

예 : bolt/boult/[브오우을트] ⇒ (×)[브오울트], [브올트]

예 : bill/bil/[브이을] ⇒ (×)[브일], [빌]

Words :

첫 자 일 때	가운데 일 때	끝 자 일 때
light/lait/[(을)라일(으)]	bolt/boult/ [브오우을트]	bill/bil/[브이을]
lend/lend/[(을)랜드]	bleach/bliːtʃ/ [브을이이취]	mule/mjuːl/ [므이우우을]

Section 4 R 음

요령 :

R 음은 언제나 혀가 입안 어디에도 닿지 않아야 한다.

구체적인 발음

(1) 단어의 첫 자 일 때

혀가 입천장에 닿지 않게 '어'하는 입을 만들고 뒤에 오는 모음에

'ㄹ'을 붙여 글자를 만들어 단어를 읽는다. 소리 없는 '어'를 만들라는 뜻으로 '(어)'로 한다.

(2) 뒤에 자음이 오거나, 단어(음절)의 끝이 되는 경우

'어'하는 입이 된 체 떨면서 '어'에 'ㄹ'이 따라 나오는 것 같이 혀를 진동시켜 '(어)ㄹ'로 한다.

Words :

첫 자 일 때	가운데 자 일 때	끝 자 일 때
right /rait/ [(어)라잍(으)]	bort/bɔrt/ [브오^어(어)ㄹ트]	beer/biər/ [브이어(어)ㄹ]
rend/rend/ [(어)랜드]	breach/bri:tʃ/ [브(어)리이취]	mure/mjuər/ [므이우어(어)ㄹ]

알아둘 것 : 모음 다음에 오는 R의 발음법

ar/ɑr/[아(어)ㄹ]

or/ɔr/[오^어(어)ㄹ]

er/ər/[어(어)ㄹ] ir/ər/[어(어)ㄹ] ur/ər/[어(어)ㄹ]

* 단, ar, or이 두 음절이상 단어에서 강세 없는 음절에 속할 때 /ər/[어(어)ㄹ]가 된다. 미국인 중 영국계의 나이가 많은 사람들은 er/ər/[애어(어)ㄹ] ir/ər/[이어(어)ㄹ]로 읽는 사람도 많다.

Section 5 G /g/[그]

요령 :

/g/는 [그]로 발음하고 한글 토는 [ㄱ/그]로 한다.

원칙 :

g는 뒤에 a, o, u가 오면 /g/가 되고, e, i, y가 오면 /ʤ/로 발음된다.

* get 같은 예외가 있다.

Words : g/g/[그], g/ʤ/[즈]

a, o, u와 같이 - g/g/[그]	e. I. y와 같이 - g/ʤ/[즈]
gap/gæp/[그애^앞(으)]	gen.tle/ʤén.tl/[즈앤'.트을]
go/gou/[그오우]	gin.ger/ʤín.dʒər/[즈인'.즈어(어)ㄹ]
gut/gʌt/[그어^앝(으)]	gym/ʤim/[즈임]

Section 6 J /ʤ/[즈]

요령 :

(1) /ʤ/는 [즈]로 발음하고 한글 토는 [즈/쥐]로 표기한다.

(2) 정확히 [즈]나 [쥐]는 아니다. 그렇게 들리게 하라는 것이다.

원칙 :

(1) /ʤ/는 J 와 ge. gi. gy 에서 나온다.

(2) get/get/[겥] 같이 ge가 /g/으로 발음되는 예외도 있다.

(3) gi- 에서는 /g/도 /ʤ/도 난다.

Words :

첫 자 일 때	가 운 데 일 때	끝 자 일 때
joke/dʒouk/ [즈오웈(으)]	gin.ger/ʤín.dʒər/ [즈인'.즈어(어)ㄹ]	page/peidʒ/ [프애이쥐]
gym/ʤim/ [즈임]	mag.ic/mǽdʒ.ik/ [매^앚'(으).잌(으)]	col.lege/kάl.idʒ/ [크아'을.이쥐]

알아둘 것

(1) J는 단어의 끝에 오지 않는다.

(2) 발음부호와 해당 알파벳 모양이 서로 같지 않은 것 5개(C, J, Q, X, Y) 가 있다.

C는 /k/, /s/로,

J는 /ʤ/로, Q,는 /k/로,

X는 단어에 따라 다르다.

Y는 /j/로도 되고, 모음일 때는 세 가지(/i/, /iː/, /ai/)로 된다.

Section 7 C, CK, K /k/[크/ㅋ]

요령 : /k/는 [크]로 발음하고 한글 토는 [크/ㅋ]로 표기한다.

원칙 :

(1) C가 뒤에 A, O, U가 오면 /k/음이 난다.

예 : cap, cop, cup

(2) C가 뒤에 E. I, Y가 오면 /s/ 음이 난다.

예 : cent, city, cycle

(3) C가 한 음절의 끝이거나, 한 단어의 끝이면 /k/음이 난다.

예 : picnic

(4) CL, Cr, Chr은 /k-/음으로 시작한다.

예 : clean, crown, christmas,

(5) CK, K에서 /k/ 음이 나온다. 예 : kick, pick, Korea

(6) 이런 /k/음도 한 음절의 끝에 오면 앞 모음의 받침으로 붙인다.

Section 8 Y 음

요령 :

Y는 위치와 앞뒤에 자, 모음이 오는가에 따라 아래와 같이 발음을 달리 한다.

원칙 :

(1) /j/ : 모음의 앞에 올 때 자음으로 발음이 난다.

(2) /i/ : 자음 사이에 있을 때 모음으로 발음이 난다.

(3) /iː/ : 두 음절 이상 단어로 강세가 없을 때 모음으로 발음이 난다.

(4) /ai/ : 단어의 끝에 오면서 강세가 오는 경우와 단음절 단어에서 자음의 뒤에 올 때 모음으로 발음이 난다.

Words :

(1) /j/	(2) /i/	(3) /iː/	(4) /ai/
year/jiər/ [이이어(어)ㄹ]	plym.outh/plím.əθ/ [프을임'.엇ㄷ(으)]	ba.by/béi.biː/ [브애'이.브이이]	my/mai/ [므아이]
yes /jes/ [이애스]	o.lym.pic /ou..lím.pik/ [오우.(을)림'.프익(으)]	cit.y/sít.iː/ [스읻'.이이]	ap.ply/ə.plái/ [어.프을아'이]
yell/jel/ [이애을]	gym/ʤim/ [즈임]	stud.y/stʌ́d.iː/ [스트어^앋'이이]	mod.i.fy/mɑ́d.ə.fài/ [므앋'.어.ㅎ프아이]

Lesson 4 Digraph(2자 1음 및 기타)

Section 1 NG /ŋ/[ㅇ], /ŋg/[ㅇ그]

요령 :

(1) /ŋ/은 [응]이라고 발음하고, 한글 토는 [ㅇ]으로 한다.
(2) /ŋg/은 [응그]로 발음 한다.

원칙 : /ŋ/와 /ŋg/는 둘 다 NG에서 나온다.

(1) ng가 단어의 끝에 올 때 /ŋ/[ㅇ] : king/kiŋ/[크잉]
(2) ng가 단어의 가운데 올 때 /[ㅇ그] : Eng.lish /íŋ.gliʃ/[잉'.그을이씨]

알아둘 것 :

– 아래에서 NG의 발음이 어떤 것은 /ŋ/으로, 어떤 것은 /ŋg/으로 발음 되는가 살펴보자.

아래의 것이 원칙이라 보긴 어려워도 재미있는 현상이 일어난다.

예의 단어들 :

fin.ger /fíŋ.gər/ ➜ 원래의 단어
ring.er/ríŋ.ər/ ➜ ring(동사)이 ringer(명사)로 바뀐다.
sing.er/síŋ.ər/ ➜ sing(동사)이 singer(명사)로 바뀐다.
young.er/jʌ́ŋ.gər/ ➜ young(형용사)가 품사의 변화 없이 younger(비교급)로 바뀐다.
long.er/lɔ́:ŋ.gər/ ➜ long(형용사)가 품사의 변화 없이 longer(비교급)으로 바뀐다.

Section 2 NK /ŋk/[응크]

요령 : /ŋk/는 [응크]로 발음하고 한글 토를 표기한다.

원칙 : /ŋk/는 NK에서 나온다.

예 : think.ing/θíŋ.kiŋ/[스드잉'.크잉], think/θiŋk/[스드잉크], pink.ish/píŋ.kiʃ/[프잉'.크이쉬]

Section 3 CH /tʃ/[츠/ㅊ/취]

요령 :

(1) /tʃ/는 [츠]라 발음하고 한글 토는 [츠/ㅊ/취]로 한다.

(2) /tʃ/는 뒤에 오는 글자(자음, 모음)에 따라 [츠/ㅊ/취]이 적용된다.

원칙 : /tʃ/는 CH, TCH에서 나온다.

(1) ch가 단어의 첫 자일 때 [츠] : chick.en/tʃík.in/[츠익'.인]

(2) ch가 단어의 가운데 일 때

a) 뒤에 모음이 오면 [ㅊ] : watch.er/wátʃ.ər][우앚'.어(어)ㄹ]

b) 뒤에 자음이 오면 [취] : watch.ful/wátʃ.fəl/[우아'취.ㅎ프어을]

(3) ch가 단어의 끝 자이면[취] : couch/kautʃ/[크아우취]

Section 4 SH /ʃ/[셔/쉬]

요령 :

/ʃ/는 [셔]라 발음하고, 한글 토는 [셔/쉬]로 표기한다.

원칙 : /ʃ/는 SH에서 나온다.

(1) sh가 단어의 첫 자일 때 [셔] : ship/ʃip/[셔잎(으)]

(2) sh다음에 모음이 오면[셔] : wash.er/wάʃ.ər/[우아′셔.어(어)ㄹ]

(3) sh다음에 자음이 오면[쉬] : wash.hand/wάʃ.hæ̀nd/[우아′쉬.해^안드]

(4) sh가 단어의 끝 자이면[쉬] : wash/wɑʃ/[우아쉬] 또는 [우아씨]

예외 : 다음과 같은 단어에서도 /ʃ/음이 난다.

-su : sure/ʃuər/ -cea : o.cean/óu.ʃən/

-sion : ten.sion/ te′n.ʃən/

-ss : tissue/tíʃ.uː/ -cia : so.cial/sóu.ʃəl/

-chine : ma.chine /mə.ʃíːn/

Lesson 5 기타 발음 연구

Article 1 Intonation (억양)

어떤 문장에서 일정 부분은 그 소리가 높아지거나 낮아져야 하는 경우가 있다. 이것을 억양이라고 한다.

(1) 서술문

This is a book. / This가 올라간다.

(2) 의문문

1) Is this a book ? / book에서(문장의 끝이) 올라간다.
대답이 yes, no로 끝이 나는 의문문은 뒤가 올라간다.

Yes, it is.　No, it is not.

문장의 처음과 부정부분이 올라간다.

2) Do you have a book? / book에서 (문장의 끝이)올라간다.
대답이 yes, no로 끝이 나는 의문문은 뒤가 올라간다.

Yes, I do.　　No, I do not.

문장의 처음과 부정부분이 올라간다.

3) What is this?
대답이 yes, no가 아닌 구체적인 답이 요구되는 의문문은 앞이 올라간다.

It is a book.

대답이 yes, no가 아닌 구체적인 답을 하는 서술문은 앞이 올라간다.

* 의문사(what)와 끝 단어의 높이가 같을 수도 있다.

(3) 부정문 : 부정부분에 힘을 준다.

I am not your friend.

I don't like her.

(4) 전화 번호 :

(503) 688 - 9627 ⇒ 5, 6, 9에서 올라가고 3, 8, 7에서 내려간다.

* 처음에 올라가고, 끝 자는 내려간다.

Article 2 can과 can't의 발음

- 아래 밑줄 친 부분에 힘을 준다 -

예 :

I can understand you.

I can't understand you.

Can you play with us ?

Yes, I can. No, I can't.

* can't는 can과 구별하기 힘이 드는 경우가 많다. 이 경우는 can't는 줄이지 말고 can not으로 발음하면 정확히 알아듣는다.

Article 3 겹친 동일 음 묵음처리

단어의 끝이 뒤 단어의 앞 자와 동일한 음이 나면, 앞의 것은 묵음으로 함.

I want to go somewhere to rest myself. ~t는 묵음이 된다.

Article 4 축약 단어의 발음

둘 또는 세 개의 단어가 하나의 단어로 줄여서 발음이 될 때

예 :

I will = I'll /ai−l/ ⇒ /al/[아'어을]
He will = He'l /hi:−l/ ⇒ /hi−l/[히'을]
I have been = I'v been /a'i v bin/[아'잉ㅂ 브인]
She has = She's /ʃi:z /[셔이'ㅅ즈]
I had(would) like = I'd like /aid la'ik/[아'읻 (을)라'잌(으)]

Article 5 have to ~

예 :

ought to /ɔt tu/ ⇒ /ɔ'.ra/[오^어'. 라]
have to /hæv tu ⇒ /hæ'f. tə/[해^앟ㅍ'(으). 트어]
want to /wɔ:nt tu/ ⇒ wan.na /wa'n.a/ [우안'.아]
going to /go'u.iŋ tu/ ⇒ gon.na /go'.na/ [그오우'.나]
got to /gàt tu/ ⇒ got.ta /gà't.ə/[그앝'.어]

Article 6 강세 없는 음절의 약화 또는 묵음

두 음절 이상 단어에서 강세가 오지 않는 음절의 약화 또는 묵음처리 fam.i.ly/fǽm.ə.li:/[ㅎ프애^암'.어.(을)리이] ⇒ /fǽm.ə.li:/[ㅎ프애^암'.*어*.(을)리이]로 한다.

a.bout/ə.báut/[어.브아'웉] ⇒ /ə.báut/[어.브아'웉(으)]

be.cause/bi.kɔ́z/ ⇒ 'cause/kɔz/[크오^어ㅅ즈]

* 단 이렇게 쓰이고 있다는 것을 알아야 들리기 때문에 여기에 소개를 하는 것이다. 독자는 이렇게 따라 할 필요는 없다.

Article 7 다른 모음 두 개가 붙어 있을 때

원칙 : 한 음절 단어 ⇒ 앞 모음은 길게 하고 뒤 모음은 묵음이 된다.

예 : team /tiːm/, boat /bout/, know/nou/

예외 : 두 음절 이상 단어 ⇒ 앞 모음은 길게 뒤 모음은 약음으로 한다. 이 때 장음이 나는 곳에 강세를 준다.

예 : lion /lái.ən/, Korea /kə.ríː.ə, 또는 kou.ríː.ə/, idea /ai.díː.ə/, Goliath /gə.lái.əθ/

Article 8 규칙 변화 과거형 동사의 ed 발음

규칙적으로 변화되는 과거형 동사에서 단어 끝의 "-ed" 발음법.

〈세 가지〉

1. [트]/t/로 발음 하는 경우

현재형 단어의 끝 발음이 다음과 같을 때

1)/k/, 2)/f/, 3)/p/, 4)/s/, 5)/tʃ/, 6)/ʃ/, 7)/θ/ ⇒ 7개

발음의 예	현 재 형	과 거 형
/k/	park/park/ [프아(어)ㄹ크]	parked/parkt/ [프아(어)ㄹ크트]
/p/	stop/stap/ [스트앞(으)]	stopped/stapt/ [스트앞(으)트]
/t/	watch/watʃ/ [우아취]	watched/watʃt/ [우아취트]

2. [읻]/id/로 발음하는 경우

현재형 단어의 끝 발음이 다음과 같을 때

발음 부호: 1)/t/, 2)/d/ ⇒ 2개

발음의 예	현 재 형	과 거 형
/t/	crowd/kraud/ [크(어)라욷(으)]	crowd.ed/kra'ud.id/ [크(어)라'욷.읻(으)]
/d/	count/kaunt/ [크아운트]	count.ed/ka'un.tid/ [크아'운.트읻(으)]

3. [드]/d/로 발음하는 경우

현재형 단어의 끝 발음이 위의 1, 2를 제외한 다른 발음이 날 때.

발음부호: 1)/v/. 2)/m/, 3)/n/ 등 기타

발음의 예	현 재 형	과 거 형
/v/	love/lʌv/ [(을)러^앟ㅂ(으)]	loved/lʌvd/ [(을)러^앟ㅂ드]
/m/	bomb/bam/[브암]	bomb.ed/bamd/ [브암드]
/n/	men.tion/me'n.ʃən/ [므앤'.쎠언]	men.tioned/me'n.ʃənd/ [므앤'.쎠언드]

* 이상과 같은 단어라도 형용사로 쓰일 경우는 그 발음이 달라진다.

Article 9 T의 발음

(1) T 가 모음사이에 있으면서,

1) 뒤 모음에 강세가 오면 [t/ㅌ]으로 정확히 발음한다.

* ho.tel/hou.tél/[호우.트애'을]

2) 앞 모음에 강세가 오면 [t/ㅌ]음을 앞의 모음의 받침으로 붙여 읽는다.

* po.ta.to/pə.téit.ou/[프어.트애'잍.오우]

3) 앞, 뒤 모음에 강세가 없으면 [ㄷ] 으로 해도 좋다.

* a.bil.i.ty/ə.bíl.ə.ti:/[어.브이'을.어.트이이]를 — [어.브이'을.어.드이이]로

(2) T가 "n" 다음에 오면 묵음 또는 약하게 한다.

1) T가 n 다음에서 단어의 끝에 올 때 반드시 [t/ㅌ]을 약하게라도 낸다. * cent/sent/[스앤트]

2) T가 n 다음에서 뒤에 모음이 올 때 약음이나 묵음으로 해도 좋다. * cen.ter/sén.tər/ [스앤'.트어(어)ㄹ] 또는 [스앤'.어(어)ㄹ]

(3) T가 "모음 + r + t + 모음"일 경우,

1) 앞 음절에 강세가 오면, t 음을 하지 않아도 좋다.

* par.ty/pá:r.ti:/[프아'(어)ㄹ.트이이]를 ⇒ [프아'(어)리이]로

2) 뒤 음절에 강세가 오면, t 음이 정확히 나온다.

* car.toon/kɑr.tú:n/[크아(어)ㄹ.트우'운]

(4) T가 "모음 + r + t + 자음"일 경우 t 음이 정확히 난다.

* car.tridge/kár.tridʒ/[크아'(어)ㄹ.트(어)리쥐]

(5) T가 S 다음에 있고 뒤에 자음이 올 때, T가 발음되지 않는다.

* bus.tle /bʌ́s.əl/ n. 큰 소동, 혼잡. v. 크게 소동하다; 떠들며 다니다.
* Christ.mas /krís.məs/ n. 크리스마스, 성탄절
* must /mʌst, 약하게 məst/ 에 not 가 붙어 두 자의 간약형이 되면 must.n't /mʌ́s.nt/ ⇒ 앞의 /t/ sound가 없어진다.

(6) T가 접두어(prefix) "inter-".에서 T는 발음하지 않는다(물론 비공식 회화에서).

* In.ter.nat.ion.al /ín.tər.nǽ.ʃən.əl/ a. 국제(상)의, 국제적인, 만국의, 국제간에 정해진
* in.ter.net /ín.tər.nèt/ n. 인터넷 (전자 우편 서비스, 한 국제적 컴퓨터 네트워크)

(7) 비공식 회화에서, 한 단어의 끝에 있는 T가 자음들 사이에 끼면 T를 발음 하지 않는 경우가 있다.

* Ac.cepts /ək.séps/ v. 받아들이다, 수납하다, (초대·제안·구혼 따위를) 수락하다
* tests /tess/ v. (순도·성능·정도 따위를) 검사[시험]하다, 테스트하다, ~를 판단하다
* 만일 t가 s사이에 끼이게 되면(rests, tests) t는 죽이고 s는 좀 더 길게 발음한다.

그래서 발음부호에 /--ss/로 하였다.

(8) T가 자음 뒤에 오면서 단어의 끝에 올 때, 뒤에 오는 단어가 자음으로 시작하면 앞 단어의 T를 발음 하지 않는 경우가 있다.

- What's the worst job in the world? — no /t/

(세상에서 가장 나쁜 직업이 뭐지?)

* worst job ⇒ /wərs dʒɑb/

- She kept shopping. — no /t/

(그녀는 쇼핑을 계속하였다.)

* kept shopping ⇒ / kep' ʃάpiŋ /

첨부 : Mr. Park's 미식영어발음부호표

* 기본모음 : A/에이 E/이이 I/아이 O/오우 U/이유우

가 : Vowels/모음	나 : Consonants/자음	다 : Digraph/2자 1음 및 기타
1. /æ/[애^아] Ă	17. /b/[브/ㅂ] =b	35. /ŋ/[ㅇ] =ng
2. /e/[애] Ĕ	18. /d/[드/ㄷ] =d	35. /ŋg/[ㅇ그] =ng
3. /i/[이] Ĭ	*19. /f/[ㅎ프/ㅎㅍ]=f,ph	36. /ŋk/[ㅇ크] =nk
4. /a/[아] Ŏ	20. /g/[그/ㄱ] =g	*37. /tʃ/[츠/ㅊ/취] =ch,tch
5. /ʌ/[어^아] Ŭ	*21. /h/[ㅎ] =h	*38. /ʃ/[쌰/쒸] =sh
6. /ei/[애이] Ā	22. /dʒ/[즈/ㅈ/쥐] =j	39. /ð/[ㅎ드/ㅎㄷ] =th
7. /iː/[이이] Ē	*23. /k/[크/ㅋ] =c,ck	*40. /θ/[ㅅ드/ㅅㄷ] =th
8. /ai/[아이] Ī	24. /l/[(을)ㄹ/을] =l	41. /ʒ/=/dʒ/와 동음 =su,si
9. /ou/[오우] Ō	25. /m/[므/ㅁ] =m	
10. /juː/[이우우] Ū	26. /n/[느/ㄴ] =n	" ^ ": 둘을 붙이는 발음 표시
11. /ɛ/ = /e/와 동음	*27. /p/[프/ㅍ] =p	번호 앞 " * "는 무성음 표시
12. /ɔ/[오^어] au, aw, a, o	28. /r/[(어)ㄹ] =r	
13. /ɔi/[오^어이] oi, oy	*29. /s/[스] =s	No 1~5 = 단음
14. /u/[우] oo, u	*30. /t/[트/ㅌ] =t	No 6~10= 장음
15. /uː/[우우] oo	31. /v/[ㅎ브/ㅎㅂ] =v	
16. /ə/[어] 모든 약 모음	32. /w/[우] =w	
	33. /j/[이] =y	
	34. /z/[ㅅ즈] =z	

※ 부호표 해설

(1) Ă, Ĕ 등은 이 모음이 단음(短音/short sound)이 난다는 표시이다.

(2) Ā, Ē 등은 이 모음이 장음(長音/long sound)이 난다는 표시이다.

(3) 12. /ɔ/[오^어]는 a, o, au, aw에서,
13. /ɔi/[오^어이]는 oi,oy에서 발음이 난다는 표시.
* 14, 15도 같은 경우이다.

(4) 17. /b/[브/ㅂ]는 [브]는 단어의 앞에서 읽고, [ㅂ]은 단어의 끝에서 앞 모음의 받침으로 붙여 읽는다. 17~19, 22~27, 30, 31, 39, 40도 같은 경우이다.

21. /h/[ㅎ]은 언제나 뒤의 모음에 붙여 읽는다.

22. /dʒ/[즈/ㅈ/쥐]는 단어의 첫 자이면 [즈]로, 단어의 가운데 있으면서 뒤에 모음이 오면 앞 모음의 받침으로 붙여 [ㅈ]로, 자음이 오거나, 단어의 끝 자이면 [쥐]로 읽는다.

＊ 37. /tʃ/[츠/ㅊ/취]도 22와 같은 경우이다.

24. /l/[(을)ㄹ/을]은 단어의 첫 자일 때 뒤의 모음에 [(을)ㄹ]을 붙여 읽고, 단어의 가운데나, 끝 자일 때는 [을]로 발음한다.

28. /r/[(어)ㄹ]은 단어의 첫 자일 때 뒤의 모음에 [(어)ㄹ]을 붙여 읽고, 뒤에 자음이 오거나, 단어의 끝자일 경우 [(어)ㄹ]로 읽는다.

29. /s/[스]는 언제나 어디서나 [스]로 읽는다.

＊ 32~34 도 같은 경우이다.

35. /ŋ/[ㅇ]는 ng가 단어의 끝에 오는 경우이다. 언제나 [o]로 발음한다.

35. /ŋg/[ㅇ그]는 ng가 단어의 가운데 올 때이다. [o]은 앞 모음에 붙이고, [그]는 뒤에 오는 글자 앞에 둔다.

＊ 36. /ŋk/[ㅇ크]도 같은 경우이다.

38. /ʃ/[셔/쉬]는 단어의 첫 자나 뒤에 모음이 오면 [셔]로, 끝 자나 뒤에 자음이 오면 [쉬]로 읽는다.

(5) 자음에서 "그, 브, 드, 즈 …" 등은 정확히 발음하면 맞지 않다. 이는 "거, 버, 더, 저…" 등이 될 수도 있다. 둘 다 정확한 음은 될 수가 없다. 다만 가장 비슷하다고 생각 되어 학습 편의상 그렇게 하였다. 이 음을 얼마나 정확히 원음과 같이 내는가 하는 것이 가장 큰 관심사이다. 여러분 스스로 만들어야 한다.

(6) " ＊ "표 9개는 무성음이다.

무성음이란 음의 끝이 여운이 없이 끊어진다.

예 : 양 귀를 막고 S와 Z를 번갈아 소리를 내어보자. S=무, Z=유 (메아리 같이 울림)

왜 필요한가?

한 음절에서 무성음으로 끝이 나는 단어는 끝을 딱 끊어 읽고, 유성음은 앞의 모음을 약간 길게 읽는다.

즉, cot, cod를 발음해 보면,

cot /kat/[크앝(으)] ➜ [크앝(으)]로 끌지 말고 딱 끊는다.

cod/kad/[크앋(으)] ➜ [크아앋(으)]로 앞의 모음을 약간 길게 읽는다.

＊ 한글에서,

말/horse 은 "말"로 읽고

말/language을 읽을 때는 "마알"로 읽는 것과 같이 읽자.

위의 토는 CD를 많이 듣고 여러분 자신이 거기에 맞는 글자를 만들어도 상관이 없다.

<참고(1)> : 영어단어 구분(Vowel/모음, Consonant/자음).

1. 단음절 단어 (Short Word)
   가) 자음(C) + 모음(V) ➜ 모음은 장음이 된다.
   나) 모음(V) + 자음(C) ➜ 모음은 단음이 된다.

   * 주의 : 자음은 두 개가 겹쳐 있어도 좋으나 모음은 반드시 하나이어야 한다.
     예 : and /ænd/
2. 한 음절 단어 (One Syllable Word)
   가) 자음(C) + 모음(V) + 자음(C)
      ➜ 모음은 단음이 된다.
   나) 자음(C) + 모음(V) + 자음(C) + e
      ➜ 모음은 장음이 된다.

   * 주의 : 자음은 두 개가 겹쳐 있어도 좋으나 모음은 반드시 하나이어야 한다.
     나)에서 단어의 끝은 반드시 'e'가 와야 한다.
3. 두 음절 이상 단어는 단음절 단어 또는 한 음절 단어가 붙어 길어진 것이다.

<참고(2)> : 부정관사 a와 an의 발음

1. 자음으로 발음이 시작되는 말 앞에서는 a :
   a pen /ə pén/ a 2 /ə tu:/
2. 모음으로 발음이 시작되는 말 앞에서는 an /
   an egg / ən ég/, an only child /ən óun.li:-ʧáild/, an 8 /eit/.
3. 모음으로 시작되어도 발음이 j, w인 경우 a를 쓴다.

a one/wʌn/, a European /jùə.rə.pí:.ən/, a ewer /jú:.ər/ a useful /jú:s.fəl/

다만, an을 쓰는 경우도 있다.

4. 발음되지 않는 'h + 모음'으로 시작되는 말에는 an을 쓴다:
   an hour /áuər/ an honest /ɑ́n.ist/ –boy.
5. h를 발음하는 경우엔 a를 쓴다:
   a hot /hat/ day.
6. h가 발음되어도 그 음절에 악센트가 없을 때는 an을 쓰는 일도 있지만, 일반적으로는 a를 쓴다.
   a(n) hotel /hou.tél/, a(n) historian /his.tɔ́:r.i.ən/
7. 각각 발음되는 약어에서 첫 자가 모음으로 시작되면 an을 씀: an MP / an SOS.

<참고(3)> : 정관사 the의 발음

1. the 는 뒤에 오는 단어의 첫 자가 자음으로 발음되면 ➜ ðə
2. the 는 뒤에 오는 단어의 첫 자가 모음으로 발음되면 ➜ ði 로 발음한다.

예 : the book / ðə – buk /[ㅎ드어 – 브욱(으)]
　　the old / ði –ould/[ㅎ드이 – 오우을드]

Part V
866 미니사전

이 책에 등장되는 800 여개 단어들을 미식발음 기준으로 수록하였다.

알아둘 사항들 :

1. 두 음절 이상 단어는 단어와 발음부호를 음절별로 구분 하였다.
2. 모든 단어엔 한글 토가 달려있다.
3. 한글 토 역시 음절별로 구분이 되어 약 음절과 [(을)(어)(으)]는 글자를 작게 표기하였다. * Part 4에서 (을)은 L, (어)는 R을 참고하자.
4. 위의 사항들을 제외하고는 일반 시중의 영한사전의 편집방식과 같다.
5. 읽을 때 주의사항

   (1) 띄어서 읽자!

   한글 토의 글자 간에 점이 있으면 이는 음절을 구분 한 것이다. 띄어서 읽자!

   (2) 글자의 크기에 따라 음의 높낮이를 달리하자!

   한글 토에서 글자의 크기가 서로 다른 것이 있다. 이는 강음절과 약 음절의 차이다.

   (3) 한글 토를 붙여서 줄여 읽지 말고 있는 대로 다 읽어야 한다.

   예: (○)그을-(×)글

6. 한글 토 "(으)"를 붙이는 이유 :

이는 앞 모음의 받침으로 쓰인 자음을 원음에 가깝게 표현하기 위한 방편으로 쓰였다. 소리는 내지 말고 입만 그렇게 만들자.

* Part Ⅳ의 발음법을 많이 읽고 참고하자.

A

a /ei. ə/[애이. 어] indef. art. 하나의 * indef. art : 부정관사

a.bout /ə.báut/[어.브아´웉(으)] prep. ~에 대[관]하여. ~경(에), ~(때)쯤, ~의 근처[부근]에, (건물 등의) 안 어디엔가, ~의 둘레[주변]에, ~을 에워싸고

a.bove /ə.bʌ́v/[어.브어^앟ㅂ´(으)] ad. 위쪽에[으로], 위에[로], 머리 위에[로], 하늘에[로], (지위·신분상) 상위에[로], (수량이) ~이상으로, (책 따위의) 앞에
 -prep. 「공간적」 ~의 위(쪽)에 [SYN.] ⇨ ON, 「지리적」 보다 멀리 「초과」, ~이상인[으로], 「우월」 ~보다 뛰어나

a.broad /ə.brɔ́d/[어.브(어)로^엏´(으)] ad. 외국으로[에], 해외로[에]

a.cross /ə.krɔ́s/[어.크(어)로^어´스] ad. 가로 건너서[질러서], 저쪽에[까지], 건너서, 지름으로, 열십자로 교차하여

ad.dress /ə.drés/[어.드(어)래´스] n. 주소

ad.vice /əd.váis/[엏(으).ㅎ브아´이스] n. 충고, 조언, 전문가의 의견

af.ter /ǽf.tər/[애^앟ㅍ´.트어(어)ㄹ] ad. 뒤[후]에, 다음에, 늦게, 뒤쳐져서

af.ter.noon /æ̀f.tər.núːn/[애^앟ㅍ`.트어(어)ㄹ.느우´운] n. 오후(정오에서 일몰까지)

a.gain /ə.gén/[어.그앤´] ad. 다시, 또, 다시[또] 한번

a.gainst /ə.génst/[어.그앤´스트] prep. ~을 향하여, ~에 대해서,~에 부딪치어, ~와 마주 대하여, ~에 대비(對比)하여, ~에 기대어서, ~에 반대하여

age /eidʒ/[애이지] n. 나이, 연령, 햇수, 연대
 -v. (p., pp. aged [eidʒd]; ag(e)ing) 나이 들다, 늙다, 노화하다

a.go /ə.góu/[어.그오´우] a., ad. (지금부터) ~전에, 거금(距今) [cf.] before

a.gree /ə.gríː/[어.그(어)리´이] v. (p., pp. ~d [-d]; ~ing) 동의하다, 승낙하다

a.head /ə.héd/[어.햳´(으)] ad. 전방에[으로], 앞에[으로], 「시간적」 앞에
 -a. 가는 쪽[앞]에 있는, 유리한 지위[입장]에 있는

ain't /eint/[애인트] am not, are not, is not, have not, has not의 간약형

air /ɛər/[에어(어)ㄹ] n. 공기, (the ~) 대기, 하늘, 공중

air.plane /ɛ́ər.plèin/[에´어(어)ㄹ.프을애`인] n. 비행기

air.port /ɛ́ər.pɔ̀rt/[에´어(어)ㄹ.프오^어`(어)ㄹ트] n. 공항

all /ɔl/[오^어을] a. 모든, 전부의, 전체

al.low /ə.láu/[어.(을)라´우] v. 허락하다, 허가하다(permit)

al.most /ɔ́l.moust/[오^어´을.므오우스트] ad. 거의, 거반, 대체로

al.ong /ə.lɔ́ŋ/[어.(을)로^엉'] prep. ~을 따라, ~을 끼고 [SYN.] ⇨ ACROSS, ~동안에, ~하는 도중에

−ad. 따라, (따라) 쭉, 전방으로, 앞으로

al.ready /ɔl.réd.i:/[오^어을.(어)랟'.이이] ad. 이미, 벌써

al.so /ɔ́l.sou/[오^어'을.스오우] ad. ~도 또한, 역시

al.ways /ɔ́l.weiz/[오^어'을.우애이ㅅ즈] ad. 늘, 언제나, 항상

a.m., A.M. /éi.ém/[애'이.앰] 오전(ante meridiem ((L.) (=before noon)의 간략형))

am /æm/[애^암] v. BE의 1인칭·단수, 현재 ~이다, ~있다

A.mer.i.ca /ə.mér.i.kə/[어.므애'.(어)리.크어] n. 아메리카(합중국)(the United States), 미국

a.mong /ə.mʌ́ŋ/[어.므어^앙'] prep. ~의 사이에(서), ~에 둘러[에워]싸여, (패거리·동료·동류) 중의 한 사람으로[하나로], ~의 가운데에(서)

an /æn, ən/[애^안, 언] ⇒ 부정관사 a 와 같음. 단, an은 다음에 오는 단어가 모음으로 읽어질 때 쓰임. 예 : an egg, an apple

an.gry /ǽŋ.gri:/[애^앙'.그(어)리이] a. (angrier; −iest) 성난, 화를 낸

an.i.mal /ǽn.ə.məl/[애^안'.어.므어을] n. 동물(인간까지 포함시켜)

an.other /ə.nʌ́ð.ər/[어.느어^앟ㄷ'.어(어)ㄹ] a. 다른 하나의, 또 하나[한사람]의

an.swer /ǽn.sər/[애^안'..스어(어)ㄹ] n. 대답, 회답, (응)답 [cf.] reply, response

an.y /én.i:/[앤'.이이] a. 무언가의, 얼마간의

an.y.bod.y /én.i:.bɑ̀d.i:/[앤'.이이.브앋`.이이] pron. 누군가, 누가, 누구[아무]라도(든지)

any.one /én.i:.wʌ̀n/[앤'.이이.우어^안`] pron. 「부정문에서」 누구도, 아무도. 「의문문·조건절에서」 누군가. 「긍정문에서」 누구[아무]라도

any.thing /én.i:.θìŋ/[앤'.이이.ㅅ드잉`] pron. 무언가, 아무 것도, 무엇이든[나]

any.where /én.i:.hwɛ̀ər/[앤'.이이.우에`어(어)ㄹ] ad. 어디에[라]도, 어디엔가, 어디(에)나

a.part.ment /ə.pɑ́rt.mənt/[어.프아'(어)ㄹ트.므언트] n. 아파트, (공동 주택 내의 한 가구분의 구획) * ~ building (아파트 빌딩)

ap.ple /ǽp.l/[애^앞'.을] n. 사과

ap.point.ment /ə.pɔ́int.mənt/[어.프오^어'인트.므언트] n. 지명, (회합·방문의) 약속

A.pril /éi.prəl/[애'이.프(어)러을] n. 4월(略: Ap.; Apr.)

are /ɑr/[아(어)ㄹ] v. BE의 직설법 현재 2인칭 단수, BE의 직설법 현재 복수

a.round /ə.ráund/[어.(어)라'운드] ad. 주위에[를], 주변[근처·일대]에, 사방에[으로], 빙(둘러싸다 따위), (미국구어) (홱) 돌아서, (구어) 여기저기에

ar.riv.al /ə.ráiv.əl/[어.(어)라´잉ㅂ.어을] n. 착, 도달, 등장, 도착자[물]

ar.rive /ə.ráiv/[어.(어)라´잉ㅂ(으)] vi. 도착하다, 닿다, (어떤 연령·결론·확신 따위에)도달하다, (시기가) 도래하다, 오다

as /æz/[애^아ㅅ즈] ad. ~만큼, 같을 정도로, 예(例)를 들면, ~와 같은, ~같이

A.sia /éi.ʃə/[애´이.쎠어] n. 아시아

a.side /ə.sáid/[어.스아´읻(으)] ad. 곁에[으로], 떨어져서, ~은 따로 하여, ~은 제쳐놓고

ask /æsk/[애^아스크] vt. (의문을) 묻다, 물어보다, ~냐고 묻다, ~에게 바라다

asked /æskt/[애^아스크트] ⇒ ask의 과거 과거분사

at /æt/[애^앋(으)] prep. 「위치·지점」 ~에, ~에서

ate /eit/[애읻(으)] ⇒ eat의 과거

Au.gust /ɔ́.gəst/[오^어´.그어스트] n. 8월(略: Aug.)

Av.e.nue /ǽv.ə.njù:/[애^압´.어.느이우우] n. 가로수길 [SYN.] ⇨ ROAD

av.er.age /ǽv.ər.idʒ/[애^앟ㅂ´.어.(어)리줘] n. 평균(치), 보통

aw.ful /ɔ́.fəl/[오^어´.ㅎ프어을] a. 두려운, 무시무시한, (구어) 대단한, 불유쾌한, 보기 흉한, 굉장한, 터무니없는

−ad. (구어) 몹시, 굉장히

aw.ful.ly /ɔ́.fəl.i:/[오^어´.ㅎ프어을.이이] ad. 무섭게, 두렵게, (구어) 아주, 무척, 몹시

a.way /ə.wéi/[어.우애´이] ad. 떨어져서, 멀리, 저쪽으로[에], 옆으로[에]

B

back /bæk/[브애^앜(으)] n. 등, 잔등, 뒤

−a. 뒤에, 배후의, 안의, 속의 [opp.] front [cf.] rear

back.ward /bǽk.wərd/[브애^앜´.우어(어)ㄹ드] a., ad. 뒤에[로], 후방에[으로], 뒤를 향해 [opp.] forward(s), 역행하여, 거꾸로, 끝에서부터

bad /bæd/[브애^앋(으)] a. (worse [wə:rs]; worst [wə:rst]) 나쁜, 악질의 [opp.] good, (병 따위가) 악성의, 치료하기 힘든

bag /bæg/[브애^악(으)] n. 자루, 부대, (손)가방, 백

bag.gage /bǽg.idʒ/[브애^악´.이줘] n. 【미국】 집합적 수화물((영국) 육상에서 luggage, 배·비행기에서는 baggage)

ba.nan.a /bə.nǽn.ə/[브어.느애^안´.어] n. 바나나(나무·열매)

bank /bæŋk/[브애^앙크] n. 둑, 제방, 은행

bath /bæə/[브애^앗ㄷ(으)] n. (pl. ~s [bæðz, -əs, bɑ:-]) 목욕, 입욕

bath.room /bǽə.ru:m/[브애^앗'ㄷ(으).(어)루움] n. 욕실, 화장실, (완곡어) 변소

bat.ter.y /bǽt.ə.ri:/[브애^앝'.어.(어)리이] n. 『군사』 포열(砲列), 포병 중대. 『법률』 구타, 폭행, 한 벌[조]의 기구[장치], 『전기』 전지(cell을 몇 개 연결한 방식의), 『야구』 배터리(투수와 포수), 일련의 계사(鷄舍)

be /bi:/[브이이] v., aux. v. (pp. been [bin / bi:n, bin]) ~(이)다, (~에) 있다, (~에) 가[와] 있다, (~에) 나타나다

beau.ti.ful /bjú:t.ə.fəl/[브이우'웉.어.ㅎ프어을] a. 아름다운, 고운, 예쁜

be.cause /bi.kɔ́z/[브이.크오^어'ㅅ즈] conj. (왜냐하면) ~이므로[하므로], ~ 때문에

be.come /bi.kʌ́m/[브이.크어^암'] v. (became [bikéim]; become) ~이[으로] 되다, 생기다

bed /bed/[브앧(으)] n. 침대, 침상, (가축의) 잠자리, 모판, 화단, 병원의 환자 수용인원

been /bi:n/[브이인] ⇒ BE의 과거분사

be.fore /bi.fɔ́r/[브이.ㅎ프오^어'(어)ㄹ] ad. 앞에, 전방에, 앞(장)서(ahead를 씀이 보통임), 「때」 (지금보다, 그 때보다) 이전에

be.gin /bi.gín/[브이.그인'] v. (began [-gǽn]; begun [-gʌ́n]; beginning) 시작되(하)다, 착수(着手)하다(at; by; on; with)

be.hind /bi.háind/[브이.하'인드] ad. 「장소」 뒤에 [opp.] before 배후[이면]에, 그늘에서, 숨어서, 늦어서 [opp.] before

be.lieve /bi.lí:v/[브이.(을)리'잉ㅂ(으)] v. 믿다, (말·이야기 등을) 신용하다, ~의 말을 믿다

be.long /bi.lɔ́ŋ/[브이.(을)로^엉'] v. (~에) 속하다, (~의) 것이다, (~의) 소유이다

be.low /bi.lóu/[브이.(을)로'우] prep. ([opp.] above) ~의 아래에[에서, 로], ~의 남쪽에, ~의 하류에[에서, 로], ~이하의, ~보다 낮게

be.side /bi.sáid/[브이.스아'읻(으)] prep. ~의 곁[옆]에, ~와 비교하여, ~을 벗어나

be.sides /bi.sáidz/[브이.스아'읻(으)ㅅ즈] prep. ~외에(도), ~에다가 또, 「부정·의문문에서」 외에(는), ~을 제외하고(는)(except)

best /best/[브애스트] a. 「good의 최상급」 가장 좋은, 최선의, 최상의, 최고의 [opp.] worst

bet.ter /bét.ər/[브앹'.어(어)ㄹ] a. 「good의 비교급」 보다 좋은, ~보다 나은(양자 중에서), 「well의 비교급」 차도가 있는, 기분이 보다 좋은

be.tween /bi.twíːn/[브이.트우이´인] prep. [공간·시간·수량·위치] ~의 사이에[의]

bev.er.age /bév.ər.idʒ/[브앵ㅂ´.어.(어)리쥐] n. 보통 물 이외의) 마실 것, 음료

big /big/[브익(으)] a. (–gg–) 큰, 커진, (소리가) 큰, 광광 울리는, (수량이) 큰

bill /bil/[브이을] n. 계산서, 목록, 표, 명세서, 전단, 벽보

birth.day /bə́rɵ.dèi/[브어´(어)ㄹㅅㄷ.드애이] n. (탄)생일, 창립(기념)일

bit /bit/[브잍(으)] n. 작은 조각, 작은 부분 , (말의) 재갈

–v. bite 의 과거, 과거분사

bite /bait/[브아잍(으)] v. (bit[bit];bitten [bítn], bit; biting) (모기·벼룩, 개등이) 쏘다, 물다

black /blæk/[브을애^앜(으)] a. 검은, 거무스름한(하늘·물 따위)

blank /blæŋk/[브을애^앙크] a. 공백의, 백지의 [SYN.] ⇨ VACANT 빈, 텅 빈

blouse /blaus/[브을아우스] n. 블라우스, 작업복

blue /bluː/[브을우우] a. 푸른, 하늘빛의, 남빛의

–n. 파랑, 청(색), 남빛, * blues 침울

blvd ⇒ boulevard의 준말,

bod.y /bád.iː/[브앋´.이이] n. 몸, 신체, 시체, (범인 등의) 신병 [opp.] soul, spirit, (구어) 사람, (특히) 여성

boil /bɔil/[브오^어이을] v. 끓다, 비등하다, (피가) 끓어오르다

book /buk/[브욱(으)] n. 책, 책자

born /bɔrn/[브오^어(어)ㄹ은] BEAR '낳다'의 과거분사

bor.row /bɔ́.rou/[브오^어´.(어)로우] v. 빌리다, 차용(借用)하다, 돈을 꾸다(from; of)

both /bouɵ/[브오웃ㄷ(으)] a. 「긍정문 속에서」 양쪽의, 쌍방[양방]의, 둘 다의

both.er /báð.ər/[브앟ㄷ´.어(어)ㄹ] v. ~을 괴롭히다, ~을 귀찮게 하다, 성가시게 하다

bot.tle /bát.l/[브앝´.을] n. 병, 술병, 병에 든 것, 한 병

bought /bɔt/[브오^얻(으)] ⇒ buy의 과거·과거분사. * buy/bai/[바이] 사다, 구입하다

boul.e.vard /búl.ə.vὰrd/[브우´을.어.ㅎ브아`(어)ㄹ드] n. 대로, 【F.】 불바르

bound /baund/[브아운드] n. (보통 pl.) (안쪽에서 본) 경계(선) [SYN.] ⇨ BORDER

–v. ~의 경계가 되다, 「수동태」 (~와) 경계를 접하다(by), ~의 경계[영역, 범위]를 정하다, 제한하다, (욕망 등을) 억제하다 [SYN.] ⇨ JUMP

–v. (사슴·망아지 따위가) 뛰어가다, (가슴이) 뛰다, (물결이) 너울거리다, 튀다, 바운드하다

–n. 반동, 튐, 도약, (시어) 약동

–v. BIND의 과거·과거분사

–a. 묶인 『화학』 결합된, 속박[구속]된(by)

–a. ~행의, (아무가) ~로 가는 길인(for; to)
box /baks/[브악스] n. 상자
boy /bɔi/[브오^어이] n. 소년, 남자 아이(17, 18세까지), 젊은이 [cf.] lad, youth
brain /brein/[브(어)래인] n. 뇌, 뇌수(腦髓), (pl.) 골, (보통 pl.) 두뇌, 지력
branch /bræntʃ/[브(어)래^안취] n. 가지, 분지(分枝), 가지 모양의 것(사슴뿔 따위), 지점
break /breik/[브(어)래잌(으)] v. (broke [brouk], broken [bróukən]) 깨뜨리다, 쪼개다
break.fast /brék.fəst/[브(어)랙′(으).ㅎ프어스트] n. 조반
bridge /bridʒ/[브(어)리쥐] n. 다리, 육교, 철도 신호교
bring /briŋ/[브(어)링] vt. (p., pp. brought [brɔːt]) (물건을) 가져오다, (사람을) 데려오다, 초래하다
brok.en /bróu.kən/[브(어)로′우.크언] ⇒ break 의 과거분사
brook /bruk/[브(어)룩(으)] n. 시내
broth.er /brʌ́ð.ər/[브(어)러^앟ㄷ′.어(어)ㄹ] n. 형제, 형 또는 아우, 친구, 한패, 동료
brows /brauz/[브(어)라우ㅅ즈] v. (가축이) 어린잎을 먹다, (책을) 여기저기 읽다, (살 생각도 없으면서 상품을) 이것저것 구경하다
brows.ing /bráu.ziŋ/[브(어)라′우.ㅅ즈잉] ⇒ brows의 현재분사 동명사
build /bild/[브이을드] v. (p., pp. built [bilt]) 세우다, 건축[건조, 건설]하다
build.ing /bíl.diŋ/[브이′을.드잉] n. 건축(술.물), 건조, 건설
built /bilt/[브이을트] ⇒ build의 과거 과거분사
bump /bʌmp/[브어^암프] v. (머리 따위를) 부딪치다(against; on), ~와 충돌하다
bumped /bʌmpt/[브어^암프트] v. bump의 과거, 과거분사
bus /bʌs/[브어^아스] n. (pl. bus(s)es [bʌ́siz]) 버스, 승합자동차
business /bíz.nis/[브이′ㅅ즈.느이스] n. 실업, 장사, 거래, 직업, 직무
but /bʌt/[브어^앝(으)] conj. 그러나, 하지만, 그렇지만, (하긴) ~하지만, ~하지는 않지만 (그러나), ~이 아니고[아니라]
buy /bai/[브아이] v. (p., pp. bought [bɔːt]) 사다, 구입하다 [opp.] sell
by /bai/[브아이] ad. 「위치」 곁에, 가까이에, 곁을 지나서, (때가) 흘러가서
bye /bai/[브아이] int. (구어) 안녕(good–bye)

C

cake /keik/[크애잌(으)] n. 케이크, 양과자
call /kɔl/[크오^어을] v. 부르다, (아무를) 소리 내어 부르다, 불러일으키다(awake), (아무)에게 전화를 걸다(ring up, telephone to), 불러내다(무선 통신으로)
call.ing /kɔ́l.iŋ/[크오^어′을.잉] n. 부름, 외침, 점호, 발정한 암괭이의 울음소리
camp /kæmp/[크애^암프] n. (군대의) 야영지, 주둔지
−v. 천막을 치다; 야영[캠프]하다
camped /kæmpt/[크애^암프트] ⇒ camp의 과거, 과거분사
can /kæn/[크애^안] aux. v. ~할 수 있다, ~하는 법을 알고 있다, ~해도 좋다
can.cel /kǽn.səl/[크애^안′.스어을] v. ~을 지우다, 삭제하다, ~을 무효로 하다
cannot /kǽn.ɑt/[크애^안′.알(으)] can not의 간약형 * can't [kænt] * 【미국】에서나 또는 not에 강세를 둘 때에는 can not으로 씀. 또, 회화에서는 can't를 씀
can't /kænt/[크애^안트] = can not의 준말; 할 수 없다
car /kɑr/[크아(어)ㄹ] n. 「일반적」 자동차
card /kɑrd/[크아(어)ㄹ드] n. 카드, 판지(板紙), 마분지
care /kɛər/[크에어(어)ㄹ] n. 걱정, 근심 [SYN.] ⇨ ANXIETY, 관심, 배려
−v. 걱정[염려]하다, 관심을 갖다, 마음을 쓰다(about ; for), 돌보다, 보살피다
car.tridge /kɑ́r.tridʒ/[크아′(어)ㄹ.트(어)리쥐] n. 탄약통, 약포(藥包); 카트리지
cash /kæʃ/[크애^아쒸] n. 현금, (구어) 돈, 『증권』 현물
cent /sent/[스앤트] n. 센트(미국·캐나다 등의 화폐 단위, 1달러의 100분의 1)
cen.ter 【영국】 −tre /sén.tər/ [스앤′.트어(어)ㄹ] 또는 [스앤′.어(어)ㄹ] n. 중심; 핵심; 중앙; (중)축; 중추;
chair /tʃɛər/[츠에어(어)ㄹ] n. (1인용의) 의자
cheap /tʃiːp/[츠이잎(으)] a. 싼, 값이 싼 [opp.] dear, 싸게 파는, 싼 것을 파는
cheap.er /tʃíː.pər/[츠이′이.프어(어)ㄹ] ⇒ cheap의 비교급, 더 싼
check /tʃek/[츠액(으)] n. 저지, 억제, 정지
−v. 저지하다(hinder), 방해하다, 대조[검사]하다, 억누르다
chick.en /tʃik.in/[츠익′.인] n. (pl. ~(s))새 새끼, 병아리, (미국속어) 닭(fowl), 닭고기
child /tʃaild/[츠아이을드] n. (pl. children [tʃídrən]) 아이, 사내[계집] 아이, 어린이
child.ren /tʃil.drən/[츠이′을.드(어)런] n. CHILD의 복수
church /tʃərtʃ/[츠어(어)ㄹ치] n. (보통 기독교의) 교회(당), 성당
cig.a.ret.te /síg.ə.rèt/[스익′.어.랱`(으)] n. 궐련, 담배,(최면제 등의)가늘게 만 것
cir.cum.stance /sə́r.kəms.tæ̀ns/[스어′(어)ㄹ.크엄스.트애^안`스] n. (보통 pl.) 상

황, 환경, 주위의 사정, (pl.) (경제적인) 처지, 생활 형편

cit.y /sít.iː/[스잍'.이이] n. 도시, 도회, * town보다 큼

class /klæs/[크을애^아스] n. (공통 성질의) 종류, 등급, 상류사회 [cf.] the MASSES, 학급, 반, 학년 【미국】 grade, (클래스의) 학습시간, 수업

class.room /klǽs.rùːm/[크을애^아'스.(어)루움] n. 교실

close /klouz/[크을오우ㅅ즈] v. (눈을) 감다, (문을)닫다

-n. 끝, 종결, 결말

-a. 가까운(near), 접근한(to), 친밀한(intimate)

clo.sure /klóu.ʒər/[크을오'우.즈어(어)ㄹ] n. 마감, 폐쇄, 폐지, 종지, 폐점, 휴업

cloud /klaud/[크을아욷(으)] n. 구름; (pl.) 하늘, (자욱한) 먼지[연기 따위], 연무(煙霧). (벌레·새 따위의) 떼

clouds /klaudz/[크을아욷(으)ㅅ즈] ⇒ cloud의 (pl)을 참고, *파리 떼 : a clouds of flies

cloud.y /kláu.diː/[크을아'우.드이이] a. (cloudier; -iest) 흐린, 구름의[같은]

cof.fee /kɔ́f.iː/[크오^엉ㅍ'.이이] n. 커피(나무·열매·음료)

cold /kould/[크오우을드] a. 추운, 찬, 차게 한 [opp.] hot, 냉정한, 냉담한 [opp.] warm

cold.er /kóul.dər/[크오'우을.드어(어)ㄹ] a. cold의 비교급; 더 추운

cold.est /kóul.dist/[크오'우을.드이스트] a. cold의 최상급; 가장 추운

come /kʌm/[크어^암] v. (came [keim]; come) 오다, (상대방에게 또는 상대방이 가는 쪽으로) 가다. * come, go는 각기 '오다', '가다'라는 우리말과 반드시 일치하지 않음

com.put.er, -putor /kəm.pjúːt.ər/[크엄.프이우'욷.어(어)ㄹ] n. 전산기, 컴퓨터

con.tend /kən.ténd/[크언.트앤'드] v. 다투다, 경쟁하다, (적·곤란 따위와) 싸우다

con.tent /kάn.tent/[크안'.트앤트] n. (보통 pl.) (구체적인) 내용, 알맹이, 만족

-a. (~에) 만족하는, 감수하는(with); (~함에)

could /kud/[크욷(으)] ⇒ can의 과거형

could.n't /kúd.nt/[크욷'.은트] = could not의 준말; ~ 할 수 없었다

count /kaunt/[크아운트] v. 세다, 계산하다

cross walk /krɔ́s-wɔk/[크(어)로^어'스-우오^엌(으)] n. 【미국】 횡단보도

cup /kʌp/[크어^앞(으)] n. 찻잔, 한 잔(의 양), 반 파인트(pint)의 양

cut /kʌt/[크어^앝(으)] v. (p., pp. ~; ~ting) (칼 따위로) 베다, 절단하다(away; off; out), (나무를) 자르다

D

dance /dæns/[드애^안스] v. 춤추다, 뛰어 돌아다니다
danc.ing /dǽn.siŋ/[드애^안'.스잉] n. 춤(연습), 춤추기
dark /dɑrk/[드아(어)ㄹ크] a. 어두운, 암흑의 [opp] light, 거무스름한
dark.ness /dɑ́rk.nis/[드아'(어)ㄹ크.느이스] n. 암흑, 불명료, 무지, 맹목
date /deit/[드애잍(으)] n. 날짜, 연월일
−v. ~에 날짜를 적다, (구어) ~와 데이트(의 약속을) 하다
daught.er /dɔ́t.ər/[드오^엍'.어(어)ㄹ] n. 딸 [opp] son, 여자 자손, 며느리, 의붓딸
dawn /dɔn/[드오^언] n. 새벽, 동틀 녘, 여명 [SYN.] ⇨ TWILIGHT
day /dei/[드애이] n. 낮, 주간, 해가 떠 있는 동안, 일광 [opp] night, 하루, 일주야
de.bate /di.béit/[드이.브애'잍(으)] n. 토론, 논쟁, 토의
−v. 토론[논쟁]하다(on; about), 숙고하다, 검토하다. 토의[논의]하다. [SYN.] ⇨ DISCUSS, (고어) (승리 따위)를 다투다
De.cem.ber /di.sém.bər/[드이.스앰'.브어(어)ㄹ] n. 12월(略: Dec.)
de.clare /di.klέər/[드이.크을에'어(어)ㄹ] v. 선언[언명]하다, 발표, ~을 밝히다
desk /desk/[드애스크] n. (공부·사무용의) 책상
did /did/[드읻(으)] aux. v. (간약형) did not ⇒ didn't[dídnt], * do/does 의 과거형
did.n't /di'd.nt/[드읻'.은트] = did not의 준말
dif.fer.en.ce /díf.ər.əns/[드잏ㅍ'.어.(어)런스] n. 다름, 차, 차이[상위]점
dif.fer.ent /díf.ər.ənt/[드잏ㅍ'.어.(어)런트] a. 다른, 상이한, 딴(from; in)
dif.fi.cult /díf.i.kʌ̀lt/[드잏ㅍ'.이.크어^아`을트] a. 곤란한, 어려운, (일이)다루기 힘든
din.ner /dín.ər/[드인'.어(어)ㄹ] n. 정찬(하루 중 제일 주요한 식사, 원래는 오찬, 지금은 흔히 만찬), 저녁 식사, 공식 만찬[오찬](회)
dis.cuss /dis.kʌ́s/[드이스.크어^아'스] vt. 토론[논의]하다(debate), ~에 관하여 의논하다
dis.tance /dís.təns/[드이'스.트언스] n. 거리, 간격, 원거리, (시일의) 동안, 사이
dive /daiv/[드아잏ㅂ(으)] v. (dived, 【미국】 dove [douv]; dived)(물속에 머리부터) 뛰어들다; (물속으로) 잠기다
di.vide /di.váid/[드이.ㅎ브아'읻(으)] v. 나누다, 분할하다, 쪼개다(split up)
do /du:/[드우우] aux. v. 과거 (did), — doing *주어 1, 2 인칭 및 복수 *Part 3 참조
does /dʌz/[드어^아ㅅ즈] aux. v. Do동사와 같음 * 제 3인칭(현재형)

does..n't /dʌ́z.nt/[드어^아'스즈.은트] = does not의 준말

dog /dɔg/[드오^억(으)] n. 개, 갯과의 동물

do.ing /dúːiŋ/[드우'우.잉] ⇒ Do의 현재분사 동명사

dol.lar /dál.ər/[드아'을.어(어)ㄹ] n. 달러(미국·캐나다 등지의 화폐단위; 100센트; 기호 $

done /dʌn/[드어^안] ⇒ Do의 과거분사.

−a. 끝난, 다 된, (음식이) 익은, 구워진

don't /dount/[드오운트] = do not의 준말,

door /dɔr/[드오^어(어)ㄹ] n. 문, 방문, 문짝, (출)입구, 문간

dose /dous/[드오우스] n. (약의) 1 회분, (1회의) 복용량, 한 첩

down /daun/[드아운] ad. 아래(쪽으)로, (밑으로) 내려 [opp] up.

−prep. (높은 곳에서) ~의 아래(쪽으)로, (어떤 지점에서) ~을 따라[지나서]

drank /dræŋk/[드(어)래^앙크] ⇒ Drink의 과거

dress /dres/[드(어)래스] v. (p., pp. ~ed [−t]) ~에 옷을 입히다(in), 정장시키다, 옷을 만들어 주다

−n. 의복, 복장 [SYN.] ⇨ Clothes 정장, 예복

drink /driŋk/[드(어)링크] v. (drank [dræŋk]; dunk [drʌŋk], 「형용사적」 (시어) drunken [drʌ́ŋkən]) 마시다, 다 마시다(empty), (수분을) 빨아들이다

drive /draiv/[드(어)라잉ㅂ(으)] v. (drove [drouv], driven [drívən]) (소·말 등을) 몰다, 쫓다, (마차·자동차를) 몰다, 운전[조종]하다

drove /drouv/[드(어)로욶ㅂ(으)] ⇒ Drive의 과거

du.ty /djúːt.iː/[드이우'윹.이이] n. 의무, 본분, 의리, (종종 pl.) 임무, 직무

E

each /iːʧ/[이이취] a. 각각[각기]의, 각자의, 제각기의, 각 ~

−ad. 각기, 한 개에 대해

−pron. 저마다, 각각, (제)각기, 제각각

ear /iər/[이어(어)ㄹ] n. 귀, 귀 모양의 물건, (냄비 등의) 손잡이

earth /ərθ/[어(어)ㄹㅅ드] n. (the ~) 지구, 대지

east /iːst/[이이스트] n. (보통 the ~) 동쪽, 동방

ea.sy /iː.ziː/[이'이.ㅅ즈이이] a. (easier; −iest) 쉬운, 힘들지 않는

eat /iːt/[이잍(으)] v. (ate [eit], ~en [íːtn]) 먹다, (수프 따위를) 마시다 (소리 내어 홀짝이는 것이 아니라 숟가락으로 떠 마시는 것을 뜻함)

eat.ing /íːt.iŋ/[이'잍.잉] n. 먹기, 먹는 동작
 −a. (근심 따위가) 마음을 썩이는, 부식성의, 식사용의
egg /eg/[액(으)] n. (새의) 알, 달걀
eight.y /éit.iː/[애'잍.이이] a., n. 여든(의), 80(의), 80개(의)
ei.ther /íː.ðər, ái.ðər/[이'이.ㅎ드어(어)ㄹ] 또는 [아'이.ㅎ드어(어)ㄹ] ad. ~도 또한(~아니다, 않다) ~도 또한 [cf.] too (구어) 게다가, 그런데다
el.der /él.dər/[애'을.드어(어)ㄹ] a. 「old의 비교급」 손위의, 연장의 [opp] younger
e.mer.gen.cy /i.mə́r.dʒən.siː/[이.므어'(어)ㄹ.즈언.스이이] n. 비상[돌발] 사태, 위급
end /end]/[앤드] n. 끝(of a day), (이야기 따위의) 결말
 −a. 최후의, (미국속어) 일번[베스트, 최고]의
 −v. 끝내다, 마치다
Eng.lish /íŋ.gliʃ/[잉'.그을이쉬] a. 영국의, 영국 사람의, 영어의
 −n. 「관사 없이」 영어
e.nough /i.nʌ́f.[이.느어^앟프'(으)] a. 충분한, ~하기에 족한, 할 만큼의
en.ter /én.tər/[앤'.트어(어)ㄹ] v. ~에 들어가다, (단체 따위에) 가입[참가]하다
en.trance /én.trəns/[앤'.트(어)런스] n. 입구, 출입구, 현관(to), 입장, 입회
e.ven /íːvən/[이'이.ㅎ브언] ad. ~조차(도), ~라도, ~까지
 −a. (more ~, most ~) (표면·판자 따위가) 평평한, 울퉁불퉁하지 않은, 한결 같은, 균형이 잡힌, (수량·득점 따위가) 같은, 짝수의
eve.ning /íːv.niŋ/[이'잏ㅂ.느잉] n. 저녁, 해질녘, 밤(해가 진 뒤부터 잘 때까지)
ev.er /év.ər/[앻ㅂ'.어(어)ㄹ] ad. 일찍이, 이제[지금]까지, 언젠가
ev.er.y /év.riː/[앻ㅂ'.(어)리이] a. 각(各) ~마다 다, 온갖
ev.er.y.bod.y /év.riː.bɑ̀d.iː/[앻ㅂ'.(어).리이.브안`.이이] pron. 각자 모두, 누구나, 모두
ev.er.y.thing /év.riː.θiŋ/[앻ㅂ'.(어)리이.ㅅ드잉`] pron. 모든 것, 매우 소중한 것
 −n. 가장 중요한 일[귀중한 것]
ev.er.y.where /−.hwɛ̀ər/[−.우에`어(어)ㄹ] ad. 어디에나 (구어)많은 곳에서
ev.er.y.one /év.riː.wʌ̀n/[앻ㅂ'.(어)리이.우어^안`] pron. 모든 사람, 누구나, 모두. (셋 이상의 사람을 모두 포괄적으로 가리키는 말)
ex.ample /ig.zǽm.pəl/[익(으).ㅅ즈애^암'.프어을] n. 예, 보기, 실례, 예증
ex.cuse /iks.kjúːz/[잌스.크이우'우ㅅ즈] v. 용서하다 [opp] accuse, 변명하다
ex.er.cise /ék.sər.sàiz/[액'(으).스어(어)ㄹ.스아`이ㅅ즈] n. (신체의) 운동, 체조
ex.it /ég.sit/[액'(으).스잍(으)] n. 출구((영국) way out) ([opp] access/진입로)

ex.pen.sive /iks.pén.siv/[익스.프앤'.스잏ㅂ(으)] a. 돈이 드는, 값비싼 • ~ clothes 값비싼 옷

ex.plain /iks.pléin/[익스.프을애'인] v. 분명[명백]하게 하다, 알기 쉽게 하다, 해석하다

eye /ai/[아이] n. 눈, 동공, 눈동자, (종종 pl.) 시력

F

face /feis/[ㅎ프애이스] n. 얼굴, 얼굴(모습, 표정, 안색)

fact /fækt/[ㅎ프애^앆트] n. (발생한[하고 있는]) 사실, 실제(의) 일

faith /feiə/[ㅎ프애잇ㄷ(으)] n. 신념(belief), 신조(信條), 확신, 신앙(심), 믿음

faith.ful /féiə.fəl/[ㅎ프애'잇ㄷ(으).ㅎ프어을] a. 충실한, 성실한, 믿을 수 있는 (reliable)(to). SINCERE

fall /fɔl/[ㅎ프오^어을] v. (fell [fel]; fallen [fɔ́:lən])떨어지다, (꽃·잎이) 지다, (머리털이) 빠지다, (비·눈·서리 따위가) 내리다

fam.i.ly /fǽm.ə.li:/[ㅎ프애^암'.어.(을)리이] n. (pl. ~lies) 가족, 가정(부부와 그 자녀), 가구(household)

fam.i.lies /fǽm.ə.li:s/[ㅎ프애^암'.어.(을)리이스] n. family의 복수; 가족들

fa.mous /féi.məs/[ㅎ프애'이.므어스] a. 유명한, 이름난, 잘 알려진(well-known)

far /fɑr/[ㅎ프아(어)ㄹ] ad. (farther [fɑ́:rðər], further [fə́:rðər]; farthest [fɑ́:rðist]

fare /fɛər/[ㅎ프에어(어)ㄹ] n. 운임, 찻(뱃)삯, 통행료 [SYN.] ⇨ PRICE

fa.ther /fɑ́.ðər/[ㅎ프아'.ㅎ드어(어)ㄹ] n. 아버지, 부친; 의붓아버지, 양(시)아버지, 장인

fa.vor, -vour /féi.vər/[ㅎ프애'이.ㅎ브어(어)ㄹ] n. 호의, 친절(good will), 부탁

Feb.ru.a.ry /féb.ru.è.ri:/[ㅎ프앱'.(어)루.애.(어)리이] n. 2월 (略: Feb)

fee /fi:/[ㅎ프이이] n. 요금, 수수료, 수고 값

feel /fi:l/[ㅎ프이이을] v. (p., pp. felt [felt]) 만지다, 더듬다, ~을 느끼다

fell /fel/[ㅎ프애을] ⇒ fall의 과거

few /fju:/[ㅎ프이우우] a. (~er; ~est) [가산명사에 붙어] 거의 없는, 조금[소수] 밖에 없는, 「흔히 한정용법에서」 극히 소수의 ([opp.] many [cf.] little)

* a few : 조금[약간]은 있는, 얼마[몇 개]인가의, 조금의, 다소의(some) [opp.] no, none (구체적인 수(數)는 문맥여하에 따름)

fill /fil/[ㅎ프이을] v. 가득하게 하다, 채우다

fil.ling /fíl.iŋ/[ㅎ프이'을.잉] n. 채움, 충전, (음식물의) 소, 속

find /faind/[ㅎ프아인드] v. (p., pp. found [faund]) (우연히) 찾아내다, 발견하다

fine /fain/[ㅎ프아인] a. (비)finer, (최) finest 훌륭한, 좋은 (날씨 따위가) 갠, 맑은

fin.ger /fíŋ.gər/[ㅎ프잉 ′.그어(어)ㄹ] n. 손가락, 흔히 엄지손가락(thumb)을 제외한 네 손가락을 말함, 발가락은 toe, (장갑의) 손가락

first /fərst/[ㅎ프어(어)ㄹ스트] a. 첫(번)째의, 최초의, 맨 처음[먼저]의

fish.ing /fíʃ.iŋ/[ㅎ프이′쎠.잉] n. 낚시질, 어업, 『법률』 어업권

fit /fit/[ㅎ프잍(으)] a. (-tt-) (꼭)맞는, 알맞은, 적당한(suitable)

fit.ting /fít.iŋ/[ㅎ프잍′.잉] n. (가봉한 옷의) 입혀보기, 조립(組立), 마무리 설치 -a. 적당한, 어울리는, 꼭 맞는

five /faiv/[ㅎ프아잏ㅂ(으)] a., n. 다섯(의), 5(의), 5개[사람](의), 5살(의)

fly /flai/[ㅎ프을아이] v. (flew [flu:]; flown [floun]) (새·비행기 따위가) 날다, (사람이) 비행하다, 공중을 가다, 비행기로 가다

fly.ing /flái.iŋ/[ㅎ프을아′이.잉] ⇒ fly의 현재분사, 동명사

fog /fɑg/[ㅎ프악(으)] n. (짙은) 안개

fog.gy /fág.i:/[ㅎ프악′.이이] a. (-gier; -giest) 안개[연무]가 낀, (구어) 머리가 흐리멍덩한, 흐린, 몽롱한

food /fu:d/[ㅎ프우운(으)] n. 식품, 식량, (비유) 정신적 양식

foot /fut/[ㅎ프웉(으)] n. (pl. feet [fi:t]) 발(복사뼈에서 밑부분을 말함)) [cf.] leg

for /fɔr/[ㅎ프오^어(어)ㄹ] prep. ~을 위해[위한], ~(에)게는, ~을 향하여

for.get /fər.gét/[ㅎ프어(어)ㄹ.그앹′(으)] v. (-got [-gát]; -gotten [-gɑtn], -getting) 잊다, 망각하다, 생각이 안 나다

for.got /fər.gát/[ㅎ프어(어)ㄹ.그앝′(으)] ⇒ forget의 과거·과거분사

for.got.ten /fər.gát.n/[ㅎ프어(어)ㄹ.그앝′.은] ⇒ forget의 과거분사

for.ty /fɔ́r.ti:/[ㅎ프오^어′(어)ㄹ.트이이] a., n. 40(의), 40개[명](의), 40세(의)

four /fɔr/[ㅎ프오^어(어)ㄹ] a., n. 4(의), 4개(의), 4살(의)

free /fri:/[ㅎ프(어)리이] (freer [frí:ər]; freest [frí:ist]) a. 자유로운, 자유주의의

free.way /frí:.wèi/[ㅎ프(어)리′이.우애이] n. 교차는 입체교차로로 하고 출입제한이 된 다차선식(多車線式) 고속도로

fresh /freʃ/[ㅎ프(어)래쒸] a. 새로운, 갓 만들어진, (가지 등이) 갓 생긴, 싱싱한 [SYN.] ⇨ NEW 신선한

Fri.day /frái.dei/[ㅎ프(어)라′아이.드애이] n. 금요일(略: Fri.) [cf.]Black Friday, Good

friend /frend/[ㅎ프(어)랜드] n. 벗, 지지자, 후원자

from /frʌm/[ㅎ프(어)러^암] prep. ~에서, ~로부터

front /frʌnt/[ㅎ프(어)러^안트] n. (the ~) 앞, 정면

full /ful/[ㅎ프우을] a. 찬, 가득 채워진

G

ga.rage /gə.rάdʒ/[그어.(어)라´쥐] n. (자동차) 차고, 주차장, 자동차 수리소[정비 공장]
gar.bage /gάr.bidʒ/[그아´(어)ㄹ.브이쥐] n. (부엌의) 쓰레기, 음식 찌꺼기
gar.den /gάr.dən/[그아´(어)ㄹ.드언] n. 뜰, 마당, 정원. (주로 pl.) 공원
gate /geit/[그애일´(으)] n. 문(출입구·개찰구·성문 따위) 문구조의 건조물. 통로
get /get/[그앹(으)] v. (got [gαt/gɔt], gotten [gάtn], gétting) 얻다, 획득하다(obtain)
gift /gift/[그잎ㅍ트] n. 선물, 선사품. * gift는 present 보다 형식을 차린 말
gift-wrap /gíft.ræ̀p/[그잎ㅍ´트.(어)래^앞`(으)] vt. (-pp-) (선물용에 리본 따위로) 예쁘게 포장하다
girl /gərl/[그어(어)ㄹ을] n. 계집아이, 소녀 〖opp.〗 boy
glad /glæd/[그을애^앋(으)] a. (~der; ~dest) [서술적] 기쁜, 반가운, 유쾌
glass /glæs/[그을애^아스] n. 유리, 유리 모양의 물건, 컵, 글라스
go /gou/[그오우] v. (went, gone, going) (목적지로) 향하다, 나아가다
gone /gɔn/[그오^언] ⇒ go의 과거분사
 -a. 지나간, 사라진, 없어진, 가버린
gon.na /góu.nə/[그오´우.느어] = going to의 준말
good /gud/[그욷(으)] a. (better [bétər]; best [best]) 좋은, 우량한
got /gat/[그앋(으)] ⇒ get의 과거
grand.fa.ther /grǽnd.fὰ‘.ðər/[그(어)래^안드´.ㅎ프아`.ㅎ드어(어)ㄹ] n. 할아버지, 조부
grass /græs/[그(어)래^아스] n. 풀(pl.) 풀의 잎[줄기]. 풀밭, 잔디(lawn)
great /greit/[그(어)래잍(으)] a. 큰, 거대한 [opp.] little [SYN.] ⇨ BIG, 중대한
green /griːn/[그(어)리인] a. 녹색의, 초록의
gro.cer.y /gróu.sə.riː/[그(어)로´우.스어.(어)리이] n. (보통 pl.) 식료품류, 식료잡화 판매업
gro.cer.ies /gróu.sə.riːs/[그(어)로´우.스어.(어)리이스] n. grocery의 복수

H

had /hæd/[해^앋(으)] ⇒ HAVE의 과거·과거분사
had.n't /hǽd.nt/[해^앋´.은트]= had not의 간약 형
hair /hɛər/[헤어(어)ㄹ] n. 털, 머리카락, 머리털
half /hæf/[해^앞ㅍ(으)] n. (pl. halves [hævz, hαːvz]) 반, 절반

hand /hænd/[해^안드] n. 손, 팔, 앞 발, 손 모양의 것

hang /hæŋ/[해^앙] v. (p., pp. hung [hʌŋ], hanged) 매달다, 늘어뜨리다, 내리다(to; on; from). (p., pp. hanged) 목매달다

hap.py /hǽp.iː/[해^앞'.이이] a. (-pier; -piest) 행운의, 경사스러운 [SYN.] ⇨ LUCKY

hard /hɑrd/[하(어)ㄹ드] a. 굳은, 단단한, 견고한, 딱딱한 [opp.] soft, 튼튼한, 튼실한

has /hæz/[해^아ㅅ즈] → HAVE의 3인칭·단수·직설법·현재

have /hæv/[해^앟ㅂ(으)] v. (p., pp. had [hæd]; 현재분사 having [hæviŋ]; 직설법 현재 3인칭 단수 has [hæz]; have not의 간약형 haven't [hǽvənt]; has not의 간약형 hasn't [hǽznt]; had not의 간약형 hadn't [hǽdnt])

① (~을) 가지고 있다, 소유하다; ~이 있다. (~을) 몸에 지니고 있다, 휴대하고 있다(about; on; with; around) [cf.] have on(성구) (~할[볼] 일·시간 따위를) 갖고 있다, 주어져 있다.

② (어떤 관계를 나타내어) 가지고 있다(진행형·수동형 불가능). a) (육친·친구 등이) 있다, (~이) 있다; (사용인 따위를) 두고 있다. b) (동물을 애완용으로) 기르다.

③ 「부분·속성」 갖고 있다. a) (신체 부분·신체 특징·능력 따위를) 가지고 있다; (~에게는) ~이 있다. b) (사물이) (부분·부속물·특징 따위를) 갖고 있다; (~에는) ~이 있다; (~을) 포함하고 있다.

④ 갖고 있다. a) (감정·생각 따위를) 갖다, 품고 있다. b) 『+목+전+명』 (~에 대해 원한 따위를) 품다(against). c) (~에 대한 감정 따위를) (태도·행동에) 나타내다 (on; for). d) 「목적어에 'the+추상명사+to do'를 수반」 (~할 친절·용기 따위가) 있다; ~ 하게도 ~하다.

⑤ (병 따위에) 걸리다, 걸려 있다; 시달리다.

⑥ (옛투) (언어·학과 따위를) 알다, ~을 알고 있다[이해하다], ~의 지식이 있다.

⑦ 아이[새끼]를 낳다(진행형은 가까운 미래를 나타냄; 수동형 불가능). ⇨ [참고].

⑧ 「have to의 형식」 ~해야 한다.

he /hiː/[히이] pron. (pl. they) 그 사람(주로 남자)은, 그 남자

hello /he.lóu/[해.(을)로'우] int. 여보, 이봐, 어이구, 안녕하시오(가벼운 인사)

help /help/[해을프] v. 조력(助力)[원조]하다, ~을 거들다

her /hər/[허(어)ㄹ] pron. 「she의 목적격」 그 여자를[에게]

here /hiər/[히어(어)ㄹ] ad. 여기에(서) [opp.] there, 여기 있는 ~

hers /hərz/[허(어)ㄹㅅ즈] pron. 「she의 소유대명사」 그녀의 것

hi /hai/[하이] int. (구어) 야아; 어이

high /hai/[하이] a. 높은(lofty, tall), 높이가 ~인[되는] [opp.] low
hill /hil/[히을] n. 언덕, 작은 산, 구릉
him /him/[힘] pron. 「he 의 목적격」 그를, 그에게
his /hiz/[히ㅅ즈] pron. 「he의 소유격」 그의 [cf.] my, 「he의 소유대명사」 그의 것
hit /hit/[힡(으)] v. (p., pp. hit; hitting) 때리다, 치다; (공 따위를) 치다
home /houm/[호움] n. 가정, 가정생활, 자택
hope /houp/[호웊(으)] n. 희망, 가망 [opp.] despair
  −v. 바라다, 기대하다; (구어) (바람직한 방향으로) 생각하다
hot /hɑt/[핱(으)] a. (hotter; −test) 뜨거운, 더운
ho.tel /hou.tél/[호우.트애´을] n. 호텔, 여관.
hot.ter /hɑ́t.ər/[핱´.어(어)ㄹ] ⇒ hot의 비교급
hour /auər/[아우어(어)ㄹ] n. 한 시간, 한 시간의 노정[거리] [SYN.] ⇨ TIME
house /haus/[하우스] n. (pl. houses [háuziz]) 집, 가옥, 주택, 저택
how /hau/[하우] ad. 어떻게, 어찌, 어떤 방법
hung /hʌŋ/[허^앙] ⇒ hang의 과거, 과거분사
hurt /hərt/[허(어)ㄹ트] v. (p., pp. ~) 상처 내다, ~을 다치게 하다(wound).
hus.band /hʌ́z.bənd/[허^아´ㅅ즈.브언드] n. 남편. (고어) 절약가
  −vt. 절약하다(economize), 절약하여 쓰다

I

I /ai/[아이] pron. 나는 I의 [소유격, 나의 my], [목적격, 나를(에게) me], [소유대명사, 나의 것 mine], [재귀대명사, 나 스스로 myself]
i'd /aid/[아읻(으)] = I would, I had 의 준말 ′
if /if/[잎ㅍ(으)] conj. (만약) ~이면[하면], (만일) ~라고 하면
ill /il/[이을] a. (worse [wəːrs]; worst [wəːrst]) 병든, 불건전한, 부실한
im.por.tant /im.pɔ́r.tənt/[임.프오^어´(어)ㄹ.트언트] a. 중요한, 의의 있는 (significant)(to)
in /in/[인] prep. a) 「장소 「위치」 ~의 속에서, ~에 있어서, ~에, ~에서, b) (구어) 「운동·동작의 방향」 ~속[안]에, ~속으로; ~쪽에[으로, 에서](≒into), c) (탈것 따위)에 타고. d) 「관사 없이 장소의 기능을 나타냄」 ~인, ~에(서)
in.def.i.nite /in.déf.ə.nit/[인.드앵ㅍ ′.어.느잍(으)] a. 불명확한, 분명하지 않은, (수·양·크기 따위가) 일정하지 않은, 한계가 없는 『문법』 부정(不定)의
in.ter.est /ín.tər.ist/[인´.트어.(어)리스트] vt. ~에 흥미를 일으키게 하다, ~의 관심을 끌다

in.ter.es.ted /ín.tər.is.tid/[인´.트어.(어)리스.틷(으)] a. 흥미를 가지고 있는, interest의 과거분사

into /ín.tu/[인 ´.트우] prep. ①「내부로의 운동·동작·방향」a) 장소·공간·행위」안으로[에], ~로[에] ([opp.] out of). b)「시간의 추이」 ~까지. c) (비유) 어떤 상태 속으로, d)「행위의 대상」~을('깊이·상세히'라는 뉘앙스를 풍길 때가 많음). ⇨ [참고]

②「상태의 변화·추이·결과」 (~을 —)으로 (하다), (~이 —)으로 (되다); ~상태로

is /iz/[이ㅅ즈] BE 동사, ~이다, BE의 3인칭·단수·직설법(直說法)·현재

is.n't /i'z.ənt/[이´ㅅ즈.언트] = is not 의 준말

it /it/[잍(으)] pron. (소유격 its, 목적격 it, pl. 주격 they, 소유격 their, 목적격 them

* it is, it has의 간약 형 it's [its],「3인칭 단수 중성의 주격」그것은[이](일반적으로 앞서 말한 사물을 가리킴, 또 유아·동물과 같이 성별의 명시를 필요로 하지 않든가 그것이 불분명한 때의 생물 따위를 지칭함)

a)「막연히 날씨·한란 또는 부정(不定)의 것을 가리켜」

b)「시간·일시·명암 등을 막연히 가리키어」

c)「거리를 막연히 나타내어」

d)「막연히 사정·상황(狀況)·부정(不定)의 것을 나타내어」

it.self /it.sélf/[잍(으).스애´을ㅎ프] pron. (pl. themselves)「재귀용법」그 자신을[에게], 그 자체를[에]. [cf.] –self.「강의용법」바로 그것(마저), ~조차

it'll /ít.l/[잍´.을] = it will의 준말

it's /íts/[잍스] = It is, It was, It has의 준말

I've /aiv/[아잌ㅂ(으)] = I have의 준말

J

Jack /dʒæk/[즈애^악(으)] n. 잭(남자 이름)

jack.et /dʒǽk.it/[즈애^악´.잍(으)] n. (소매 달린 짧은) 웃옷, 재킷(남녀 구별 없이 씀), 양복저고리, 상의 위에 덧입는 것

James /dʒeimz/[즈애임ㅅ즈] n. 제임스(남자 이름)

Jane /dʒein/[즈애인] n. 제인(여자 이름)

Jan.u.ary /dʒǽn.ju.e`.ri:/[즈애^안´.이우.애`.(어)리이]. n. 1월(略: Jan)

job /dʒɑb/[즈압(으)] n. 일, 볼일. (구어) 대단한 품이 드는 것[일] [SYN.] ⇨ WORK

John /dʒɑn/[즈안] n. 존(남자 이름)

join /dʒɔin/[즈오^어인] v. 결합하다(unite), 연결하다(connect), 접합하다(fasten)
juice /dʒuːs/[즈우우스] n. (과일·채소·고기 따위의) 주스, 즙, 액
Jul.y /dʒuː.lái/[즈우우.(을)라'이] n. (pl. ~s) 7월(略: Jul., Jy.))
jump /dʒʌmp/[즈어^암프] v. 깡충 뛰다, 뛰어오르다, 도약하다
June /dʒuːn/[즈우운] n. 6월(略: Jun., Je.))
just /dʒʌst/[즈어^아스트] a. 올바른, 공정한, 공명정대한 [SYN.] ⇨ FAIR, UPRIGHT

K

keep /kiːp/[크이잎(으)] v. (p., pp. kept [kept]) 계속하다, (길 따위를) 계속 걷다
key /kiː/[크이이] n. (pl. ~s) 열쇠, 열쇠 모양의 물건. [cf.] lock
key.hole /kíː.houl/[크이'이.호우울] n. 열쇠 구멍, 마개 구멍
kind /kaind/[크아인드] n. 종류(class, sort, variety), 종족(동식물 따위의 유)
kitch.en /kítʃ.in/[크잋'.인] n. 부엌, 조리장, 취사장, 주방
knee /niː/[느이이] n. 무릎, 무릎 관절; (의복의) 무릎 부분
knew /njuː/[느이우우] ⇒ know의 과거
knife /naif/[느아잌프(으)] n. (pl. knives [naivz]) 나이프, 찬칼, 식칼(kitchen ~)
know /nou/[느오우] v. (knew [njuː]; known[noun]) 알고 있다, 알다, ~을 이해하다[하고 있다], ~와 아는 사이이다
known /noun/[느오운] ⇒ know의 과거분사
Ko.re.a /kə.ríː.ə, kou.ríː.ə/[크어.(어)리'이.어 /크오우.(어)리'이.어] n. 한국(공식명은 the Republic of Korea; 略: ROK)

L

la.dy /léi.diː/[(을)래'이.드이이] n. (pl. ladies) (woman에 대한 정중한 말)여자분, 여성
lamp /læmp/[(을)래^암프] n. 등불, 램프, 남포
land /lænd/[(을)래^안드] n. 뭍, 육지 [opp] sea, water, 땅, 토지, 지면
lane /lein/[(을)래인] n. 좁은 길, 좁은 시골길 [SYN.] ⇨ ROAD, 통로, (도로의) 차선
lan.guage /lǽŋ.gwidʒ/[(을)래^앙'.그우이쥐] n. 언어, 말, 국어
large /lɑrdʒ/[(을)라(어)ㄹ쥐] a. (공간적으로) 큰, 넓은, (정도·규모·범위 등이) 큰
last /læst/[(을)래^아스트] a. 「본디 late의 최상급」 (the ~) (순서상으로) 맨 마지막의

late /leit/[(을)래잍(으)] a. (later [léitər], latter [lǽtər]; latest [léitist], last [læst, lɑ:st]) * later, latest는 '때·시간'의, latter, last는 '순서'의 관계를 보임. 늦은([opp.] early), 지각한

laugh /læf/[(을)래^앟ㅍ(으)] v. 웃다, 흥겨워하다, 재미있어 하다

law /lɔ/[(을)로^어] n. (the ~) 법률, 법, 법규

learn /lərn/[(을)러(어)ㄹ은] v. (p., pp. ~ed) ~을 배우다, 듣다, 알다

least /li:st/[(을)리이스트] a. little의 최상급」 가장 작은, 가장 적은 [opp.] most

leave /li:v/[(을)리잏ㅂ(으)] v. (p., pp. left [left]) 남기고[두고]가다, 놓아두다

left /left/[(을)랲프트] a. 왼쪽의, 왼편의, 좌측의

−n, 좌측

−v. leave의 과거, 과거분사

left.over /léf.toʻu.vər/[(을)랲프 ′(으).트오ˋ우.ㅎ브어(어)ㄹ] n.(종종 pl.) 나머지, 잔존물, 남은 밥

leg /leg/[(을)랙(으)] n. 다리(특히 발목에서 윗부분 또는 무릎까지). (식용 동물의) 다리, 발 [cf.] foot

less /les/[(을)래스] a. 「little의 비교급」 더 적은, 보다 적은(양(量) 또는 수에 있어서) [opp.] more

let /let/[(을)랱(으)] v. (p., pp. ~; letting) 시키다, ~하게 하다(allow to)

li.cense, —cence /lái.səns/[(을)라이′.스언스] n. 면허, 인가, 관허, 특허, 허가증

like /laik/[(을)라잌(으)] v. 좋아하다, 마음에 들다, 바라다, ~하고 싶다(to do)

lit.tle /lít.l/[(을)맅′.을] a. (less [les], lesser [lésər]; least [li:st]. 보통 smaller, smallest를 대용) 「가산명사와 더불어」 (모양·규모가) 작은

live /liv/[(을)맇ㅂ(으)] v. 살다, 살아 있다, 거주하다

−a. 살아 있는([opp.] dead), (우스개) 진짜인, 산 (채로의)

liv.ing /lív.iŋ/[(을)맇ㅂ′.잉] a. 살아 있는, 생명 있는 [opp.] dead, 생명의 특징을 갖춘

long /lɔŋ/[(을)로^엉] a. (~er [lɔ́:ŋgər] ~est [−ŋgist]) (시간, 공간적으로) 긴

look /luk/[(을)룩(으)] v. 보다, 바라보다, 주시하다, 눈을 돌리다

look.ing /lúk.iŋ/[(을)룩′.잉] n. 봄, 탐구(探求)

lot /lɑt/[(을)랕(으)] n. 제비뽑기, 추첨, 「일반적」 몫(share)

−v. 나누다, 분류하다(out), 할당[배당]하다, 제비뽑기를 하다

−ad. (a lot, lots) 「동사·형용사·부사를 수식하여」 대단히, 크게, 종종, 빈번히.

• a ~ more[better] 아주 많은[좋은]

love /lʌv/[(을)러^앟ㅂ(으)] n. 사랑, 애정(affection), 호의(好意)

−v. 사랑하다

loved /lʌvd/[(을)러^앟ㅂ(으)드] ⇒ love의 과거 과거분사

low /lou/[(을)로우] a. 낮은(키·고도·온도·위도·평가 따위) [opp.] high, (신분·태생이) 낮은(humble), 비천한

lunch /lʌntʃ/[(을)러^안취] n. 점심, 경(輕)식사(미국) 시간에 관계없이

M

Mack /mæk/[므애^앜(으)] n. 맥(남자 이름)

made /meid/[므애읻(으)] ⇒ make의 과거 과거분사

mail /meil/[므애이을] n. 「집합적」 우편물, 우편

mail.box /méil.bɑ̀ks/[므애´이을.브앜(으)스] n. 【미국】 우체통

main /mein/[므애인] a. 주요한, 주된(principal), (제일) 중요한

make /meik/[므애잌(으)] v. (p, pp. made [meid]) 만들다, 짓다, 건설[건조, 조립]하다

male /meil/[므애이을] a. 남성의, 남자의, 수컷의 [opp.] female

mall /mɔl/[므오^어을] n. 나무 그늘이 있는 산책길, 보행자 전용 상점가, 쇼핑센터

man.y /mén.iː/[므앤´.이이] a. (more [mɔːr]; most [moust]) 「복수명사 앞에 쓰이어」 많은, 다수의, 여러 [opp.] few [cf.] much

map /mæp/[므애^앞(으)] n. 지도, 천체도, 도해(圖解), 설명도

March /mɑrtʃ/[므아(어)ㄹ취] n. 3월(略: Mar.)

mar.ket /mɑ́r.kit/[므아´(어)ㄹ.크잍(으)] n. 장, 시장, 거래선, 판로, 수요(demand)

may /mei/[므애이] aux. v. (과)might, 「불확실한 추측」 ~할[일]지도 모른다(약 50%)

May /mei/[므애이] n. 5월

may.be /méi.biː/[므애´이.브이이] ad. 어쩌면, 아마(perhaps) [SYN.] ⇨ PERHAPS

me /miː/[므이이] pron. 나를, 나에게.

meal /miːl/[므이이을] n. 식사, 식사 시간, 한 끼(분)

med.i.cine /méd.ə.sən/[므앧´.어.스언] n. 약, 약물, (특히) 내복약(for) [cf.] drug, 의학

me.di.um /míː.di.əm/[므이´이.드이.엄] n. (pl. ~s, −dia [−diə]) 중간, 중위(中位), 매개(물), meet /miːt/[므이잍(으)] v. (과,과분. met) ~을 만나다, ~와 마주치다

mere /miər/[므이어(어)ㄹ] a. (mérer; mérest) 단순한, ~에 불과한, a ~ child 아직 어린 아이

met /met/[므앹(으)] ⇒ meet의 과거

mid.dle /míd.l/[므읻´.을] a. 한가운데의, 중간의(medial), 중앙의, 중류의, 보통의

might /mait/[므아잍(으)] aux. v. (might not의 간약형 mightn't [máitnt]; 2인칭 단수 (고어) (thou) mightest [máitist]), MAY의 직설법 과거

mile /mail/[므아이을] n. (법정) 마일(statute ~) (약 1.609 km)

milk /milk/[므이을크] n. 젖, 모유, 우유

−v. ~의 젖을 짜다, 착취하다, 짜내다, 밥으로 하다, 즙을 짜내다

mine /main/[므아인] pron. 「1인칭 단수의 소유대명사」 나의 것, 나의 소유물

min.ute /mín.it/[므인ˊ.잍(으)] n. (시간의) 분, 잠깐 동안, 잠시

miss /mis/[므이스] n. (pl. ~es [mísiz]) (M−)−양(미혼 여성의 성 또는 성명 앞에 붙이는 경칭), 「단독으로」 처녀

Mon.day /mʌ́n.dei/[므어^안ˊ.드애이] n. 월요일(略: Mon.)

mon.ey /mʌ́n.iː/[므어^안ˊ.이이] n. (pl. ~s, mónies [−z]) 돈, 금전, 화폐

month /mʌnθ/[므어^안ㅅ드] n. (한)달, 월(月)

moon /muːn/[므우운] n. 달(천체의), 달빛

more /mɔr/[므오^어(어)ㄹ] a. 「many 또는 much의 비교급」 (수·양 등이) 더 많은, 더 큰 [opp.] less), 더욱 훌륭한, (지위 따위) 한층 높은

morn.ing /mɔ́r.niŋ/[므오^어ˊ(어)ㄹ.느잉] n. 아침, 오전. (시어) 여명(dawn)

most /moust/[므오우스트] a. 「many 또는 much의 최상급」 (양·수·정도·액 따위가) 가장 큰[많은], 최대[최고]의 [opp.] least, 「관사없이」 대개의, 대부분의

−n., pron. (흔히 the ~) 최대량[수], 최대한도[금액], 「관사 없이」 대부분

moth.er /mʌ́ð.ər/[므어^앟ㄷˊ.어(어)ㄹ] n. 어머니, 의붓어머니, 시어머니, 장모, 양모

mov.ie /múː.viː/[므우ˊ우.ㅎ브이이] n. (구어) 영화, (종종 the ~) 영화관

Mr. /mís.tər/[므이ˊ스.트어(어)ㄹ] n. ~씨, ~선생, ~님, ~군, ~귀하(남자의 성·성명·직명 등 앞에 붙이는 경칭), 미스터, 대표적인 남성

Mrs. /mís.iz/[므이ˊ스.이ㅅ즈] n. ~부인(夫人), 님, ~씨, ~여사(보통 기혼 여성의 성 또는 그 남편의 성명 앞에 붙임)

much /mʌtʃ/[므어^아취] a. (more [mɔːr]; most [moust]) 「물질명사·추상명사 따위 불가산명사의 앞에 붙여서」 다량(多量)의, 많은 [opp.] little [cf.] many

must /mʌst/[므어^아스트] aux. v. (must not의 간약형 mustn't [mʌ́snt]) ~해야 한다, 「금지」 ~해서는 안 된다

must.n't /mʌ́s.nt/[므어^아ˊ스.은트] = must not의 간약형

my /mai/[므아이] pron. I의 소유격」 나의

N

nail /neil/[느애이을] n. (사람의) 손톱, 발톱, (새·짐승의) 발톱, 못

name /neim/[느애임] n. 이름, 성명, (물건의) 명칭

* full name/성명(姓名), first name/명(名), last name/성(姓), maiden name/결혼전 성(姓), middle name/성명의 가운데 자, 예: 홍길동 ~ "길"

na.tion.al.i.ty /nӕ̀ʃ.ə.nӕ'l.ə.ti:/[느애^아'쌰.어.느애^아`을.어.트이이] n. 국적, 국민, 국가

near /niər/[느이어(어)ㄹ] ad. (~er; ~est)(공간·시간적으로) 가까이, 접근하여 [opp.] far

need /ni:d/[느이읻(으)] n. 필요, 소용

-v. 필요하다

nei.ther /ní:.ðər, nái-/[느이'이.ㅎ드어(어)ㄹ] 또는 [느아'이.ㅎ드어(어)ㄹ] a. 「단수명사의 앞에서」 (둘 중에서) 어느 쪽의 —도 ~아니다[않다](주어를 수식하는 경우를 제외하고 ((구어)에서는 not ~ either를 쓸 때가 많음))

nev.er /név.ər/[느앺ㅂ'.어(어)ㄹ] ad. 일찍이 ~(한 적이) 없다, 결코 ~하지 않다

new /nju:/[느이우우] a. 새로운, 새로 나타난

news /nju:z/[느이우우ㅅ즈] n. 뉴스(프로), (신문의) 기사(記事), 새로운 사실

next /nekst/[느앸스트] a. 「시간적으로」 다음의, 「공간적으로」 가장 가까운

-pron. 다음 사람[것], 옆의 것, 가장 가까운 사람[것]

-ad. 다음에, 이번에. (순서로 따져서) 다음으로,

-prep. ~의 다음[옆]에, ~에 가장 가까운.

nice /nais/[느아이스] a. (nicer; nicest) 좋은, 훌륭한

night /nait/[느아잍(으)] n. 밤, 저녁(때) [opp.] day, 안녕히 주무세요(Good night)

nine /nain/[느아인] a., n. 9(의), 9명[개](의)

no /nou/[느오우] a. (비교 없음) 하나[한 사람]도 ~없는[않는, 아닌], 조금도[전혀] 없는, 어떤[약간의] ~도 없는

no.body /nóu.bɑ̀d.i:/[느오'우. 브앋`.이이] pron. 아마도 ~않다

none /nʌn/[느어^안] pron. 아무도 ~않다[없다], 아무 것도 ~않다[없다]

noon /nu:n/[느우운] n. 정오, 한낮(midday). 한창, 전성기, 절정(of)

not /nɑt/[느앝(으)] ad. 조동사 do, will, can 따위 및 동사 be, have의 뒤에 와서」 ~않다, ~(은) 아니다

noth.ing /nʌ́θ.iŋ/[느^앟ㄷ'.잉] pron. 아무 것[아무 일]도 ~아님[하지 않음] 전혀 ~않음

No.vem.ber /nou.vém.bər/[느오우.ㅎ브앰′.브어(어)ㄹ] n. 11월(略: Nov.)
now/nau/[느아우] ad. 지금, 목하, 곧
no.where /nóu.hwὲər/[느오′우.우에ˋ어(어)ㄹ] ad. 아무 데도 ~없다
num.ber /nʌ́m.bər/[느어^암′.브어(어)ㄹ] n. 수, 숫자

O

oak /ouk/[오웈(으)] n. (pl. ~s, ~) 〖식물〗 오크(떡갈나무·참나무·가시나무 무리)
o.cean /óu.ʃən/[오′우.쎠언] n. 대양, 해양; (the O-) ~양(5대양의 하나)
o'.clock /ə.klák/[어.크을악′(으)] ad. ~시(時)
Oc.to.ber /ɑk.tóu.bər/[앜(으).트오′우.브어(어)ㄹ] n. 10월(略: Oct.)
of /ʌv/[어^앟ㅂ(으)] prep. ~로부터, ~의, ~로 인해, ~ 때문에
off /ɔf/[오^엏ㅍ(으)] ad. 「위치」(시간·공간적으로) 떨어져, 저쪽으로, 멀리, 앞에, 앞으로 「이동·방향·출발」 저쪽으로, 떠나(버려), 가 버려, 분리하여, 떨어져
of.fice /ɔ́f.is/[오^엏ㅍ′.이스] n. 임무, (공직의) 지위 [SYN.] ⇨ POSITION, 사무소[실], 오피스, 영업소
of.ten /ɔ́f.ən/[오^엏ㅍ′.언] ad. (~er, more ~; ~est, most ~)자주, 종종, 가끔
old /ould/[오우을드] a. (older; oldest; 「장유(長幼)의 순서를 말할 때, 특히 【영국】」 elder; eldest) 나이 먹은, 늙은. [opp.] young
on /ɔn, an/[오^언] 또는 /an/[안] prep. 「장소의 접촉을 나타내어」 ~의 표면에, ~에 붙여, ~(의 몸)에 지니고, ~로 (버티어), ~에 접하여
once /wʌns/[우어^안스] ad. 한 번, 일회, 한 차례
one.self /wʌn.sélf/[우어^안.스애′을ㅎ프] pron. [재귀용법] 자기 자신을[에게]. 「강의적」 자신이, 스스로
on.ly /óun.liː/[오′운.(을)리이] a. (the ~) 유일한, ~만[뿐]의
-ad. 오직, 겨우, 단지, ~만[뿐] [cf.] even
o.pen /óu.pən/[오′우.프언] v. (문·창 따위를) 열다, 열어젖히다, (책·신문 따위를) 펴다
o.pened /óu.pənd/[오′우.프언드] ⇒ open의 과거, 과거분사
o.pen.ing /óu.pən.iŋ/[오′우.프언.잉] n. 열기, 개방, (들)창(窓), 구멍, 개시
o.pin.ion /ə.pín.jən/[어.프인′.이언] n. 의견, 견해 (view), (보통pl.) 지론, 소신
op.po.site /ɑ́p.ə.zit/[앞′.어.ㅅ즈잍(으)] a. 마주 보고 있는, 맞은편의, ~에 면하고 있는(to). 역(逆)의, 정반대의

or /ɔr/[오^어(어)ㄹ] conj. 혹은, 또는, ~이나—

or.der /ɔ́r.dər/[오^어′(어)ㄹ.드어(어)ㄹ] n. 명령, 지휘, 순서, 서열, 주문
 —v. ~에게 명령하다, 주문하다

oth.er /ʌ́ð.ər/[어^앟ㄷ′.어(어)ㄹ)] a. 「복수명사의 앞, 또는 no, any, some, one, the 따위와 함께」 다른, (그) 밖[이외]의(단수명사를 직접 수식(修飾)하는 경우에는 another를 사용함)
 —pron. (pl. ~s) 다른[딴] 사람, 다른[딴] 것, (자기 이외의) 남, 다른[딴] 사람들 「the ~」 (둘 중의) 다른 한쪽[하나](의 사람·것), 「the ~s」 (셋 이상 중에서) 그 밖[이외]의 사람들[물건] 전부, 나머지 사람[것] (⇨ ANOTHER).

our /áu.ər/[아′우.어(어)ㄹ] pron. 「we의 소유격」 우리의, 우리들의

our.selves /àur.sélvz/[아`우(어)ㄹ.스애′을ㅎ브ㅅ즈] pron. (pl.) 우리 자신 [cf.] myself

out /aut/[아웉(으)] ad. 『안에서 밖으로의 방향·위치』

outside /áut.sáid/[아′웉.스아읻(으)] n. 바깥쪽, 외면 [opp.] inside

o.ver /óu.vər/[오′우.ㅎ브어(어)ㄹ] prep. 『위치』 「떨어진 바로 위의 위치를 보여」 ~(의) 위에[의], ~(의) 위쪽에[의], ~의 머리[바로] 위에[의] [opp.] under, (over는 '떨어져 바로 위에'라는 수직관계를 나타내며 '덮어 가리다, 덮치듯 위에'의 느낌이 가미됨) (above는 '바로 위에'를 포함하여 널리 위쪽의 위치를 나타냄) (on은 '접촉해서 위·표면에'의 뜻이 됨)

P

pack /pæk/[프애^앜(으)] n. 꾸러미, 보따리, 포장한 짐[묶음], 팩, 포장 용기, 배낭

page /peidʒ/[프애이쥐] n. 페이지(略: p., pl. pp.), 쪽, 면

pain /pein/[프애인] n. (몸의 일부의) 아픔, 괴로움, (보통 pl.) 노력, 노고

pair /pɛər/[프에어(어)ㄹ] n. (pl. ~s, (구어) ~) 한 쌍, (두 개로 된) 한 벌, (짝진 것의) 한 짝, 한 쌍의 남녀, (특히) 부부

par.don /pάr.dn/[프아′(어)ㄹ.드은] n. 용서, 허용 【법률】 특사(特赦), 은사(恩赦)
 —vt. 용서하다(forgive)

park /pαrk/[프아(어)ㄹㅋ] n. 공원 【미국】 유원지, 자연공원
 —v. 공원으로 [사냥터로] 둘러싸다, 주차하다

pass /pæs/[프애^아스] v. (p., pp. ~ed [—t], (드물게) past [—t]) 지나다, 움직이다, 나아가다(along; by; on; out; away, etc.), 가다(to), 통과하다

past /pæst/[프애^아스트] a. 지나간, 과거의, 이미 없어진, 방금 지난

−n. (보통 the ~) 과거, 기왕

−prep. (시간적으로) ~을 지나(서) [cf.] to (공간적으로) ~의 저쪽, ~을 지나서, (아무)와 스쳐 지나. (때에 있어서) ~을 넘어

−ad. 옆을 지나(서). •hasten ~ 급하게 지나쳐 가다

pay /pei/[프애이] v. (p., pp. paid [peid]) (빚 따위를) 갚다, 지불[지급]하다(for), (관심을) 보이다

pen /pen/[프앤] n. 펜

pen.cil /pén.səl/[프앤′.스어을] n.연필(석필도 포함),샤프펜슬(mechanical~)

per.son /pər.sən/[프어′(어)ㄹ.스언] n. 사람(개인으로서의), 인간, (경멸적) 놈, 녀석

phone /foun/[ㅎ프오운] n. 전화(기), 수화기. * be on the ~ 전화 받고 있다

phone−book ⇒ 전화번호부

pi.an.o /pi.ǽn.ou/[프이.애^안′.오우] n. (pl. ~s [−z]) 피아노

pic.ture /pík.tʃər/[프익′.츠어(어)ㄹ] n. 그림, 회화. 사진

piece /piːs/[프이이스] n. 조각, 단편 [cf.] bit, (한 벌의 물건 중의) 일부

pie.ces /píː.siz/[프이′이.스이ㅅ즈] n. piece의 복수, 조각들

plane /plein/[프을애인] n. 평면, 면, 수평면, 비행기(airplane)

−a. 편평한, 평탄한, 평면 도형의 [cf.] flat

−v. 편평하게[매끄럽게] 하다

plate /pleit/[프을애읻(으)] n. 접시(dish)(보통 납작하고 둥근 것); 접시 모양의 것

play /plei/[프을애이] v. (~의) 놀이를 하다(at), 장난치다, (~을) 가지고 놀다

play.ing /pléi.iŋ/[프을애′이.잉] ⇒ play 의 현재분사

pock.et /pák.it/[프앆′.읻(으)] n. 포켓, 호주머니, 지갑, 회중품, 소지금

poor /pur/[프우(어)ㄹ] a. 가난[빈곤]한 [opp.] rich, wealthy 빈약[초라]한, (사람·동물이) 불쌍한, 가엾은

post−office /póust.−ɔ̀f.is/[프오′우스트−오^옿`ㅍ.이스] n. 우체국

po.ta.to /pə.téit.ou/[프어.트애′읻.오우] n. (pl. ~es) 감자(white [Irish] ~) **【미국】** 고구마(sweet ~).

prep.o.si.tion /prèp.ə.zíʃ.ən/[프(어)랩`.어.ㅅ즈이′쎠.언] n. 〖문법〗 전치사(略: prep.)

price /prais/[프(어)라이스] n. 가격, 대가(代價), 값

prin.ci.pal /prín.sə.pəl/[프(어)린′.스어.프어을] n. 장(長), 장관, 사장, 교장, 회장

prob.lem /prάb.ləm/[프(어)랍′(으).(을)엄] n. 문제, 연습 문제, 귀찮은 일

pull /pul/[프우을] v. 당기다, 끌다, 끌어당기다

push /puʃ/[프우쒸] v. 밀다, 밀치다, 밀어 움직이다, 밀어 나아가게 하다

put /put/[프웉(으)] v. (p., pp. put; pútting) (어떤 위치에) 놓다, 두다, 설치하다, 붙이다

Q

quar.rel /kwɔ́r.əl /[크우오^어'.(어)러을] n. 싸움, 티격남, 불화

quar.ter /kwɔ́r.tər/[크우오^어'(어)ㄹ.트어(어)ㄹ] n. 4분의 1, 15분

ques.tion /kwés.tʃən/[크우애 '스.츠언] n. 질문, 심문, 물음 [opp.] answer, 『문법』 의문문

quick /kwik/[크우잌(으)] a. 빠른, 잽싼, 민첩한

qui.et /kwái.ət/[크우아'이.얼(으)] a. (~er; ~est) 조용한, 소리 없는 [opp.] noisy

quit /kwit/[크우잍(으)] v. (p., pp. ~ted, ~ting) 그치다, 그만두다, 중지하다 (discontinue)

quite /kwait/크우아잍(으)] ad. 완전히, 아주, 전혀

R

ra.di.o /réi.di.òu/[(어)래'이.드이.오`우] n. (pl. -dios) 라디오(방송), 라디오 방송사업

rail /reil/[(어)래이을] n. (울·수건걸이 따위의) 가로대, 가로장

rail.road /réil.ròud/[(어)래'이을.(어)로운(으)] n. 철도(선로), 궤도

rain /rein/[(어)래인] n. 비, 빗물, (pl.) 소나기
 -v. 「it를 주어로」 비가 오다, 비 오듯 내리다

rain.y /réin.iː/[(어)래인'.이이] a. (rainier; -iest) 비 오는, 비올 듯한

ran /ræn/[(어)래^안] ⇒ run의 과거

read /riːd/[(어)리읻(으)] v. (p., pp. read [red]) (책·편지 따위를) 읽다

read.ing /ríː.diŋ/[(어)리'이.드잉] n. 읽기, 독서

read.y /réd.iː/[(어)랟'.이이] a. (readier; -iest) 준비가 된(for); (언제든지 ~할) 채비 갖춘

red /red/[(어)랟(으)] a. (-dd-) 빨간, 적색의; (얼굴 따위가) 불그스름한.
 -n. 빨강, 적색

re.frig.er.a.tor /ri.frídʒ.ə.rèit.ər/[(어)리.ㅎ프(어)릳'.어.(어)래`잍.어(어)ㄹ] n. 냉장고; 냉장 장치

rel.a.tive /rél.ə.tiv/[(어)래´을.어.트잉ㅂ(으)] a. 비교상의, 상대적인 [cf.] absolute, positive 관계[관련] 있는

−n. 친척, 친족, 인척.

rel.a.tives /rél.ə.tivz/[(어)래´을.어.트잉ㅂ(으)ㅅ즈] n. relative의 복수, 친척들

re.pair /ri.pέər/[(어)리.프에´어(어)ㄹ] vt. 수리[수선, 수복]하다 [SYN.] ⇨ MEND

re.peat /ri.píːt/[(어)리.프이´일(으)] v. 되풀이하다, 반복하다, 되풀이해 말하다

re.port /ri.pɔ́rt/[(어)리.프오^어´(어)ㄹ트]v. (연구·조사 등을)보고하다, (들은 것을) 전하다, 말하다, 이야기하다, ~을 보도하다, (세상에서) ~라고 말하다

−n. 보고(서), 공보, 보도, 기사(on), (학교의) 성적표

re.sched.ule /riː.skédʒ.uːl/[(어)리이.스캣´.우우을] vt. (−uled; −uling) 스케줄을 다시 잡다

res.er.va.tion /rèz.ər.véi.ʃən/[(어)랫`.어(어)ㄹ.ㅎ브애´이.쎠언] n. 보류(된 권리·이익), 예약

rest /rest/[(어)래스트] n. 휴식, 휴게, 정양

−v. 휴식하다, 쉬다

res.tau.rant /rés.tə.rənt/[(어)래´스.트어.런트] n. 【F.】 요리점, 음식점

ride /raid/[(어)라읻(으)] v.(rode [roud], ridden [rídn]) (말·탈것 따위에) 타다, 타고 가다

right /rait/[(어)라읻(으)] a. 옳은, (도덕상) 정당한. [opp.] wrong, 틀리지 않은 [cf.] correct. *right now 지금 당장

rise /raiz/[(어)라이ㅅ즈] v. (rose [rouz]; risen [rízən]) 일어서다, 일어나다

riv.er /rív.ər/[(어)륑ㅂ´.어(어)ㄹ] n. 강, 강의 이름

road /roud/[(어)로운(으)] n. 길, 도로, (도시 등의 가로의 명칭으로서; 略: Rd.)

roof /ruːf/[(어)루웋ㅍ(으)] n. (pl. ~s [−s]) 지붕; 지붕 모양의 것

room /ruːm/[(어)루움] n. 방(略: rm.), (빈) 장소, 공간

rose /rouz/[(어)로우ㅅ즈] n. 〚식물〛 장미(꽃), 장미과의 식물

−v. rise의 과거

run /rʌn/[(어)러^안] v. (ran [ræn]; run; running) (사람·말이) 달리다, 뛰다, 달려가다, (원조 등을 얻으러) 달려가다, (---의) 힘을 빌리다(to)

S

sad /sæd/[스애^앋(으)] a. (-dd-) 슬픈, 슬픔에 잠긴(sorrowful) [opp] happy

said /sed/[스앧(으)] ⇒ say의 과거·과거분사

same /seim/[스애임] a. (보통 the ~) 같은, 마찬가지의 [opp] different

saw /sɔ/[스오^어] n. 톱, 『동물』 톱니 모양의 부분

-v. 톱으로 켜다[자르다]; 톱으로 켜서 만들다, SEE의 과거

-n. 속담(proverb), 격언(보통 old saw 또는 wise saw로서 쓰임)

sched.ule /skédʒ.uːl/[스크앶 ′.우우을] n. 【미국】 시간표(timetable), 예정(표), 스케줄

school /skuːl/[스크우우을] n. 학교, 양성[교습, 강습]소, 연구소, 수업

scien.tist /sái.ən.tist/[스아′이.언.트이스트] n. (자연)과학자, 과학연구자

sea /siː/[스이이] n. (the ~) 바다, 대양, 대해, 해양 [cf.] ocean

search /sərtʃ/[스어(어)ㄹ취] v. (장소를) 찾다, 뒤지다, 탐색하다, 수색하다

sear.ching /sə́r.tʃiŋ/[스어′(어)ㄹ.츠잉] a. 수색하는, 구석구석까지 미치는, 엄중한, 엄격한

-n. 수색, 음미

sea.son /síː.zən/[스이′이.ㅅ즈언] n. 계절, 철, 사철의 하나

seat /siːt/[스이읻(으)] n. 자리, 좌석, 걸상(의자·벤치 따위)

Se.at.tle /siː.ǽt.l/[스이이.애^앋′.을] n. 시애틀(미국 워싱턴 주의 항구 도시)

sec.re.tar.y /sék.rə.tèr.iː/[스액′(으).(어)러.트애`.(어)리이] n. 비서, 간사, 미국(각 부(部)의) 장관

see /siː/[스이이] v. (saw [sɔː]; seen [siːn]) 보다, ~이 보이다, (글자·인쇄물 등을) 보다, ~을 만나(보)다 [SYN.] ⇨ MEET

seem /siːm/[스이임] vi. ~으로 보이다, ~(인 것) 같다, ~(인 것으)로 생각되다

seen /siːn/[스이인] ⇒ see의 과거분사

self /self/[스애을ㅎ프] n. (pl. selves [selvz]) 자기, 저, 자신, 『철학』 자아, 나

send /send/[스앤드] v. (p., pp. sent [sent]) 보내다, 발송하다

Sep.tem.ber /səp.tém.bər/[스엎(으).트앰′.브어(어)ㄹ] n. 9월(略: Sep., Sept.)

ser.vice /sə́r.vis/[스어′(어)ㄹ.ㅎ브이스] n. (종종 pl.) 봉사, 수고, 이바지, 돌봄, 조력

-v. (공급·시설·수리 따위를) 봉사적으로 해 주다, (기계류를) 수리하다, 손질하다

sev.en /sév.ən/[스앵ㅂ′.언] a. n. 일곱(의), 일곱 개[사람](의)

sev.enth /sév.ənθ/[스앵ㅂ'.언ㅅㄷ] a., n. 제7(의), 일곱(번)째(의), 7분의 1(의)
shall /ʃæl/[쌰애^아을] aux. v. (should [ʃud; 약하게 ʃəd]; shall not의 간약형 shan't [ʃænt / ʃɑːnt], should not의 간약형 shouldn't [ʃúdnt]) ~일[할] 것이다, ~하게[이] 되다[된다], 꼭 ~한다, ~하게 될까요
she /ʃiː/[쌰이이] pron. (pl. they) 그녀는[가](3인칭 여성 단수 주격의 인칭대명사; 소유격·목적격은 her; 소유대명사는 hers)
shine /ʃain/[쌰아인] v. (p., pp. shone) 빛나게[번쩍이게] 하다, 비추다
shoe /ʃuː/[쌰우우] n. 신, 구두 [cf.] boot
shop /ʃɑp/[쌰앞(으)] n. 가게, 상점, 소매점((미국) store), (큰 상점의) 전문 부문 −v. (−pp−) 물건을 사다, 쇼핑하다
shop.ping /ʃɑ́p.iŋ/[쌰앞'.잉] n. 쇼핑, 물건사기, 장보기
shop.ping−cart ⇒ 손님용의 손수레(슈퍼마켓 등의)
short /ʃɔrt/[쌰오^어(어)ㄹ트] a. 짧은(길이·거리·시간 등이)([opp] long), 간결한, (키 등이) 작은([opp] tall), 닿지 않는, 불충분[부족]한
should /ʃud/[쌰욷(으)] aux. v. (should not의 간약형 shouldn't [ʃúdnt] ~할 테다[하겠다], ~할까요, shall의 과거형
shoul.der /ʃóul.dər/[쌰오'우을.드어(어)ㄹ] n. 어깨, 어깨 관절. (pl.) 견부(肩部), 어깨 부분, (책임을 짊어지는) 어깨
shut /ʃʌt/[쌰어^앝(으)] v. (p., pp. ~; ~ting) 닫다(up; down) [opp] open [SYN.] ⇨ CLOSE, (점포·공장 따위를) 일시 폐쇄하다, 폐점[휴업]하다((up; down), 막다(up)
sick /sik/[스읶(으)] a. 병의, 병에 걸린 [SYN.] ⇨ ILL
side /said/[스아읻(으)] n. 쪽, 측, 측면, 면(앞뒤·좌우·상하·안팎), 산중턱; 사면
sight /sait/[스아잍(으)] n. 시각(視覺, 시력(視力)(vision). 봄, 시계
since /sins/[스인스] ad. 「완료형동사와 함께」 그 후 (지금까지), 그 이래, 지금[그때]까지), 「종종 ever ~의 형태로」 (그때) 이래 (죽), 그 후 내내
sing /siŋ/[스잉] v. (sang [sæŋ], (드물게) sung [sʌŋg]; sung) 노래하다. (새가) 울다
sing.er /síŋ.ər/[스잉'.어(어)ㄹ] n. 노래하는 사람,(특히). 가수, 성악가
sir /sər/[스어(어)ㄹ] n. (호칭) 님, 선생(님), 귀하, 각하, 나리
sis.ter /sís.tər/[스이'스.트어(어)ㄹ] n. 여자 형제, 자매
sit /sit/[스잍(으)] v. (p., pp. sat [sæt], 앉다, 걸터앉다, 착석하다, 앉아 있다
size /saiz/[스아이ㅅ즈] n. 크기, 넓이, 치수, 부피, (옷·모자·장갑 따위의) 사이즈
sky /skai/[스크아이] n. (pl.) 하늘, (the ~ [skies]) 천국(heaven) (pl.) 날씨

slam /slæm/[스을애^암] v. (−mm−) (문 따위를) 탕[탁] 닫다. (문 따위가) 꽝[탕] 닫히다, 소리내어 (~에 세게) 부딪다

slammed /slæmd/[스을애^암드] v. slam의 과거, 과거분사

sleep /sliːp/[스을이잎(으)] v. (p., pp. slept [slept]) 잠자다, 활동하지 않다

sleep.ing /slíː.piŋ/[스을이ˊ이.프잉] n. 잠, 수면, 휴지(休止), 활발치 않음
−a. 자고 있는, 잠자코 있는, 쉬고 있는

sleep.y /slíː.piː/[스을이ˊ이.프이이] a. (sleepier; −iest) 졸린, 졸음이 오는, 꾸벅꾸벅 조는

slight /slait/[스을아잍(으)] a. 약간의, 적은, 근소한(inconsiderable), 가벼운, 사소한, 가는

slight.ly /sláit.liː/[스을아ˊ잍.(을)리이] ad. 약간, 조금. 약하게, 홀쭉하게, 가냘프게

slip /slip/[스을잎(으)] v. (p., pp. slipped [−t],) (찍) 미끄러지다, 미끄러져 넘어지다

slip.per.y /slíp.ə.riː/[스을잎ˊ.어.(어)리이] a. (−perier; −iest) (길·땅 따위가) 미끄러운, 반들반들한

slow /slou/[스을오우] a. (속도가) 느린, 더딘, 느릿느릿한 [opp.] quick

slow.ly /slóu.liː/[스을오ˊ우.(을)리이] ad. 느릿느릿, 천천히, 느리게, 완만하게

small /smɔl/[스므오^어을] a. 작은, 소형의, 비좁은 [opp.] big, large

smoke /smouk/[스므오욱(으)] n. 연기, 매연, 연깃 빛, 흐린 잿빛
−v. 연기를 내다, 잘 타지 않고 연기를 내뿜다, 담배를 피우다

smok.ing /smóu.kiŋ/[스므오ˊ우.크잉] n. 흡연, 연기가 낌, 발연(發煙), 수증

smo.ky, smo.key /smóu.kiː/[스모ˊ우.크이이] a. (smokier; −iest) 연기 나는, 내운, 연기가 많은, 연기가 자욱

snow /snou/[스느오우] n. 눈, 강설(降雪), (pl.) 적설(積雪) 눈 모양의 것

so /sou/[스오우] ad. 그[이]와 같이, 그[이]렇게, 이 [그]대로

sock /sɑk/[스악(으)] n. (보통 pl.) 짧은 양말

soft /sɔft/[스오^엏ㅍ(으)트] a. 부드러운, 유연한, 폭신한

soft−drink ⇒ 청량음료

some /sʌm/[스어^암] a. 얼만가의, 몇 개(인가)의, 다소(多少)의, 약간[조금]의(의미가 약해서 굳이 우리말로 새길 필요가 없을 경우도 있음). 「분명치 않은 또는 불특정한 것·사람을 가리켜서

some.one /sʌ́m.wʌ̀n/[스어^암ˊ.우어^안ˋ] pron. 누군가, 어떤 사람(somebody)

some.how /sʌ́m.hàu/[스어^암ˊ.하ˋ우] ad. 어떻게든지 하여, 어쩐지

some.thing /sʌ́m.θiŋ/[스어^암ˊ.ㅅ드잉] pron. 무언가, 어떤 것[일], 얼마간[쯤], 어느 정도

some.time /sʌ́m.tàim/[스어^암'.트아`임]ad. 언젠가, 언젠가 후일, 근근, 후에

some.where /sʌ́m.hwὲər/[스어^암'.우애`어(어)ㄹ] ad. 어딘가에(서), 어디론가

son /sʌn/[스어^안] n. 아들, 자식, 사위, 의붓아들, 수양아들, 양자

song /sɔŋ/[스오^엉] n. 노래, 창가, 성악(singing), 가곡, 단가

soon /su:n/[스우운] ad. 이윽고, 곧, 이내. 빨리

sor.ry /sɔ́r.i:/[스오^어'.(어)리이] a. (-rier; -riest) 슬픈, 유감스러운, 가엾은, 딱한(about; for; to do; that). 「사죄·변명」 미안합니다(만), 죄송합니다만

sound /saund/[스아운드] n. 소리, 음, 음향, 울림. (물체가 내는) 소리

soup /su:p/[스우읖(으)] n. 수프, 고깃국(물) [cf.] broth

south /sauθ/[스아읏ㄷ(으)] n. (보통 the ~) 남쪽

south.ern /sʌ́ð.ərn/[스어^앟ㄷ'.어(어)ㄹ은] a. 남쪽의, 남쪽에 있는, 남쪽으로의, 남향의

speak /spi:k/[스프이잌(으)] v. (spoke [spouk]) 이야기[말]하다(talk), 지껄이다

speak.ing /spí:.kiŋ/[스프'이이.크잉] n. 말하기(talking), 담화, 연설, 정치적 집회
-a. 말[이야기]하는, 이야기

speed /spi:d/[스프이읻(으)] n. 빠르기(rapidity) 속력, 속도 [SYN.] ⇨ HASTE

spend /spend/[스프앤드] v. (p, pp. spent [spent]) (돈을) 쓰다, 소비하다(expend). ⇨ GAME, (pl.) 운동회

spring /spriŋ/[스프(어)링] n. 봄. (비유) 청춘 시대, 성장기, 초기. 튀어 오름
-v. (sprang [spræŋ], sprung [sprʌŋ]) 튀다(leap), 도약하다, 뛰어넘다, 뛰어오르다(jump)

stair /stεər/[스트에어(어)ㄹ] n. (계단의) 한 단, (종종 ~s) 계단

stand /stænd/[스트애^안드] v. (p., pp. stood [stud]) 서다, 계속해서 서 있다

star /stɑr/[스트아(어)ㄹ] n. 별, 항성

start /stɑrt/[스트아(어)ㄹ트] v. 출발하다, 떠나다(leave) [SYN.] ⇨ LEAVE, 시작하다

state /steit/[스트애잍(으)] vt. 진술하다, 주장하다, 말하다 [cf.] speak
-n. 상태, 형편, 사정, 형세, (흔히 the S-) 국가
-a. 국가의, 국사에 관한. 【미국】 주(州)의

state.ment /stéit.mənt/[스트애'잍(으).므언트] n. 성명 (아무의) 말, 설, 말한 것

sta.tion /stéi.ʃən/[스트애'이.쎠언] n. 정거장, 역(railroad ~), 정류장, 소(所), 서(署), 局)

stay /stei/[스트애이] v. (p., pp. ~ed [-d]) (장소·위치 등에) 머무르다 [SYN.] ⇨ LIVE, ~인 채로 있다

step /step/[스트앺(으)] v. (−pp−) 걷다(특히 짧은 거리를),(독특한) 걸음걸이를 하다 −n. 걸음, 단계 (pl.) 보행, 계단

still /stil/[스트이을] a. 정지(靜止)한, 움직이지 않는, 말이 없는 [SYN.] ⇨ QUIET −ad. 아직(도), 상금, 여전히, 그럼에도, ~하지만, 그러나

stom.ach /stʌ́m.ək/[스트어^암′.엌(으)] n. 위(胃), 복부, 배

stop /stɑp/[스트앞(으)] v. (p., pp. ~ped [−t], ~ping) 멈추다

store /stɔr/[스트오^어(어)ㄹ] n. (종종 pl.) 저축, (지식 등의) 축적 【미국】 가게,상점

street /stri t/[스트(어)리잍(으)] n. 거리, ~가(街), ~거리(略: St.) [SYN.] ⇨ ROAD

stu.dent /stjú:.dənt/[스트이우′우,드언트] n. 학생(미국에서는 중학생 이상, 영국에서는 대학생) [SYN.] ⇨ PUPIL

such /sʌtʃ/[스어^아춰] a. 그러한, 그런, 그[이]와 같은

suit /su:t/[스우웉(으)] n. 소송(lawsuit), 청원, (복장의) 한 벌, 일습, (남자 옷의)상하

suit.a.ble /sú:t.ə.bl/[스우′웉.어.브어을] a. 적당한, 어울리는, 알맞은(to; for) [SYN.] ⇨ FIT

suit.case /sú:t.keis/[스우′웉(으).크애이스] n. 여행 가방, 슈트케이스 [SYN.] ⇨ TRUNK

sum.mer /sʌ́m.ər/[스어^암′.어(어)ㄹ] n. 여름, 여름철

sun /sʌn/[스어^안] n. (일반적으로 the ~) 태양, 해

Sun.day /sʌ́n.dei/[스어^안′.드애이] n. 일요일, (기독교회의) 안식일(Sabbath)

sun.ny /sʌ́n.i:/[스어^안′.이이] a. (−nier; −niest) 양지바른, 밝게 비치는, 햇볕이 잘 드는([opp.] shady). 쾌활한, 밝은 [opp.] dark

sun.shine /sʌ́n.ʃàin/[스어^안′.셔아`인] n. 햇빛, 일광, 양지, 맑은 날씨

sup.per /sʌ́p.ər/[스어^앞′.어(어)ㄹ] n. (낮에 dinner를 먹었을 때의) 만찬, 저녁 식사(특히 dinner보다 가벼운 식사)

sup.port /sə.pɔ́rt/[스어.프오^어′(어)ㄹ트] vt. 지탱하다, (주의·정책 등) 지지하다, 원조하다

sure /ʃuər/[셔우어(어)ㄹ] a. 틀림없는, 확실한, 튼튼한

sur.ger.y /sə́r.dʒər.i:/[스어′(어)ㄹ.즈어.(어)리이] n. 외과 (의술), 수술 [cf.] medicine

sur.prise /sər.práiz/[스어(어)ㄹ.프(어)라′이ㅅ즈] vt.(깜짝) 놀라(게 하)다, 아연해 하다

sur.prised /sər.práizd/[스어(어)ㄹ.프(어)라′이ㅅ즈드] ⇒ surprise의 과거, 과거분사

sweet /swi:t/[스우이잍(으)] a. 단, 달콤한, 당분이 있는 [opp] bitter

swim /swim/[스우임] v. swam, swum, ~ming 헤엄치다

swim.ming /swím.iŋ/[스우임´.잉] n. 수영, 경영(競泳), 『동물』 유영(遊泳)
swing /swiŋ/[스우잉] v. (swung [swʌŋ]) 흔들리다, 흔들거리다, 진동하다
switch /switʃ/[스우이취] n. 『전기』 스위치, 개폐기

−v. (전류를) 통하다, (전등·라디오 따위를) 켜다, (전화를) 연결하다(on), 스위치를 돌리다[켜다(on), 끄다(off)], (방향 따위를) 바꾸다, 교환하다, (생각·화제 따위를) 바꾸다, 전환하다, 돌리다, 바꿔치다, 교환하다

T

ta.ble /téi.bəl/[트애´이.브어을] n. 테이블, 탁자, 식탁

take /teik/[트애잌(으)] v. (took [tuk]; taken [téikən]) 손에 잡다, 쥐다(seize, grasp)(up), (덫 따위로 짐승을)포획하다, (범인 따위를) 붙잡다

tal.ent /tǽl.ənt/[트애^아´을.언트] n. (타고난) 재주, 재능, 재간

talk /tɔk/[트오^엌(으)] v. 말하다, (~와) 이야기하다(to; with; on), 강연하다(on; to) [SYN.] ⇨ SPEAK (~와) 이야기를 나누다

tall /tɔl/[트오^어을] a. 키 큰 [opp.] short [SYN.] ⇨ HIGH, 높이[키]가 ~인

taught /tɔt/[트오^엍(으)] ⇒ teach의 과거·과거분사

tax /tæks/[트애^앜스] n. 세(稅), 세금, 조세

teach /tiːtʃ/[트이이취] v. (p., pp. taught [tɔːt]) 가르치다, 교수하다, 교육하다, 훈육하다

tea.cher /tíː.tʃər/[트이´이.츠어(어)ㄹ] n. 선생, 교사, 교수자

tel.e.phone /tél.ə.fòun/[트애´을.어.ㅎ프오`운] n. 전화, 전화기, (the ~) 전화, (통신) 조직

tell /tel/[트애을] v. (p., pp. told [tould]) 말하다, 이야기하다 [SYN.] ⇨ SPEAK (아무에게) 들려주다, 알리다, (거짓말·비밀 따위를) 말하다

tem.per.a.ture /tém.pər.ə.tʃuər/[트앰´.프어.(어)러.츠우어(어)ㄹ] n. 온도, 체온, 고열

ten /ten/[트앤] a., n. 10 (의), 10 인[개](의)

test /test/[트애스트] n. 테스트, 시험, 검사, 고사

thank /θæŋk/[ㅅ드애^앙크] vt. ~에게 사례하다, ~에게 감사하다

that /ðæt/[ㅎ드애^앝(으)] a. 복수(pl.) those 「떨어져 있는 것·사람에 관하여」 저, 그. 「가리키면서, 먼 때·곳을 가리켜」 그, 저 쪽의, 저

the /ðə/[ㅎ드어](자음 앞), /ði/[ㅎ드이](모음 앞) def. art. : 정관사, 그, 이

the.a.ter, −tre /θíː.ə.tər/[ㅅ드이´이.어.트어(어)ㄹ] n. 극장, (고대의) 야외극장

theft /θeft/[ㅅ드앺ㅍ(으)트] n. 도둑질, 절도, 절도죄

their /ðɛər/[ㅎ드에어(어)ㄹ] pron. they의 소유격, 그들의, 저 사람들의, 그것들의

then /ðen/[ㅎ드앤] ad., conj. 「과거·미래에도 씀」 그때(에[는]), 그 당시(에[는]), 당시. 그 다음에

there /ðɛər/[ㅎ드에어(어)ㄹ] ad. 「장소·방향을 나타내어」 거기[그 곳]에, 거기(에)서

these /ði:z/[ㅎ드이이ㅅ즈] pron., a. 「this의 복수꼴」 이것들(의)

they /ðei/[ㅎ드애이] pron. 복수(pl.) 「인칭대명사 he, she, it의 복수 꼴, 주격 they; 소유격 their; 목적격 them; 소유대명사 theirs — 그들; 그들은[이]; 그것들, 그것들은[이]

thief /θi:f/[ㅅ드이잎ㅍ(으)] n. (pl. thieves [θi:vz]) 도둑, 절도범(사람) [cf.] robber

think /θiŋk/[ㅅ드잉크] v. (p., pp. thought [θɔ:t]) ~라고 여기다, ~라고 생각하다

thin.king /θíŋ.kiŋ/[ㅅ드잉′.크잉] a. 생각하는, 사고하는, 생각할 힘이 있는
 –n. 생각(하기), 사고, 의견

this /ðis/[ㅎ드이스] pron. (pl. these) 「지시대명사」 이것, 이 물건[사람, 일] (that보다 자기에게 가까운 것을 가리킴)

those /ðouz/[ㅎ드오우ㅅ즈] pron. 「that의 복수형」 그것들, 그 사람들, 그 사물들

three /θri:/[ㅅ드(어)리이] a. n. 3(의), 3개[인](의)

through /θru:/[ㅅ드(어)루우] prep. 「통과·통로·관통」 ~을 통(通)하여[지나서, 빠져], ~을 꿰뚫어. (문·경로 따위)를 통하여, (열차 따위가) 직행의
 –ad. (be동사와 결합한 경우에는 형용사로 볼 수도 있음) 통하여, 통과하여, 꿰뚫어

throw /θrou/[ㅅ드(어)로우] v. (threw [θru:]; thrown [θroun]) (내)던지다, 팽개치다

thumb /θʌm/[ㅅ드어^암] n. 엄지손가락

Thurs.day /θə́rz.dei/[ㅅ드어′(어)ㄹㅅ즈.드애이] n. 목요일(略: Thur., Thurs)

tic.ket /tík.it/[트잌′.잍(으)] n. 표, 권(券), 입장[승차]권

ti.ger /tái.gər/[트아′이.그어(어)ㄹ] n. 범, 호랑이. *암컷은 tigress, 새끼는 cub, whelp

till /til/[트이을] prep. 「시간적」 ~까지. 「부정어와 함께」 ~까지

time /taim/[트아임] n. 「관사 없이」 (과거·현재·미래로 계속되는) 시간, 때, 시일, 세월

tire /taiər/[트아이(어)ㄹ] v. 피로하게하다, 싫증나게[물리게] 하다, 피로하다

tired /taiərd/[트아이(어)ㄹ드] a. (more tired, tireder; most tired, tiredest) 피로한, 지친, 물린, 싫증난

to /tu:/[트우우] prep. 「방향」 ~쪽으로[쪽에], ~로, ~을 향하여, 「도착의 뜻을 함축시킨 방향」 ~까지, ~로

to.day /tə.déi/[트어.드애ˊ이] n. ad. 오늘, 현재[현대, 오늘날]
toe /tou/[트오우] n. (사람의) 발가락 [cf.] finger
to.geth.er /tə.géð.ər/[트어.그앻ㄷˊ.어(어)ㄹ] ad. 함께, 같이, 동반해서
told /tould/[트오우을드] ⇒ tell의 과거·과거분사
Tom /tam/[트암] n. 사람의 이름
to.mor.row /tə.mɔ́r.ou/[트어.므오^어ˊ.(어)로우] n., ad. 내일 [cf.] today, (가까운) 장래
to.night /tə.náit/[트어.나ˊ잍(으)] n., ad. 오늘밤(에) [cf.] today
too /tuː/[트우우] ad. ~도 (또한) (also), 그 위에, 게다가(in addition)
tooth /tuːθ/[트우웃ㄷ(으)] n. (pl. teeth [tiːθ]) 이, (pl.) 의치(義齒), 틀니(denture)
tooth.brush /túːθ.brʌʃ/[트우ˊ웃ㄷ(으).브(어)러^아ˋ쒀] n. 칫솔
tooth.paste /túːθ.pèist/[트우ˊ웃ㄷ(으).프애ˋ이스트] n. 크림 치약
top /tɑp/[트앞(으)] n. 톱, 정상, 꼭대기, 절정, 끝
touch /tʌtʃ/[트어^아취] v. (무엇이) ~에 닿다, 접촉하다
tough /tʌf/[트어^앟ㅍ(으)] a. 강인한, 구부려도 부러지지 않는 [cf.] tender, 튼튼한
toward /tɔrd/[트오^어(어)ㄹ드] prep. 「위치·방향」 ~쪽으로, ~로 향하여, ~에 면하여
town /taun/[트아운] n. 읍(village보다 크고 city의 공칭이 없는 것)
toy /tɔi/[트오^어이] n. 장난감, 완구, 쓸모없는 것
track /træk/[트(어)래^악(으)] n. 지나간 자국, 흔적, 바퀴 자국, (사냥개가 좇는 짐승의) 냄새 자국, (pl.) 발자국, 통로, 밟아 다져져 생긴 길
train /trein/[트(어)래인] n. 열차, 기차, 전동차(2량 이상 연결되어 달리는 것)
trans.late /træns.léit/[트(어)래^안스.(을)래ˊ잍(으)] vt. 번역하다, 해석하다
trans.la.tion /træns.léi.ʃən/[트(어)래^안스.(을)래ˊ이.쎠언] n. 번역, 통역, 번역문, 번역서
treat /triːt/[트(어)리잍(으)] v. (사람·짐승을) 다루다, 대우하다
tree /triː/[트(어)리이] n. 나무, 수목, 교목(喬木) (낮은 것은 shrub), (꽃·열매와 구별하여) 나무, 줄기의 부분 [cf.] bush
truck /trʌk/[트(어)러^악(으)] n. 트럭, 화물 자동차 [cf.] lorry
true /truː/[트(어)루우] a. 정말의, 진실한, 사실과 틀리지 않는 [opp.] false
try /trai/[트(어)라이] v. (p., pp. tried; trying) 해다, 시도하다, (가능한지 어떤지)
try.ing /trái.iŋ/[트(어)라ˊ이.잉] a. 견디기 어려운, 괴로운, 고된(painful), 화나는
turn /tərn/[트어(어)ㄹ은] v. 돌리다, 켜다, 회전시키다, (스위치·고동·마개를) 틀다
twen.ty /twén.tiː/[트우앤ˊ.트이이] a., n. 20(의), 20개[사람](의), 다수(의)
twice /twais/[트우아이스] ad. 2회, 두 번, 2배로

two /tuː/[트우우] a., n. (pl. ~s) 2(의), 2개(의), 두 사람(의), 한 쌍, 2의 기호
type /taip/[트아잎(으)] n. 형(型), 타입, 유형, 전형 모범

U

un.der /ʌ́n.dər/[어^안′.드어(어)ㄹ] prep. 「아래쪽의 위치」 ~의 (바로) 아래에[의, 를, 로], ~의 밑에[의, 을, 으로], ~기슭에, 「안쪽의 위치」 ~의 안[속]에, 안쪽에, 표면 하에, ~덮이어(토지에)

un.ders.tand /ʌ̀n.dər.stǽnd/[어^안ˋ.드어(어)ㄹ.스트애^안′드] v. (-stood [-stúd]). (뜻·원인·성질·내용 따위를) 이해하다, 알아듣다, (기술·학문·법률 따위에) 정통하다

un.known /ʌ.nóun/[어^아.느오′운] a. 알려지지 않은, 진기한, 미지의, 알 수 없는, 헤아릴 수 없는, 이루 다 셀 수 없는

un.til /ən.tíl/[언.트이′을] prep. ~까지, ~이 되기까지, ~에 이르기까지 줄곧

up /ʌp/[어^앞(으)] ad. (낮은 위치에서) 위(쪽으)로, 위에, 올라가 [opp.] down

up.hill /ʌ́p.hil/[어^앞′.히을] a. 오르막의, 올라가는, 치받이의(길 따위), 높은 데에 있는

-n. 치받이, 오르막(길)

up.stairs /ʌ́p.stɛərz/[어^앞′.스트에어(어)ㄹㅅ즈] ad. 2층에[으로, 에서], 위층에[으로, 에서]. 한층 높은 지위에

us /ʌs/[어^아스] pron. 「we의 목적격」 우리들을[에]

use /juːs/[이우우스] n. 사용, 행사, 이용(법), (식품 등의) 소비

use /juːz/[이우우ㅅ즈] vt. 쓰다, 사용하다

used /juːst/[이우우스트] a. ~에 익숙하여(to; to do)

-vi. ~하는 것이 예사였다, ~하는 버릇[습관]이 있었다

use.ful /júːs.fəl/[이우′우스.ㅎ프어을] a. 쓸모 있는, 유용한, 유익한

u.su.al /júː.ʒu.əl/[이우′우.즈우.어을] a. 보통의, 통상의, 일상의, 평소의, 평범한, 흔히 있는

u.su.al.ly /júː.ʒu.ə.liː/[이우′우.즈우.어.(을)리이] ad. 보통, 통례적으로, 일반적으로, 평소(에는)

V

veg.e.ta.ble /védʒ.ə.tə.bl/[ㅎ브앳'.어.트어.브을] n. 야채, 푸성귀, 식물
ver.y /vér.iː/[ㅎ브애'.(어)리이] ad. 대단히, 매우, 몹시
vil.lage /víl.idʒ/[ㅎ브이'을.이쥐] n. 마을, 촌락(hamlet보다 크고 town보다 작음)
vis.it /víz.it/[ㅎ브이'ㅅ즈.잍(으)] v. 방문하다, (~의) 집에 머물다, 시찰하다
visit.ed /víz.it.id/[ㅎ브이'ㅅ즈.잍.읻(으)] ⇒ visit의 과거, 과거분사
visit.ing /víz.it.iŋ/[ㅎ브이'ㅅ즈.잍.잉] n. 방문, 순시, 시찰
 –a. 방문하는, 방문의
visit.or /víz.it.ər/[ㅎ브이'ㅅ즈.잍.어(어)ㄹ] n. 방문자, 손님, 체류 손님
vow.el /váu.əl/[ㅎ브아'우.어을] n., a. 모음(의), 모음 글자 [opp.] consonant

W

wait /weit/[우애잍(으)] v. 기다리다, 대기하다, 만나려고 기다리다
wait.ing /wéit.iŋ/[우애'잍.잉] n. 기다리기, 대기, 시중 듦
 –a. 기다리는, 시중드는, 섬기는
walk /wɔk/[우오^엌(으)] v. 걷다, 산책하다
wall /wɔl/[우오^어을] n. 벽, 담, 외벽, 내벽
wal.let /wál.it/[우아'을.잍(으)] n. 지갑, (가죽으로 만든) 작은 주머니
want /wɔnt/[우오^언트] v. 탐내다, ~을 원하다, ~하고 싶다
war /wɔr/[우오^어(어)ㄹ] n. 전쟁, 싸움
warm /wɔrm/[우오^어(어)ㄹ음] a. 따뜻한, 온난한, 더운. (몸이) 화끈거리는
war.ran.ty /wɔ́r.ən.tiː/[우오^어'.(어)런.트이이] n. 『법률』 담보, 보증(서), 영장, 명령서, (정당한) 근거[이유]
was /wəz/[우어ㅅ즈] BE의 제1·3인칭 단수·직설법 과거, ~였다, ~있었다
wash /wɑʃ/[우아쒸] v. 씻다, ~의 얼굴[손, 발]을 씻다, 세탁하다
watch /wɑtʃ/[우아취] v. 지켜보다, 주시하다
wat.er /wɔ́t.ər/[우오^엍'.어(어)ㄹ] n. 물
way /wei/[우애이] n. 길, 도로, 통로, 진로 [SYN.] ⇨ ROAD
we /wiː/[우이이] pron. [인칭대명사 1인칭 복수·주격] 우리가[는]. (소유격 our, 목적격 us, 소유대명사 ours, 재귀대명사 ourselves)
wear /wɛər/[우에어(어)ㄹ] v. (wore[wɔːr]; worn [wɔːrn]; wearing [wɛ́əriŋ])입고

[신고, 쓰고] 있다, 몸에 지니고 있다, 띠고 있다

weath.er /wéð.ər/[우앷ㄷ'.어(어)ㄹ] n. 일기, 기후, 날씨 [cf.] climate

wed.ding /wéd.iŋ/[우앤'.잉] n. 혼례, 결혼식 [SYN.] ⇨ MARRIAGE

Wednes.day /wénz.dèi/[우앤'ㅅ즈.드애이] n. 수요일(略: W., Wed.)

week /wi:k/[우이잌(으)] n. 주(Sunday에서 시작하여 Saturday에서 끝남). (요일에 관계없이) 7일간, 1주간

week.ly /wí:k.li:/[우이'잌.(을)리이] a. 매주의, 주1회의, 1주간(분)의, 주간의

well /wel/[우애을] n. 우물, (유전 따위의) 정(井), 샘, (층계의) 뚫린 공간 −ad. better, best 잘, 만족히, 더할 나위 없이, 훌륭하게 [opp.] ill, badly, 능숙하게, 잘(흔히 문장의 끝에 옴; [opp.] badly)

went /went/[우앤트] ⇒ go의 과거

were /wər/[우어(어)ㄹ] ⇒ BE의 과거

we're /wí.ər/[우이'.어(어)ㄹ] = we are의 간약 형

west /west/[우애스트] n. (보통 the ~) 서(西), 서쪽, 서방

wes.tern /wés.tərn/[우애'스.트어(어)ㄹ은] a. 서쪽의 [으로부터의, 에서의, 에 있는]. (W−) 서양의, 구미의, 서방측의

what /hwɑt/[우앝(으)] pron. 무엇, 무슨(일), 얼마

when /hwen/[우앤] ad. 언제, 어떤 때에

where /hwεər/[우에어(어)ㄹ] ad. 어디에, 어디서, 어디로, 어떤 점에서

which /hwitʃ/[우이취] pron. 어느 것, 어느 쪽(의 사람), 어느 사람

while /hwail/[우아이을] conj. ~하는 동안[사이](에), ~하는 동안은, ~한데, ~하면서

white /hwait/[우아잍(으)] n. 백(白), 백색 그림물감, 흰옷, 흰 천

who /hu:/[후우] pron. (소유격 whose, 목적격 whom, (구어) who(m)) 누구, 어느 사람, 어떤 사람

whole /houl/[호우을] a. (the ~, one's ~) 전부의, 모든 [SYN.] ⇨ ENTIRE, 만[온]~, ~중 내내, 완전한

whom /hu:m/[후움] pron. WHO의 목적격; 누구를

whose /hu:z/[후우ㅅ즈] pron. 누구의 ~(who의 소유격), 누구의 것

why /hwai/[우아이] ad. 왜, 어째서(이유 또는 목적을 물음. 목적을 강조할 때는 What . . for?를 씀).

wife /waif/[우아잎ㅍ(으)] n. (pl. wives [waivz]) 아내 [cf.] husband

will /wil/[우이을] aux., v. (would [wud]; 바로 앞 낱말과의 간약형 'll [−l]; will not의 간약형 won't [wount], would not의 간약형(形) wouldn't [wúdnt]) ~할 작정이다, ~하겠다. ~할 테다, 기어코[이] ~할 작정이다. ~해도 좋다

wine /wain/[우아인] n. 포도주, 과실주

Wil.shire /wíl.ʃər/[우이'을.셔어(어)ㄹ] n. 가로 이름 (* L.A., Ca)

wind /wind/[우인드] n. 바람, 강풍, (공기의) 강한 흐름

wind /waind/[우아인드] v. (p., pp. wound [waund]) (비유) (강·길이) 꼬불꼬불 구부러지다, 굽이치다

win.dow /wín.dou/[우인'.드오우] n. 창(문), 창유리, (가게 앞의) 진열창(show ~)

win.dy /wín.di:/[우인'.드이이] a. (windier; -iest) 바람이 센, 바람 있는, 몹시 거친, 바람을 세게 맞는

win.ter /wín.tər/[우인'.트어(어)ㄹ] n. 겨울, 한기, 만년

with /wið/[우잏ㄷ(으)] prep. ~와 (함께), ~와 같이[더불어], ~을 데리고, ~의

with.in /wið.ín/[우잏ㄷ.인'] prep. ~의 안쪽에[으로], ~의 내부에[로]. (기간·거리가) ~이내에

with.out /wið.áut/[우잏ㄷ.아'웉(으)] prep. ~없이, ~을 갖지 않고, ~이 없어도

wives /waivz/[우아잏ㅂ(으)ㅅ즈] ⇒ WIFE의 복수

wom.an /wúm.ən/[우움'.언] n. (pl. women [wímin]) 여자, (성인) 여성, 부인

won't /wount/[우오운트] = will not 의 준말

wood /wud/[우욷(으)] n. 나무, 목재 [cf.] timber1, tree, 「단·복수취급」 숲

word /wərd/[우어(어)ㄹ드] n. 말, 낱말

work /wərk/[우어(어)ㄹ크] n. 일, 작업, 노동, 공부, 노력, 소행, 짓
 -v. (p., pp. worked) 일하다, 노동하다, 근무하고 있다, 종사[경영]하다(in). (기계 따위가) 작동하다, 움직이다.

world /wərld/[우어(어)ㄹ을드] n. (the ~) 세계, 지구

wor.ry /wər.i:/[우어 '.(어)리이] v. 걱정[근심]하다, 안달하다(about; over) [SYN.] ⇨ CARE

worse /wərs/[우어(어)ㄹ스] a. 「bad, ill의 비교급」 보다 나쁜, (병이)악화된 [opp.] better

worst /wərst/[우어(어)ㄹ스트] a. 「bad, ill의 최상급」 최악의, 가장 심한 [opp.] best

worth /wərθ/[우어(어)ㄹㅅ드] a. ~의 가치가 있는, ~의 값어치가 있는, ~가치가 있는
 -n. 가치, ~의 값만큼의 분량

wor.thy /wər.ði:/[우어'(어)ㄹ.ㅎ드이이] a. (-thier; -thiest) 훌륭한, 존경할 만한, 가치 있는, 유덕한 [cf.] worth

would /wud/[우욷(으)] ⇒ will의 과거형

wrap /ræp/[(어)래^앞(으)] v. (p., pp. ~ped [ræpt], ~t [ræpt]; "~ping)감싸다, 싸다, 포장하다

write /rait/[(어)라잍(으)]v. (wrote [rout], written [ritn]) (글자·말·책·악보 등을) 쓰다, 기록하다

wrong /rɔŋ/[(어)로^엉] a. (more ~, 때때로 er; most ~, 때때로 ~est) (도덕적·윤리적으로) 그릇된, 부정의, 올바르지 못한, 나쁜 [cf.] bad

X

XING /krɔ́s.iŋ/[크(어)로^어'스.잉] n. 『교통표식』 동물 횡단길, (철도의) 건널목

Y

yard /jɑrd/[이아(어)ㄹ드] n. (건물에 인접한) 울을 친 지면, 안마당, 구내

year /jiər/[이이어(어)ㄹ] n. 연(年), 해(1월 1일에 시작하여 12월 31일에 끝남

yel.low /jél.ou/[이애'을.오우] n. 노랑, 노란 물건, (달걀의) 노른자위, 노란 옷 −a. 노란, 황색의

yes /jes/[이애스] ad. 「의문사 없는 상대방 발언에 대한 대답」 「상대방의 질문·진술에 대한 긍정」 네, 그렇(습니다, 암[참] 그래

yes.ter.day /jés.tər.dèi/[이애'스.트어(어)ㄹ.드애`이] ad. 어제, 어저께, 작금, 요즘

yet /jet/[이앹(으)] ad. 1)[부정문 속에서] 아직 (~ 않다), 아직, 2) [긍정의 의문문 속에서] 이미, 벌써, 이제, 3)[긍정문에서] (아직도), 아직껏

yield /ji:ld/[이이을드] v. 생기게 하다, 산출(産出)하다(produce), (이익 따위를) 가져오다 [SYN.] ⇨ CROP, 양보[양도]하다

you /ju:/[이우우] pron. 당신, 당신들. 「인칭대명사 2인칭 주격·목적격」 당신(들)은[이], 당신(들)에게[을], 자네(들)은[이], 자네(들)에게[을], 「인칭대명사 2인칭 소유격 your, 소유대명사 yours, 재귀대명사 yourself]

young /jʌŋ/[이어^앙] a. (~er [jʌ́ŋgər]; ~est [jʌ́ŋgist]) 젊은, 연소한 [opp.] old [cf.] middle aged, 나이가 아래인, 새로운

your /juər/[이우어(어)ㄹ] pron. 「you의 소유격」 당신(들)의, 너(희들)의 (구어) 흔히 말하는, 이른바

yours /juərz/[이우어(어)ㄹㅅ즈] pron. 「you의 소유대명사」 당신의 것

your.self /juər.sélf/[이우어(어)ㄹ.스애'을ㅎ프] pron. (pl. −selves[−sélvz]) 「재귀적」 당신 자신을[에]

youth /ju:θ/[이우웃ㄷ(으)] n. (pl. ~s [ju:ðz, −θs]; 소유격 ~'s [−θs]) 젊음, 원기, 혈기, 무분별, 청년 시절

youth.ful /jú:θ.fəl/[이우'웃ㄷ(으).ㅎ프어을] a. 젊은, 발랄한 [SYN.] ⇨ YOUNG, 청년의

Z

ze.ro /zír.ou/[ㅅ즈이 ′.(어)로우] n. (pl. ~(e)s) 『수학』 제로, 영(naught). 영점(零點)

zip /zip/[ㅅ즈잎(으)] v. (−pp−) 지퍼로 [척으로] 잠그다[열다]. (속어) (입을) 다물다

zip−code /zíp−kòud/[ㅅ즈잎′(으)−크오` 욷(으)] (미국)우편 번호, (영국) postcode)

zoo /zu:/[ㅅ즈우우] n. 동물원(zoological garden)

난, English & 넌, Korean

(English For Me & Korean For You)

초판 인쇄 2014년 3월 17일
초판 발행 2014년 3월 27일
저자 박유남
저작권자 박규성
발행인 고우용
발행처 도서출판 서훈
출판등록 제 1997-000139 호
등록일 1997년 11월 25일
주소 서울특별시 마포구 망원1동 338-53
전화 02) 324-6577
팩스 02) 324-6177
홈페이지 www.choolpansa.com
값 20,000원
ISBN 978-89-6249-081-7 13740